Adolf Holl:
Tod und Teufel

Deutscher
Taschenbuch
Verlag

dtv

Von Adolf Holl
ist im Deutschen Taschenbuch Verlag erschienen:
Jesus in schlechter Gesellschaft (1019)

Ungekürzte Ausgabe
Januar 1976
Deutscher Taschenbuch Verlag GmbH & Co. KG,
München

ISBN 3-421-01641-0
Umschlaggestaltung: Celestino Piatti
Satz: IBV Lichtsatz KG, Berlin
Druck und Bindung: C. H. Beck'sche Buchdruckerei,
Nördlingen
Printed in Germany · ISBN 3-423-01132-7

Das Buch

Was ist nach dem Tod? – Diese Frage wird von vielen gestellt, und nicht nur von älteren Menschen. Denn mitten im Wohlstand macht sich ein Gefühl der Leere bemerkbar, eine Trauer um verlorengegangene religiöse Gewißheiten, ein Suchen nach dem Sinn des Lebens. Adolf Holl unternimmt daher zunächst einen prüfenden Rundgang durch das imaginäre Museum der Menschheitsgedanken, von den ältesten Gräberfunden über die Pyramiden zu den noch lebenden primitiven Völkern und deren seltsamen Bestattungsbräuchen. Es wird erzählt, wie Buddha und Mohammed über den Tod gedacht haben und wie die Idee eines Weltgerichtes entstanden ist... Aber der Autor beschränkt sich nicht auf diese Bestandsaufnahme, er scheut auch nicht vor dem Eingeständnis seiner Hilflosigkeit und ebensowenig vor ganz persönlichen Bekenntnissen zurück. Wer als Leser allerdings verläßliche Antworten auf seine letzten Fragen erwartet, dem gibt Holl etwa in der Mitte des Buches den Rat, die Lektüre an dieser Stelle einzustellen. Dazu Wolfgang Nagel im ›Münchner Merkur‹: »Ich wette, daß keiner diesem Rat folgen wird. Nicht nur, weil dieses Buch originell und interessant geschrieben ist, sondern weil es sehr schnell deutlich macht: Es kommt bei den letzten Fragen weniger auf ›Letzte Antworten‹ an, als vielmehr darauf, daß diese Fragen immer wieder von neuem gestellt werden müssen.«

Der Autor

Adolf Holl, geboren 1930, Doktor der Theologie und Philosophie, war Dozent für Religionswissenschaft in Wien und bis 1972 katholischer Kaplan. Konflikte mit seiner kirchlichen Behörde bestehen bereits seit 1969, verschärft wurden sie nach dem Erscheinen des Bandes ›Jesus in schlechter Gesellschaft‹.

Der Verfasser verwendet mit Absicht eine zum Teil von den Regeln abweichende Interpunktion.

Inhalt

Für C. J. P.

Voraussetzung

Noch einmal nach Kirchberg fahren ins Mühlviertel zum Huf- und Wagenschmied Leopold Jungwirth, zurückfahren ins Jahr 1944. Den Blasbalg in der alten Werkstätte anschauen (stillgelegt jetzt), gegenüber schon das neue Haus mit der Mechanikerwerkstatt des Sohns, der Alte sitzt im ersten Stock in der Küche. Hochwürden Herrn Pfarrer besuchen, er hat mir Bücher geliehen. Die Pfarrkirche betreten in Kirchberg, dort habe ich ministrieren gelernt während der paar Monate damals. Waldweg hinunter nach Neuhaus an der Donau, zu Fuß eine gute halbe Stunde zweimal in der Woche zum Herrn Direktor in Ruhe. Latein und Mathematik und Deutsch lernen gegangen zum pensionierten Gymnasialdirektor in Neuhaus, Bruder vom Schmiedemeister oben in Kirchberg. Evakuiert in Kirchberg wegen der Bomben, getrennt von der Klasse, die ist woanders, Briefe von der Mutter in Wien. Ich bin in Kirchberg allein, lerne Latein Deutsch Mathematik Ministrieren, letzteres außerhalb des Lehrplans. Ein leerer Raum wird besetzt mit dem Fach Ministrieren, evacuare heißt entleeren. Ich war evakuiert im Mühlviertel und habe dort ministrieren gelernt.

Es mag in diesem Fall nicht überflüssig sein zu bemerken daß sich der Ministrant früh zu erheben hat in der Regel, die Frühmesse beginnt um sechs Uhr, eine Viertelstunde vorher hat der Ministrant in der Sakristei zu sein. Der Ministrant kleidet sich an, er hat darauf zu achten daß seine Haare gekämmt und seine Fingernägel sauber sind. Der Ministrant muß das Confiteor auswendig können und das Suscipiat und die übrigen Antworten in lateinischer Sprache. Manche Priester beten schneller, manche langsamer, manche deutlich, manche undeutlich. Der Ministrant muß das Glöckchen läuten können und das schwere Meßbuch tragen und die Kännchen mit Wein und Wasser zur richtigen Zeit dem Priester reichen.

Auch wird vom Ministranten in der Regel erwartet, daß er zur Kommunion geht in der Messe, ab dem 13. oder 14. Lebensjahr gibt es bei Ministranten diesbezüglich manchmal Schwierigkeiten wegen des erwachenden Triebes und der damit verbundenen Todsünden, aber in diesem Fall kann der Ministrant beichten gehen.

Dunkel ist es im Winter wenn sich der Ministrant erhebt, wenn der Ministrant zur Kirche geht in nüchternem Zustand noch ein wenig verschlafen. In der Kirche brennen nur wenige Lichter an Wochentagen, kalt ist es in der Kirche und dunkel während der Wintermonate. Der Ministrant hat wenig Publikum während der Woche, meist handelt es sich um eine sogenannte stille heilige Messe, nur der Priester flüstert seine Gebete, nur der Ministrant antwortet dem Priester. Hinten in der Kirche sind einige ältere Personen meist weiblichen Geschlechts, die verhalten sich ruhig. Wenn es soweit ist, läutet der Ministrant das Glöckchen zur Ankündigung der Wandlung, erhebt sich von seinem Platz rechts unten an den Stufen, geht in die Mitte, macht eine Kniebeuge, trägt die Glocke behutsam, steigt die Stufen hinauf, kniet seitlich rechts hinter dem Priester nieder, ergreift mit der linken Hand das Meßgewand des Priesters. Wenn der Priester die erste Kniebeuge macht nach der Verwandlung des Brotes hebt der Ministrant leicht das Meßgewand an und läutet zugleich das erste Mal. Wenn der Priester die Hostie in die Höhe hebt läutet der Ministrant zum zweitenmal. Wenn der Priester die zweite Kniebeuge macht läutet der Ministrant zum drittenmal und hebt wiederum leicht das Meßgewand an. O Jesus dir leb ich o Jesus dir sterb ich o Jesus dein bin ich im Leben und im Tod. Der Vorgang wiederholt sich bei der Verwandlung des Weines. O Jesus sei mir gnädig o Jesus sei mir barmherzig o Jesus verzeih mir meine Sünden. Der Ministrant erhebt sich, trägt behutsam die Glocke, macht in der Mitte unten eine Kniebeuge, kehrt an seinen Platz zurück, kniet nieder. In vielen Kirchen darf der Ministrant auf einem kleinen Polster knien.

Noch einmal den Weg zur Breitenseerkirche gehen in Wien XIV: Oeverseestraße Tautenhayngasse Draskovichgasse Kienmayergasse Sampogasse Kuefsteingasse Laurentiusplatz. Der rote Kittel, das weiße Hemd, der rote Kragen. Das Meßbuch, Verneigung vor dem Kreuz in der Sakristei täglich um sechs Uhr (manchmal die Messe eine halbe Stunde später), der Weg zurück, das Frühstück, die Schule. O Jesus dein bin ich im Leben und im Tod, vielleicht möchte ich Priester werden.

Es ist in der katholischen Jugend nicht üblich das Verbotene zu tun mit einem Mädchen, keusche verborgene Rundung nicht für dich beim Tanzkurs im Pfarrheim, man kann nicht zwei Herren dienen. Pollutio nocturna gelegentlich, nächtliche Befleckung mit Traumbildern verbunden, jedoch nicht sündhaft nach Auskunft der Moraltheologie. Streng ist der Anspruch unter dem der Ministrant zu leben hat, alles Unreine muß dem Altar fernbleiben. Unrein der männliche Same, unrein die Frauen, kein Mädchen darf ministrieren; nicht einmal Klosterfrauen sind von dieser Bestimmung ausgenommen, nur aus einer gewissen Entfernung vom Altar dürfen sie notfalls die Antworten geben, wenn kein Knabe zur Hand ist im Kloster.

So antizipiert der Ministrant den Tod, wenn er auf den beabsichtigten Fluß des Samens verzichtet, wenn er sich seiner Mannbarkeit schämt beim Anlegen des Ministrantengewandes. Verzichten soll der Ministrant auf libidinöse Bekundungen, soll Kind sein oder Greis, die Lebenskraft wird zurückgenommen, umgeleitet, in der Terminologie Freuds kann von Sublimation gesprochen werden. Der Ministrant ist für die Welt gestorben, du sollst nicht begehren, o Jesus dir sterb ich. Denn während der Wandlung stirbt Jesus noch einmal, man spricht in diesem Zusammenhang von der unblutigen Erneuerung des Kreuzesopfers.

Der Tod Jesu verlangt viel von seinen Getreuen, ihre Keuschheit findet im Gekreuzigten eine genaue Entsprechung, die heilige Messe ist dogmatisch gesprochen ein Opfer, hier geht es um Leben und Tod. Ich habe mich gehen lassen bei einem Ausflug mit der Pfarrjugend, war ausgelassen, hätte mehr Beherrschung an den Tag legen sollen. In meinen Tagebüchern fühle ich mich schuldig, denn der Ministrant legt ein eher gesetztes Wesen an den Tag, man sieht den Ministranten lieber ernsthaft. Es ist eine große Auszeichnung für den Ministranten, wenn er vom Herrn Pfarrer mitgenommen wird auf die Alte Donau zum Rudern, zwei Ministranten und ein Pfarrer im schwarzen Badetrikot, ich gehöre zum engeren Kreis. Der Tod Christi hat mich dunkel angezogen in kalter stiller Kirche, langsam tropft das Blut Christi zur Erde, Mich Dürstet. Seele Christi heilige mich. Leib Christi erlöse mich. Blut Christi tränke mich. Vielleicht sollte ich Priester werden.

Die Geige herunterholen vom Boden, den Geigenkasten öffnen. Anschauen die zwanzig Jahre nicht mehr gespielte Geige, die verbotene Geige. Verboten vom hochwürdigen Herrn Regens im erzbischöflichen Priesterseminar. Es wird die Erlaubnis nicht mehr erteilt zweimal in der Woche in die Geigenstunde zu gehen, von der Boltzmanngasse in die Johannesgasse. Hier handle es sich um ein aut-aut, der Herr Regens gebraucht eine lateinische Formel. Entweder Priester werden oder Geigenunterricht nehmen weiterhin, Verzicht auf Überflüssiges wird verlangt. Darnach nehme ich hie und da die Geige und übe Tonleitern, spiele eine Etüde von Kreutzer, die Phantasie von Telemann in B-Dur. Ab und zu wird Quartett gespielt im erzbischöflichen Priesterseminar, Haydn und Schubert, die zweite Geige kann ich ganz gut vertreten. In dieser Form ist das Spiel der

Geige erlaubt in der freien Zeit, wird freilich seltener, es fehlt der Lehrer. Eines nur ist notwendig sagt Jesus. Langsam ist die Geige gestorben weisungsgemäß, o Jesus dir sterb ich. Wer die Hand an den Pflug legt und blickt hinter sich, ist meiner nicht wert. Zurücklassen den sinnlichen Ton der Geige. Dunkler Talar wird dir angemessen, mein Reich ist nicht von dieser Welt. Ich will Priester werden.

Der Teppich unter deinen Knien in der Stephanskirche bei der Priesterweihe. Cognoscite quod agitis, imitamini quod tractatis. Der Bischof sitzt, liest die alten Formeln aus einem roten Buch. Wir haben diese Worte vorher uns eingeprägt während der Exerzitien: Erkennet was ihr tut, trachtet euren Verrichtungen nach. Abgestorben abgetötet muß der Priester sein der die Hostie in seine Hände nimmt, genauer gesprochen zwischen Daumen und Zeigefinger der rechten und linken Hand, die werden gesalbt mit heiligem Öl um würdig zu werden den geopferten Jesus angreifen zu dürfen. Vorher aber lang ausgestreckt auf dem Teppich während die Allerheiligenlitanei gebetet wird, Gesicht ganz nahe am Boden, Stirn auf die verschränkten Arme gelegt, es riecht schwach nach Staub. Vor dem Weiheakt müssen die Kandidaten sich auf dem Boden lang ausstrecken wie tot, keusch und gehorsam. Letzte Gedanken des Sterbenden auf dem Teppich während die Allerheiligenlitanei gebetet wird. Schnelle Assoziationen gebändigt durch den entschlossenen Willen zur Sammlung aufs Unerhörte. Dann aufstehen noch ein wenig benommen, die Gebete der anderen sind zu Ende, es wird still allgemein. Du bist an der Reihe, Hände legen sich auf deinen Kopf, jegliches Denken zu Ende nun, Augen zu Boden geschlagen erwartet der Kandidat seine Weihe. Ich bin Priester geworden.

☛ *Wir haben gesehen, wie das Subjekt dadurch seine Gewißheit findet, daß es sich einer geschichtlichen Kraft anschließt, in der es sich wiederfindet, weil sie die Kraft eines Prinzips der Negativität und Selbstkritik ist (Merleau-Ponty).*

Der Sommer 1954 in Paris, nach der Priesterweihe. Ungeklärt bleibt was mich bewogen hat nach Paris zu fahren allein, als neugeweihter Priester, der Beichtvater hatte diesbezüglich Einwendungen zu machen. Auch war der Beichtvater nicht mit der Anschaffung eines Fotoapparates einverstanden, Marke Retina, damit habe ich den Pont Neuf aufgenommen und die Kinderwagen im Jardin du Luxembourg, später habe ich den Fotoapparat wieder weggegeben, der

Beichtvater fand es unangemessen für einen Priester einen Fotoapparat zu besitzen. O Eitelkeit der Eitelkeiten und alles ist Eitelkeit. In Paris spazierengegangen in schwarzem Anzug mit Kollare, vier Wochen lang fast jeden Tag. Morgens die Messe bei den Benediktinerinnen in Limon bei Paris, dann in die Stadt hinein. Notre-Dame, Saint-Germain-des-Prés. Der Ausflug nach Chartres. Ich vermag die Kathedralen einer vorwiegend touristischen oder ästhetischen Verwendung zu entziehen, brauche nur in die Sakristei zu gehen und eine Messe lesen wollen. Wenn ich in der Unterkirche von Chartres die Messe lese, erfülle ich die Absicht der Erbauer, 700 Jahre sind diesfalls unerheblich. Dunkler hoher Raum der Kathedralen wo ich zuhause bin, quam dilecta tabernacula tua. Draußen Paris, ich kann nicht den ganzen Tag in den Kirchen sitzen, betrete ein stilles Restaurant auf der Ile Saint Louis, ein Priester darf ein vornehmes Lokal schon betreten, wenn er Geld hat. Ich habe nicht viel Geld, möchte aber doch ein vornehmes Lokal betreten in schwarzem Anzug und Kollare. Vornehmes einsames Mittagessen des neugeweihten Priesters, mein Verhalten ist standesgemäß, später habe ich einen verdorbenen Magen vom vornehmen Fischgericht. Eine Differenz macht sich bemerkbar zwischen Notre-Dame und der Fahrt in der Métro, mein Reich ist nicht von dieser Welt. Abwehrend muß sich der Priester verhalten gegenüber den Lockungen dieser Welt, sein ganzes Verhalten ist diesfalls von einer fundamentalen Negativität geprägt, unkeusche Blicke und Gedanken können schwer sündhaft sein. Abends zurück ins Kloster, zum Tisch der Priester. Die Schwestern bewirten die Priester gut, es ist eine Ehre für die Schwestern einige Priester bei sich beherbergen zu dürfen. Die Priester scherzen bei Tisch ganz unter sich, einem ist unlängst die Hostie unversehens aus den Fingern geglitten und in den Kelch mit dem Wein geraten, es gibt ein kleines Gelächter. Die Priester sind fröhliche Männer, einer von ihnen arbeitet schon 20 Jahre an einer wissenschaftlichen Ausgabe von Predigten eines griechischen Kirchenvaters aus dem 4. Jahrhundert. Hier vermag ich als Fachmann mitzusprechen, meine Dissertation über De Sermone Domini in Monte von Aurelius Augustinus gehört ebenfalls in den Bereich der Patristik (oder Patrologie), also der Lehre von den christlichen Kirchenvätern des Abendlandes und des Morgenlandes, von den Anfängen bis zu Isidor von Sevilla, gestorben 636.

Die Kirchenväter und die blauen Fenster von Chartres erheben den Anspruch einer geschichtlichen Kontinuität, die alten Meister sind dir verwandt, was sie bewegte hast du zu vertreten, die Kirche schreitet durch die Jahrhunderte unvergänglich, auf diesen Felsen will ich meine Kirche bauen. Gertrud von Le Fort (Das Schweißtuch der Veronika beispielsweise) ist hier zu erwähnen und Reinhold Schneider (Philipp II. beispielsweise), solche Haltung spricht zu mir, ist mir vertraut, ich bin Priester.

Was nützt alle Stärke, was nützt alles Anständigsein. Lieblich ist sie zu dir gekommen, und du, Schande, schrei Schande. Sechs keusche Jahre in Wien X Pfarre Sankt Johann Evangelist. Frühmesse und Schulunterricht und Begräbnisse und Erstkommunionkinder und Jugendgruppen und Familienrunden. Spät ins Bett und früh auf, unter diesen Umständen fällt es sogar dem Beichtvater schwer dich von der Notwendigkeit einer täglichen Betrachtungsstunde (halben Stunde, viertel Stunde) zu überzeugen. Auch verstreichen mitunter vier Wochen zwischen den Besuchen beim Beichtvater, mühsam nur läßt sich der Standard des geistlichen Lebens aufrechterhalten, man sollte eher von einem Rückzugsgefecht des Beichtvaters sprechen, jedoch er hält sich tapfer, gibt manchmal taktisch nach, vermag jedoch auch Erfolge zu verbuchen, beispielsweise bezüglich Fotoapparat. Der Beichtvater vertritt eine starke Negativität, er sagt sein Du-mußt-allein-Bleiben. Was da lieblich zu dir kommt muß abgewehrt werden, keinerlei Bindung darf der Priester eingehen zu einer Frauensperson, es wird empfohlen Frauenspersonen lediglich im Sprechzimmer zu empfangen wie auch der Beichtvater es hält. Es liegt dem Beichtvater auch sehr am Herzen daß ich mich öfter auf einen Tag ins Kloster zurückziehe zur Betrachtung, 15 solcher Besinnungstage sind schließlich zustande gekommen in diesen sechs Jahren, die Aufzeichnungen sind durchaus selbstkritisch, ich kann nicht umhin diese Aufzeichnungen als eher negativ zu bezeichnen im Ton, mitunter kommt eine gewisse Schwermut auf. Streng mit sich selbst geht der Priester ins Gericht besonders dann wenn er Exerzitien macht alle drei Jahre nach der Regel, mindestens drei volle Tage lang. Selbstvorwürfe kennzeichnen auch die Aufzeichnungen aus den Exerzitien, Negativität und Selbstkritik haben diesfalls den Vorrang, das Subjekt hat sich einer geschichtlichen Kraft angeschlossen in der es sich wiederfindet kraft eines darin waltenden Prinzips der Negativität und Selbstkritik wie Merleau-Ponty sagt scheinbar ganz im Sinn des Beichtvaters. Ich bin Kaplan geworden.

Niemand kann aus seiner Haut heraus, Objektivität wird allenfalls in den Naturwissenschaften erreicht. Kraft eines Prinzips der Negativität und Selbstkritik hat das Subjekt eine Gewißheit gefunden, ist Kaplan geblieben, verbunden einer geschichtlichen Kraft (wenn man nur wüßte wie man sie nennen soll). Römisch-katholisches Pfarramt Sankt Johann Evangelist in Wien X hat dich aufgenommen mit Dienstwohnung im zweiten Stock, Frühstück Mittagessen Abendessen im ersten Stock bei Pfarrer Ignaz Wiesböck, gestorben 1957 nach kurzem Leiden, unerwartet, im 64. Lebensjahr. Schwerer gütiger Wiesböck in der Küche am Eßtisch, nur den Wein aus Maissau mag er trinken, den schickt ihm sein Bruder. Gewißheit und Geborgenheit bei Wiesböck am Eßtisch in der Küche des Pfarrhauses im ersten Stock, nur zu besonderen Anlässen wird im Speisezimmer gedeckt. Langsamer bedächtiger zäher Wille trinkt den Wein aus Maissau in Niederösterreich, mein erster Chef ist ein Bauer in schwarzem Talar, hat viel gearbeitet früher, jetzt ist er müde, nickt manchmal ein vorm Wein in der Küche, aber die Kirche will er noch renovieren, hat zäh gespart jahrelang und verschwiegen, endlich kann das Gerüst aufgestellt werden. Dem Verfall soll entgegengewirkt, die geschichtliche Kontinuität erhalten werden. Der alte Wiesböck ist viel bei den Maurern und Anstreichern und Vergoldern, eine geschichtliche bäuerliche Kraft will sich durchsetzen, stellt wiederum her das Haus Gottes am Keplerplatz in Wien X, hernach kann er sterben. Der gleiche Wille wie jener vor 800 Jahren in Paris (Notre-Dame) oder in San Juan de Banos (7. Jahrhundert, westgotische Kirche, Provinz Leon in Spanien). Alle diese Kirchen in Frankreich, Spanien, Italien, Griechenland, Deutschland, Holland, Belgien, England – je älter sie sind, desto deutlicher ihre Predigt von einer historischen kontinuierlichen Kraft wenn ich sie betrete. Passer invenit sibi domum, in domum domini ibimus, Wiesböck renoviert das christliche Abendland in Wien X.

Im Spitalszimmer kriecht eine Fliege über die Nase des toten Wiesböck, wird nicht vertrieben von ihm, stört ihn nicht. Es erhebt sich die Frage ob der Wille des toten Wiesböck weltgeschichtlich überholt ist, sein Tod wird von der Mehrzahl der Bevölkerung in Wien X kaum zur Kenntnis genommen. Im Pfarrhaus macht eine gewisse Leere sich bemerkbar, wer weiß ob Wiesböck zu ersetzen sein wird, für mich zumindest.

Es wird nicht übertrieben sein zu behaupten daß eine jegliche Nachricht über die Beziehungen des Kaplans zum weiblichen Geschlecht auf ein allgemeines und lebhaftes Interesse zu stoßen pflegt, nicht nur unter den Kirchgängern. Es fühlt sich der Kaplan von vielen Augen beobachtet in der Öffentlichkeit, viele Blicke streifen den Kaplan auf der Straße, der Kaplan hat ein Kollare zu tragen, weißer Streifen Zelluloid um den Hals, steife schmale Hülse mit schwarzem Stoff unterm Sakko, letzteres allenfalls grau oder blau mit dazugehöriger Hose, die Schuhe sollten immer schwarze Schuhe sein, braun ist unerwünscht. Die Hülse des Kaplans kann allenfalls auch ein weißes Hemd mit gestärktem Kragen sein, wobei jedoch darauf zu achten ist daß die Brust mit schwarzem Stoff bedeckt bleibt, Krawatten schicken sich nicht für den Kaplan. Auch wird es nicht gern gesehen wenn der Kaplan tanzt gelegentlich des Pfarrballs, es sitzt der Kaplan dann in einer Gruppe ganz gemütlich, eng neben junger lustiger Frau, die drückt ihr Knie gegen seines. Es ist nicht ganz ungefährlich für den Kaplan Philosophie zu studieren und später Soziologie, ein weiteres Doktorat zu erwerben auf weltlicher Fakultät. Es fügt sich daß der Kaplan am Tage seiner Promotion zum Doktor der Philosophie (Nebenfach: Geschichte) einen Nachmittagsausflug unternimmt in weiblicher Begleitung und den Nacken der Dame mit seinen Lippen berührt auf einer Wiese. Gefährlich ist es für den Kaplan Kriminalromane zu lesen zur Entspannung auf dem Bett liegend. (Einsamer Philip Marlowe kämpft für die Gerechtigkeit und verachtet dennoch nicht den flüchtigen Kuß, die Liebe für eine Nacht. Die Fremde kommt zu ihm am Abend ungerufen und bleibt bei ihm bis zum Morgen.) Gefährlich ist es für den Kaplan ein Automobil zu besitzen ein weltliches Doktorat zu besitzen ein Geschlechtsorgan zu besitzen. Der Beichtvater hat mich lieb, nie hat er sich das eingestanden möglicherweise, der Beichtvater tritt auf mich zu nach der Beichte und erklärt mir den Sinn der Umarmung die er mir gewähren will, es handelt sich hierbei um den sogenannten *amplexus*. Der Beichtvater kämpft um mich, er will mich nicht an die Frauen verlieren. Schwacher trockener unangenehmer Geruch aus dem Talar des Beichtvaters während enger kurzer Umarmung, der Kaplan weiß nicht was er denken soll.

Mit Schulkindern hat der Kaplan zu tun, mit alten Leuten, mit einigen Jugendlichen die ins Pfarrheim kommen, mit einigen Ehepaaren trifft sich der Kaplan alle vier Wochen. Begräbnisse und Taufen bringen den Kaplan in Kontakt mit der breiteren Bevölkerung. Es kann dem Kaplan auf die Dauer nicht verborgen bleiben daß seine Arbeit für die breitere Bevölkerung eher belanglos bleibt, in den Zeitungen ist von Sportereignissen und Kulturereignissen weitaus häufiger die Rede als von Religionsereignissen. Es fühlt der Kaplan sich eher am Rande des gesellschaftlichen Lebens befindlich, Religion ist nur ein Fach unter anderen in der Schule, Deutsch Mathematik Englisch haben mehr Gewicht bei Lehrern und Schülern als Religion. Wobei Religion immer noch die Liste der Unterrichtsgegenstände anführt im Schulzeugnis, was nützte es dem Menschen wenn er alles gewänne auf Erden und doch Schaden litte an seiner Seele. Erleuchtete gleichgültige Fenster am Abend wenn der Kaplan durch die Straßen seiner Pfarre geht, nur zehn unter 100 kommen in die Kirche am Sonntag, wir leben nicht mehr im Dorf. Einer geschichtlichen Kraft hat sich der Kaplan angeschlossen die keine einzige Seele verlieren will, aber die Mehrzahl der Seelen verhält sich eher gleichgültig, wie sollten wir das Lied des Herrn verkünden im fremden Land. An den Flüssen Babylons da saßen wir und weinten, die Säkularisierungsproblematik bedarf trotz einer zahlreich vorhandenen Literatur noch einer weitaus gründlicheren Erörterung. The river's tent is broken. (Der Kaplan liest T. S. Eliot zwischendurch, sehr viel kommt dabei allerdings nicht heraus.)

Im Professorenzimmer der Katholisch-Theologischen Fakultät der Universität Wien hängt Kaiser Franz Joseph an der Wand, Thron und Altar. Zu Beginn der Vorlesung über Religionsgeschichte verrichtet der Kaplan ein Gebet vor den Hörern: Actiones nostras quaesumus domine aspirando praeveni. Praehistorische Religion, Religion bei den Naturvölkern, historische Religionen (naher und mittlerer Osten, Indien, China, Japan, Amerika, Europa). An der Katholisch-Theologischen Fakultät der Universität Wien referiert der Kaplan über Buddha und Mohammed vor katholischen Priesterstudenten, in anderem Zusammenhang über Hegel und Rudolf Otto (›Das Heilige‹, 1917), in abermals anderem Zusammenhang über die Religionssoziologie von Max Weber (gest. 1920). Wir haben Aurelius Augustinus (gest. 430) ein wenig links liegen gelassen seit einiger Zeit, wir möchten unsere wissenschaftliche Tätigkeit vielleicht eher der gegenwärtigen Problematik widmen.

Die toten Meister heben ihre Hände, sie rufen aus dem Grabe. (Kardinal Borromeo ist heftig in Pfitzners ›Palestrina‹.) Ach, hoher Freund, wer weiß gewiß, was tote Menschen fühlen? Ich bin ein alter, todesmüder Mann am Ende einer großen Zeit.

Das Subjekt hat sich einer geschichtlichen Kraft angeschlossen in Wien, vormals Hauptstadt der österreichisch-ungarischen Monarchie. Die Musik Pfitzners ist von einer resignierenden Grundstimmung gekennzeichnet. Uraufführung in München 1917, Lenin ist bereits in Rußland, Rudolf Otto veröffentlicht ›Das Heilige‹.

So darf man erwarten, daß der Ruf nach religiöser Erneuerung mit einer Macht und Stärke durch die Welt hallen werde, wie es seit Jahrhunderten nicht mehr der Fall gewesen. Ich zitiere diesen Ausspruch von Max Scheler (gest. 1928) in meiner Antrittsvorlesung an der Katholisch-Theologischen Fakultät der Universität in Wien im

Jahre 1963, füge hinzu: Die Hoffnung Schelers ist enttäuscht worden.

Rom, bei Sankt Peter, am 7. Dezember 1965: Freude und Hoffnung, Trauer und Angst der Menschen von heute, besonders der Armen und Bedrängten aller Art, sind auch Freude und Hoffnung, Trauer und Angst der Jünger Christi.

Erregung, es geht vorwärts, das Konzil ist zu Ende, ich fliege nach Amerika auf Wunsch des Kardinals, die Kirche tritt in die Welt. In den USA gibt es keine alten Kathedralen und keine alten Meister, ich fliege von Universität zu Universität zu Soziologen Psychologen Philosophen. New York Boston Chicago Minneapolis San Francisco Los Angeles Milwaukee New York. In den Vereinigten Staaten steht der Kardinal im Ruf eines fortschrittlichen Kirchenfürsten, eine gewisse Annäherung zwischen moderner Wissenschaft und römisch-katholischer Kirche könnte im Bereich des Möglichen liegen.

Die Armen und Bedrängten aller Art geraten irgendwie in Verlust bei dieser Art von Wissenschaftspolitik Kirchenpolitik, der Jünger Christi darf niemals vergessen auf wessen Seite er sich zu schlagen hat; die Soziologie dient den Mächten und Gewalten dieser Welt. Oeverseestraße Tautenhayngasse Draskovichgasse Kienmayergasse Sampogasse Kuefsteingasse Laurentiusplatz. Der rote Kittel, das Meßbuch, die alten Frauen.

Zurück nach Wien-Ottakring (Pfarre Neulerchenfeld zur Schmerzhaften Mutter Gottes) von New York über Paris, zurück zu den alten Frauen. Messe lesen für arme bedrängte alte Frauen, als Kaplan in Wien XVI. Arme werdet ihr immer bei euch haben, cognoscite quod agitis.

Ein Jahr später verbietet der Papst die Pille, die Russen marschieren in die Tschechoslowakei ein. Für die Armen und Bedrängten aller Art wird die Messe gelesen. Herzliebster Jesu, was hast du verbrochen, daß man ein solch hart Urteil hat gesprochen. Noch einmal nach Kirchberg fahren ins Mühlviertel, der Jünger Christi hat seine Gewißheit gefunden im Anschluß an eine geschichtliche Kraft die bei den Armen und Bedrängten aller Art ist. Für sie hat er ministrieren gelernt, ihnen muß er ministrieren.

Das Zeug in meinem Kopf

Wilhelm Seibold schreibt: Ich bin ein alter, einfacher Bauer im 71. Lebensjahr, kein Schriftsteller und nicht wortgewaltig also. Bin katholisch erzogen und in meiner Familie gab und gibt es Geistliche und Ordensleute. Mit dem was ich vor 50 oder 60 Jahren in der Schule und im Religions-Unterricht gelesen habe und mir erzählt wurde, bin ich bis heute nicht fertig geworden. Wenn ich in mein Leben zurückblicke, kann ich mit aller Bescheidenheit sagen, daß ich viel zu viel geglaubt habe. Ich bin nun alt und muß daran denken, einmal oder bald von dieser Welt Abschied zu nehmen. Was soll ich mit dem Zeug, das in meinem Kopf herumspukt anfangen? Was ist nach dem Tod und was ist nicht?

Der alte Bauer verfügt nicht mehr über sehr viel Zeit, um auf die Beantwortung seiner Frage zu warten. Er wird nicht besonders glücklich sein, wenn man die Auseinandersetzung mit seinem Problem auf einen späteren Zeitpunkt vertagt, weil es derzeit Dringlicheres zu tun gibt; beispielsweise die Beseitigung der Armut, die Herstellung des Weltfriedens.

Wie immer auch hinausgeschoben, es bleibt der naturhafte Tod, als der durch keine gesellschaftliche Befreiung berührbare. Desto mehr, als nach abgeschaffter Armut und Lebenssorge sich die Todessorge besonders hart erhebt, gleichsam ohne das Unterholz übriger, banaler Depressionen (Bloch).

Der alte Bauer befindet sich demnach in einer mißlichen Lage, und nicht nur er. Mit dem Religionsunterricht ist er nicht zufrieden (und nicht nur er). Andere Instanzen haben es ebenfalls nicht vermocht, seine Wissenslücke zu füllen; er ist also allein gelassen worden mit seinem Problem. Es steht keine allgemein verbindliche, selbstverständliche und zweifelsfrei gültige Vereinbarung zur Verfügung, die wie in früheren Zeiten dem einzelnen eine diesbezügliche Zuversicht bieten würde, und sei es durch die Gewißheit des Höllenschlundes für die Frevler.

Es gibt lediglich ein Angebot verschiedenster Ideen, Vorstellungen, Leitsätze auf dem Markt der Weltanschauungen, Religionen und Philosophien, unverbindlich genug und zu herabgesetzten Preisen. Hierin sich zu entscheiden bleibt dem einzelnen Konsumenten überlassen, ein jeder kann nach seiner eigenen Façon selig werden, als Adventist, Katholik oder Zen-Jünger. Durchwegs partikulär, nirgendwo allgemein anerkannt; obwohl der Papst fortfährt den Weltkreis zu segnen mit dem Segen Urbi et Orbi an hohen Feiertagen, übertragen von zahlreichen Radio- und Fernsehstationen (aber eben nicht allen).

In dieser Lage schickt sich der alte Seibold an, all das zu inspizieren, was ihm ins Haus geliefert worden ist im Lauf der Zeit. Entdeckt dabei ein Zuviel an Glaubensgegenständen, sein Dachboden ist mit allerlei Überflüssigem angeräumt, man muß Ordnung machen endlich einmal, Unbrauchbares gehört weggeworfen.

Das Zeug das in meinem Kopf herumspukt: Der Vergleich mit dem Dachboden (inklusive Entrümpelung desselben) trifft das zu Leistende nur ungenau. Denn die zu sortierenden Glaubensgegenstände befinden sich nicht irgendwo außerhalb sondern im Kopf, man kann sich kaum von ihnen distanzieren. Außerdem sind sie offenbar schwierig zu packen, es handelt sich um Gedanken die einem durch den Kopf gehen, noch dazu um scheinbar eigene, man hat es mit sich selbst zu tun.

Ein gewisser Mut ist erforderlich im Umgang mit sich selbst, wenn lang gehegte Gedanken einer neuerlichen Prüfung auf ihre Brauchbarkeit hin unterzogen werden sollen. Wäre dieser Mut allgemein verbreitet, dann müßte seiner nicht eigens Erwähnung getan werden. So aber hat es den Anschein, als ob der alte Seibold nicht sonderlich viele seinesgleichen hätte, als ob die Mehrzahl der Sterblichen ihre jeweiligen Dachböden nur ungern betreten würde, trotz vorhandenem Unbehagen.

Ohne eine solche Musterung freilich besteht die Gefahr, daß wir weiterhin dumm sterben werden.

Stichprobe in Bochum

Wo keine Übereinstimmung mehr herrscht hinsichtlich jenseitiger Angelegenheiten, dort werden Abstimmungen veranstaltet, politischen Wahlen vergleichbar. Gemessen wird in Prozenten, die Prozedur heißt Meinungsforschung. (Im entsprechenden englischen Ausdruck *public opinion poll* ist die Verwandtschaft zu Abstimmung, Stimmenzählung deutlich ausgesprochen.) Spezielle Unternehmen betreiben derlei mit wissenschaftlichem Aufwand, man läßt sich die Sache etwas kosten. Abgestimmt wird per Fragebogen unter einer repräsentativen Vertretung der jeweiligen Bevölkerung; mit 2000 solcher Fragebögen kann man die Meinungen ganzer Länder kennenlernen.

Auch die Kirchen leisten sich solche Veranstaltungen, die jeweiligen Gläubigen werden repräsentativ über ihre diversen Meinungen befragt, sie dürfen abstimmen über Gott, Bibel und Jenseits in wissenschaftlich verwertbarer Weise. Schließlich wird ein Bericht verfaßt über die Ergebnisse der Abstimmung; Theologen und Kirchenmänner halten darüber Konferenzen ab, was soll man nur machen. Die Wahlergebnisse sind im großen und ganzen nicht sehr ermutigend, man befindet sich nicht mehr in der Mehrheit hinsichtlich Jenseits in den nominell christlichen Ländern, irgend etwas ist schiefgelaufen seit wir nicht mehr in Dörfern leben.

In Bochum (BRD) leben rund 100000 Katholiken, wovon eine Zufallsstichprobe von 300 einer Befragung unterzogen wurde. Die Ergebnisse sind repräsentativ für die Katholiken Bochums im Alter zwischen 18 und 70 Jahren. Hinsichtlich Jenseits wurden vier Behauptungen vorgegeben; die Wahlergebnisse (in vereinfachter Wiedergabe) sehen nicht besonders rosig aus. Erste Behauptung: Mit dem Tod ist alles zu Ende; einverstanden 33 Prozent, nicht einverstanden 52 Prozent, unentschieden 15 Prozent. Zweite Behauptung: Die Welt wird am Jüngsten Tag untergehen, wie es in der hl. Schrift verkündet ist; einverstanden 39 Prozent, nicht einverstanden 39 Prozent, unentschieden 22 Prozent. Dritte Behauptung: Die Menschen werden mit Leib und Seele vom Tode auferstehen; einverstanden 34 Prozent, nicht einverstanden 43 Prozent, unentschieden 23 Prozent. Vierte Behauptung: Böse Menschen müssen ihre Sünden in der Hölle büßen; einverstanden 17 Prozent, nicht einverstanden 58 Prozent, unentschieden 25 Prozent.

Bestenfalls fifty-fifty bezüglich Weiterleben nach dem Tod, ganz allgemein gefaßt: So sieht es aus in katholischen Köpfen, wohnhaft in einer Großstadt des Ruhrgebietes, mit sehr viel Industrie als Kulisse für theologische Kontroversen. Genau ein Drittel der Befragten war bereit, mit dem Tod alles endigen zu lassen; eine beachtliche Minderheit begnügt sich in Bochum trotz katholischem Taufschein und absolviertem Religionsunterricht mit der lapidaren Feststellung der Endgültigkeit des Todes. (Und entrichtet weiterhin die Kirchensteuer.) Weltuntergang, Auferstehung der Toten und Höllenpein finden keine mehrheitliche Unterstützung; die Hölle kommt dabei am schlechtesten weg, mit 17 Jastimmen unter 100 Befragten.

Bochum ist nicht die Welt; es erhebt sich die Frage nach allgemeineren Auskünften. Weder Vatikan noch Weltkirchenrat haben allerdings bis jetzt international gültige Umfragen durchführen lassen; vielleicht weiß man ohnehin bereits, woran man ist bezüglich der Jenseits-Gläubigkeit unter rund einer Milliarde Christen auf dem Globus. Immerhin gibt es eine Reihe von einschlägigen Meinungsbefragungen in verschiedenen Ländern mit nominell christlicher Bevölkerung. Man kann zu einem Urteil gelangen, und das gilt auch für die übrigen 2,5 Milliarden Nichtchristen: Wo Industrie, Großstadt und allgemeine Schulbildung das Leben bestimmen, dort verfällt der herkömmliche Jenseitsglaube wie in Bochum; wird Abschied genommen von Höllen und Himmeln in einem Prozeß, der zwar langsam nur fortschreitet, dafür aber das Merkmal der Unwiderruflichkeit trägt.

Zurück bleibt der Meinungsmarkt, beliefert von verschiedenen Agenturen für Letzte Fragen, großen und kleinen. Den großen Kirchen kann hier eine gewisse Monopolstellung nicht abgesprochen werden, jedoch die Konkurrenz ist durchaus vorhanden; als staatlich geförderter Atheismus da, als Astrologie und Spiritismus dort. Noch profitieren die großen Kirchen von der Unentschlossenheit vieler ihrer Mitglieder, die zwar in ihrer Mehrheit arge Zweifler sind, jedoch nichts Besseres an die Stelle des Bezweifelten zu setzen vermögen, nicht in kollektiv wirksamer Weise jedenfalls. In diesen nachchristlichen Massen fühlen sich die treuen Anhänger der Kirchen zunehmend als Minderheit, reagieren gereizt oder verstört auf die steigende Flut des Zweifels, stehen mit den Füßen schon in ihr.

Ob Billy Graham die gute alte Zeit wiederherstellen kann, inklusive herkömmlichen Jenseitsglaubens, ist nach dem Gesagten unwahrscheinlich. Die Wahlergebnisse in Bochum weisen in eine andere Richtung.

Diese Richtung hat Sigmund Freud angedeutet, in seinem Aufsatz ›Die Zukunft einer Illusion‹ aus dem Jahre 1927: Nach dieser Auffassung wäre vorauszusehen, daß sich die Abwendung von der Religion mit der schicksalsmäßigen Unerbittlichkeit eines Wachstumsvorganges vollziehen muß, und daß wir uns gerade jetzt mitten in dieser Entwicklungsphase befinden.

Ferner notiert Dr. Freud: Ich erinnere mich an eines meiner Kinder, das sich frühzeitig durch eine besondere Betonung der Sachlichkeit auszeichnete. Wenn den Kindern ein Märchen erzählt wurde, dem sie andächtig lauschten, kam er hinzu und fragte: Ist das eine wahre Geschichte? Nachdem man es verneint hatte, zog er mit einer geringschätzigen Miene ab. Es steht zu erwarten, daß sich die Menschen gegen die religiösen Märchen bald ähnlich benehmen werden.

Das Bochum-Phänomen als Kennzeichen unserer Epoche ist ein Novum in der Geschichte der Gattung Mensch. Vor dem Sieg der Industrie gab und gibt es keine einzige Kultur, die sich nicht ganz selbstverständlich von einem Glauben an ein Weiterleben nach dem Tod allgemein hätte leiten lassen, in den verschiedensten Formen von der Ahnenverehrung bis zur Seelenwanderung. Erst vor zweihundert Jahren hat (zunächst in England und Holland) ein Prozeß begonnen, der als technisches und wissenschaftliches Zeitalter oft genug beschrieben worden ist, inklusive der Konsequenzen für den Jenseitsglauben.

Die mit diesem Prozeß eingetretene Umwälzung der menschlichen Angelegenheiten läßt sich erkennen an der sogenannten Bevölkerungsexplosion, mathematisch darstellbar an der Differenz zwischen Geburtenziffer und Sterbeziffer.

Der Vorgang mag verglichen werden mit verschiedenen Schachpartien, kurzen und langen. Der Vergleich hinkt einigermaßen, und Schachkenner werden unzufrieden sein. Wir müssen nämlich annehmen, daß bei unseren Partien die meisten Figuren geschlagen werden, so daß im Endspiel das Feld nahezu leer ist. (Was keineswegs immer der Fall zu sein braucht beim Schachspiel.) Unsere kurze Partie zeichnet sich dadurch aus, daß nach verhältnismäßig wenigen Zügen das Spiel zu Ende ist, das Feld ist (nahezu) leer, rundherum liegen geschlagene Figuren. Wobei diese Figuren einer bestimmten Generation entsprechen, näherhin allen innerhalb eines Jahres Geborenen. In der kurzen Partie wird verhältnismäßig schnell gestorben; nach dreißig oder vierzig Jahren gibt es nahezu keine Überlebenden mehr: So stellt sich die Bevölkerungsbewegung in allen vorindustriellen Gesellschaften dar. Die lange Partie hingegen ist dadurch gekennzeichnet, daß nach 70 oder 80 Jahren erst das Spiel für eine Generation zu Ende ist. In Schweden wird die lange Partie gespielt, in Indien die kurze.

Die kurze Partie ist durch viele 100000 Jahre die Regel gewesen unter den Menschen, ganz ohne Ausnahme. Hohe Geburtenziffern wurden durch hohe Sterblichkeitsraten ausgewogen, die Zahl der Bevölkerungen blieb so ziemlich konstant, ähnlich wie beim Schachspiel, wo die Zahl der Figuren unverändert bleibt.

Und Gott sprach: Seid fruchtbar und mehret euch und erfüllet die Erde.

Dieser Aufforderung sind die Menschen erst relativ spät nachgekommen, zuerst in Europa, ab dem 18. nachchristlichen Jahrhundert, dann aber mit wachsender Energie. Die Geburtenüberschußziffern stiegen von Generation zu Generation erheblich; zwischen der Mitte des 18. Jahrhunderts und der des unsrigen wurde in bestimmten europäischen Ländern die Partie mit sehr viel mehr Personen gespielt, elendiglich genug für die Mehrzahl der Betroffenen, und exemplarisch in den Ländern mit schnell wachsender Industrie, beispielsweise in England. In diesem Land war der Geburtenüberschuß um 1720 praktisch gleich Null, erreichte sein Maximum im 19. Jahrhundert und sank dann wieder, bis auf ein Niveau von zwei oder drei Promille in unseren Tagen.

Es spricht viel dafür, daß sich dieses Grundmuster überall dort wiederholt, wo ein Land der Industrie sich zuwendet. Nach der heftigen Explosion während der Übergangszeit stabilisiert sich die Bevölkerung abermals wie in früheren Zeiten – jedoch mit dem Unterschied der höher gewordenen Zahl der sogenannten mittleren Lebenserwartung. Um 1900 betrug die mittlere Lebenserwartung beispielsweise in Frankreich 47 Jahre; 1963 war sie auf 70,6 Jahre gestiegen. Die höchste Rate wurde 1962 in Schweden gemessen: 73,3 Jahre. Die lange Partie ersetzt die kurze, mit relativ niedrigen Geburtenziffern und ebensolchen Sterblichkeitsraten. In einigen Industrie-Ländern ist dieser Prozeß nahezu abgeschlossen; die Welt als ganzes befindet sich dagegen im Zustand der Bevölkerungsexplosion.

Dies also ist das Novum: Die Figuren bleiben länger auf dem Feld, die Lebenserwartung steigt zugleich mit der Industrie, die Partie wird länger. Die längere Lebenserwartung aber ist zugleich eine verlängerte Todeserwartung, die neue Lage zeitigt ihre Konsequenzen in den Köpfen der Menschen.

In Indien betrug die mittlere Lebenserwartung im Jahre 1960 nur 41,2 Jahre, bei einem Je-Kopf-Einkommen von rund 90 Dollar pro Jahr. Es läßt sich folgende Faustregel finden: Unterhalb der ökonomischen Schwelle von 200 Dollar pro Kopf und Jahr bewegt sich die mittlere Lebenserwartung nicht nennenswert über die Grenze von 40 Jahren. (Unter eben diesen Bedingungen lebten die Menschen bis zum Beginn des industriellen Zeitalters.) Sobald die wirtschaftliche Produktivität einsetzt, in Gestalt beständig wachsender Volkseinkommen, beginnt auch die Lebenserwartung zu steigen.

Vergleichen wir jetzt die Reaktionen eines Schweden und eines Inders auf ihre jeweilige Lage.

Der Inder wächst in einer Umgebung heran, in der die Menschen gemeinhin nicht sehr alt werden, außer in den obersten Schichten der

Gesellschaft. Er hat also bereits in jugendlichem Alter den Tod vor Augen; mit 30 Jahren hat er den größten Teil seiner Lebenszeit bereits hinter sich. Die hohe Geburtenziffer und die ebenso hohe Sterblichkeitsrate (wir haben dies vorhin die kurze Partie genannt) schlagen sich im Bewußtsein des Inders als eine Erfahrung nieder: er erlebt häufig Geburt und Tod, rund um ihn tritt beständig neues Leben auf und verlöscht ebenso häufig und selbstverständlich. Auf den Straßen der großen Städte liegen Sterbende zahlreich, keiner kümmert sich um sie, sie gehören zum Alltag, sind ein vertrautes Bild.

In Schweden hingegen verursacht ein Sterbender ein hohes Maß an Aufregung und Aktivität, und ebenso verhält es sich bei der Geburt eines Kindes. Denn für den Schweden ist das Gesetz der langen Partie in Kraft, mit niedrigen Geburten- und Sterbeziffern. Geburt und Tod werden in der Erfahrung des einzelnen Menschen zu vergleichsweise seltenen Ereignissen, verteilen sich außerdem auf ein langes Leben. (Bereits um 1900 betrug die mittlere Lebenserwartung in Schweden 55,7 Jahre.) Heute kann ein Schwede stillschweigend damit rechnen, 70 Jahre alt zu werden, und er tut es auch. Wohl sind die Versicherungsgesellschaften mit ihren Sterbetafeln hier etwas heikler, sie rechnen genauer. Für das kollektive Bewußtsein jedoch gilt unbestritten: Wir werden älter, wir leben länger als in früheren Zeiten.

Für den Inder ist der Tod eine vertraute und geradezu selbstverständliche Sache, für den Schweden ist er ein Ereignis. Das früher beschriebene Bochum-Phänomen ist damit keineswegs erklärt. Lediglich ein Rahmen ist gefunden worden, innerhalb dessen es diskutiert werden kann. Es ist diese Rahmenbedingung als verlängerte Lebenserwartung schlechthin beispiellos zu nennen, verglichen mit dem was früher war. Wie wir kollektiv darauf reagieren werden steht noch nicht fest. Das Zeug in unseren Köpfen beginnt zu rumoren.

Was ist geschehn?

So fragt Marlene Dietrich in einem 20 Jahre alten Lied, mit vielen Millionen toter Soldaten als Anlaß der Frage nach dem Verbleib der Blumen: Sag mir wo die Blumen sind, wo sind sie geblieben.

Die Blumen sind inzwischen nachgewachsen; die Toten allerdings sind nicht wieder lebendig geworden, und die Frage des Liedes nach dem was geschehen ist bleibt offen. Nicht im Sinne des Zählens und Registrierens natürlich – diesbezüglich kann man in den Geschichtsbüchern nachschlagen. Aber die Frage nach Grund und Ursache dessen, was geschehen ist mit uns, die Betroffenheit und die Trauer; sie begleitet uns weiterhin, ist unerledigt geblieben: Wann wird man je verstehn. Die Frage nach dem was geschehen ist zielt auf das Besondere der Neuzeit, auf das Beispiellose an ihr; ihr ist mit irgendwelchen Hinweisen auf ein allgemein Menschliches nicht gedient. Es ist nämlich bekannt, daß unsere Ahnen seit altersher und gleich uns materielle Interessen hatten und sich derentwillen bekämpften; das ist eine alte Geschichte, und sie erklärt nicht die besondere und beispiellose Voraussetzung der modernen Waffengänge: die generelle Hinwendung zur Industrie.

☛ *Die Produktion spielt sich hier, in diesem irdischen Leben, ab. Ihre Rapidität und ihre unübersehbare Vielfalt erlaubt keinen Augenblick des Stillstandes und der Überlegung. Die furchtbarsten Kriege haben sie nicht erdrückt. In allen feindlichen Lagern, wie immer diese beschaffen sein mögen, ist sie gleichermaßen wirksam. Wenn es einen Glauben gibt, dem die lebenskräftigen Völker der Erde eins ums andere verfallen, so ist es der Glaube an die Produktion, den modernen Furor der Vermehrung (Canetti).*

Anders ausgedrückt, sozusagen trockener: Nicht von ungefähr ist die Volkswirtschaft, die ökonomische Struktur der Gesellschaft, an einem bedeutsamen Wendepunkt der abendländischen Geschichte zum Gegenstand ernsthafter Untersuchungen geworden – in dem Augenblick nämlich, da zum erstenmal das Volksvermögen in einigen Ländern ständig und endgültig zu wachsen begann. Dieser Umschwung, der in den fortgeschrittensten Ländern wie England und Holland irgendwann im 18. Jahrhundert einsetzte, muß als eines der folgenschwersten Ereignisse der Weltgeschichte angesehen werden (Galbraith).

Die Vermehrung der Bevölkerungen befindet sich in einem stetigen Verhältnis zur Zunahme der Produktion, wenn die Situation global betrachtet wird. Produziert aber wird – einer bestimmten Theorie zufolge jedenfalls in den kapitalistischen Systemen – immer zuviel, niemals zuwenig. Der Absatz bleibt hinter der Produktionsleistung zurück, es gibt mehr Waren als Käufer; die Auslagen der Geschäfte bergen Ladenhüter. Kriege (und Waffenerzeugung überhaupt) stellen dann eine Möglichkeit dar, Überkapazitäten loszuwerden. Es besteht also ein Zusammenhang zwischen Produktion und Krieg, Produktion und Bevölkerungsbewegung, Bevölkerungsbewegung und Krieg – ein seltsames Dreieck.

Was ist geschehn: Am 6. August 1945 fällt die erste Atombombe auf Hiroshima. (Ein Militärkaplan hatte vor dem Start des Unternehmens sein Gebet gesprochen.) Seitdem vermeiden die Weltmächte den Krieg, begnügen sich mit dem Rüsten um die Wette, suchen schließlich nach Begrenzungen der Waffenproduktion. Aller Schrecken vor einer übernatürlichen Gewalt, die strafend und zerstörend über die Menschen hereinbricht, hat sich an die Vorstellung von der »Bombe« gehängt. Die Inhalte der biblischen Apokalyptik erscheinen jedem Zeitgenossen als reale Möglichkeit, ihre Vermeidung wird zum Gegenstand diplomatischer Verhandlungen ganz ohne mythologische Vision, nämlich geschäftsmäßig und mit strategischem Kalkül, der Form nach rational. Gegenstand der Gespräche ist die Vermeidung des kollektiven Todes der Gattung Mensch; die Götterdämmerung gerät demgegenüber zum Spektakel in der Oper. Die Realität übertrifft die Mythe.

Der Ursprung dieser Beispiellosigkeit des Geschehenen bleibt rätselhaft, trotz allen Eifers der Historiker. Ironisch fällt die Antwort aus, letzten Endes, etwa bei Robert Musil: Aber wenn man sich fragt, was der Menschheit nun eigentlich eingefallen sei, sich so zu verändern, so ist die Antwort, sie tat damit nichts anderes, als jedes vernünftige Kind tut, wenn es zu früh versucht hat, zu laufen; sie setzte sich auf die Erde und berührte diese mit einem verläßlichen und wenig edlen Körperteil, es muß gesagt werden: sie tat es mit eben jenem, auf dem man sitzt. Denn das Merkwürdige ist, daß sich die Erde dafür so ungemein empfänglich gezeigt hat und seit dieser Berührung sich Erfindungen, Bequemlichkeiten und Erkenntnisse in einer Fülle entlocken läßt, die ans Wunder grenzt.

Der alte Seibold (siehe oben) wird all dem nicht viel Tröstliches abgewinnen können, er ist jetzt alt und wird bald Abschied nehmen müssen von dieser Welt.

Immerhin: Von dieser Welt, nicht von einer vergangenen, beliebigen. Nicht von der Welt der Buschmänner oder der alten Römer also, sondern von einer Welt, in der es die verlängerte Lebenserwartung gibt und die industrielle Produktion (auch von atomaren Sprengköpfen), die Bevölkerungsexplosion und den Zerfall der alten Gläubigkeiten, in beispielloser Weise.

Was ist nach dem Tod und was nicht: Die Frage ist alt genug. Die Suche nach einer Antwort allerdings erfolgt unter noch nie dagewesenen Bedingungen des Lebens und Sterbens. Das Zeug in unseren

Köpfen will geprüft, der Dachboden entrümpelt werden. Der Fundus ist groß, man möchte wissen, nach welchen Gesichtspunkten aufgeräumt werden soll. Ein Vorschlag darf lauten, bezüglich der zu stellenden Prüfungsfrage: Wie verhält sich das betreffende Zeug jeweils zur heutigen Lage der Sterblichen.

Es ist dieser Vorschlag unbestimmt und hilflos genug; er hat jedoch den Vorteil für sich, den Fragenden zu einer gewissen Achtsamkeit zu zwingen. Vermieden kann immerhin werden, alle vorhandenen Inhalte des menschheitlichen Glaubensarchivs von vornherein als gleich gültig (und damit als gleichgültig) zu behandeln, als Sammlung exotischer Schmetterlinge, als aufgespießte Ideen längst vergangener Zeiten und Völker. Wenn unsere heutige Lage beispiellos ist, dann ist ein hohes Maß an Wachsamkeit erforderlich. Der alte Seibold hat sich für eine kritische Haltung entschieden, und diese darf weiter empfohlen werden.

Der Gang der Handlung

Wer gerade glücklich liebt, dem zeigt sich allenfalls die ganze Welt in einem rosigen Licht. Im Spital hingegen, und mit starken Schmerzen, da mag die Weltanschauung schon eher trübselig werden. So spricht die Lage eines jeglichen Menschen bei seiner Grundstimmung ein Wörtlein mit; eintönige Arbeit stimmt den Werktätigen weniger fröhlich als den schöpferisch Tätigen, dessen Hervorbringungen öffentlich gefragt sind. Eben die Letzteren aber produzieren Weltanschauungen, als akademisch anerkannte Philosophen beispielsweise, als prominente Literaten, Regisseure, Schlagersänger oder Pfarrer. Von unten her betrachtet, geht es ihnen allen recht gut, sie verdienen Geld mit der Verlautbarung ihrer jeweiligen Stimmung. Sie kommentieren den Ablauf der Handlung auf dem Welttheater, selbst ihre Traurigkeiten finden eine wohlwollende Aufnahme. Die gesellschaftliche Anerkennung (real oder angestrebt) weist ihnen einen guten Platz im Parkett an, von dort sieht man besser auf die Bühne.

Der alte Seibold (siehe oben) ist kein Schriftsteller und nicht wortgewaltig also. Stellt dennoch seine Fragen im Theater der Welt, möchte den Gang der Handlung verfolgen, hört die Nachrichten im Radio, liest die Zeitung. Auf der Bühne ist allerhand los, full of sound and fury ist die Bühne nach der Meinung von König Macbeth; jedoch: signifying nothing.

A tell told by an idiot: Als barer Unsinn stellt sich der Gang der Handlung in dieser Bemerkung dar, ein Verrückter erzählt seine Geschichte.

Gegen solch eine traurige Bilanz muß etwas unternommen werden, vielleicht hat die Geschichte des Idioten auf der Bühne doch einen verborgenen Sinn. Wenn es wahr ist, daß die Konstruktion eines solchen verborgenen Sinnes das Wesen aller Geschichtsphilosophie ausmacht, dann ist der Italiener Giambattista Vico der erste Geschichtsphilosoph der Neuzeit gewesen. Vico ist 1744 gestorben, bald danach findet die Französische Revolution statt und die industrielle Revolution, die Geschichtsphilosophen bekommen Arbeit, es geht vorwärts. Wir wollen hier keine Namen nennen, lediglich der (vorläufig) letzte in der Reihe mag Erwähnung finden: Arnold J. Toynbee, mit zwölf Bänden Universalgeschichte (es gibt auch eine Kurzfassung).

Die Geschichtsphilosophen lauschen der Geschichte eher zuversichtlich, so verrückt ist das Ganze eigentlich nicht, es läßt sich ein Gang der Handlung erkennen, allgemein gesprochen. Das Welttheater spielt in einzelnen Akten (allerdings ohne Pause): Vorgeschichte, Altertum, Mittelalter, Neuzeit. Dabei entwickelt sich die Handlung sozusagen stufenweise, mit dramatischen Effekten am Beginn jeder neuen Szene. Zuerst bewegen sich die Neandertaler auf der Bühne, dann wird laufend Neues erfunden: Das Rad, der Ackerbau, die Schrift, die Stadt, der Handel, die Weltreligionen, der Kaiser, der Buchdruck, die Dampfmaschine, die Atombombe. Am langweiligsten sind die ersten paar 100000 Jahre, da passiert fast nichts, dann aber werden Pyramiden gebaut und Weltreiche gegründet. Die Chronisten schreiben fleißig mit, sie spielen Herolde, verkünden Siege und Thronbesteigungen, zählen die Toten. Die Handlung schreitet voran, generell gesprochen geht es vorwärts und aufwärts, die gegenwärtige Gesellschaft ist besser als die früheren, eine noch bessere befindet sich in Vorbereitung.

☛ *Aber eine andere Tatsache ist es, daß der Weg der Geschichte über das Leiden und Elend der Individuen führt (Horkheimer).*

Man kann nicht umhin, in der großartigen Schriftstellerei der Geschichtsphilosophen einen grausamen Zug zu entdecken. Der alte Seibold gehört zu den weltgeschichtlichen Unkosten, der Weltgeist kann nicht auf ihn Rücksicht nehmen mit seinen Privatangelegenheiten (wie beispielsweise das Sterben). Für die toten Individuen und ihre Leiden werden zu bestimmten Gelegenheiten Andachten veranstaltet, etwa in Form von Kranzniederlegungen, mit geschichtsphilosophischen Erläuterungen: Ihr seid nicht umsonst gestorben.

An solche Tröstung zu glauben erfordert eine gewisse Festigkeit, insbesondere kurz vor der Hinrichtung. So manche politische Delinquenten haben eine solche Haltung an den Tag gelegt, in beeindruckender Weise. Wenn allerdings der Gedanke erlaubt ist, daß wir alle auf unsere Hinrichtung warten im weiteren Sinne des Wortes, dann verliert die Geschichte viel von ihrem Glanz und ihrer Glorie in den Augen des einzelnen. Besonders dann, wenn er auf der Seite der Verlierer sich befindet wie Macbeth (immerhin ein König), der äußerst knapp nur seinen bevorstehenden Tod zu kommentieren vermag: Out, out, brief candle. Oder, ebenfalls bei Shakespeare: Der Rest ist Schweigen. Hamlet stirbt als Verlierer, das Reich fällt an einen anderen.

Nicht nur der königliche Prinz stirbt eher bitter und mit stark reduzierter Geschichtsphilosophie. Es stellt sich nämlich bei näherem Zusehen heraus, daß die meisten Individuen in der Geschichtsschreibung einfach nicht vorkommen, ihr Name findet keine Erwähnung, sie sind bedeutungslos. Gemessen an der überaus großen Zahl der von der Geschichtsschreibung Übergangenen sind die paar 100 oder 1000 Namen in den Registern der Geschichtsbücher eine sehr kleine Zahl. Nicht einmal in die Zeitung können die meisten Zeitgenossen kommen, obwohl sie es vielleicht möchten, und sei es in noch so flüchtiger Weise. Nach einem ziemlich furchtbaren Ausspruch Hegels sehen wir den Geist der Geschichte sich nach einer unerschöpflichen Menge von Seiten ergehen, sich darin genießen und befriedigen; in dieser Lust seiner Tätigkeit hat er es nur mit sich selbst zu tun.

Dem einzelnen bedeutungslosen und übergangenen Individuum bleibt in dieser Sicht der Dinge nichts anderes übrig, als den Weltgeist bei seiner lustvollen Tätigkeit mehr oder weniger andächtig zu beobachten. Die durchschnittlichen Zeitgenossen gleichen zufälligen Passanten, die eine glanzvolle Wagenauffahrt als unbeteiligte Zuschauer betrachten; die wichtigen Ereignisse spielen sich hinter strahlend erleuchteten Fenstern ab, morgen steht dann alles in der Zeitung.

Der 19jährige Engländer William Devanney, der einen anderen Jugendlichen mit einem Messer erstochen hatte, wurde in London zu lebenslänglich Gefängnis verurteilt. Er sagte: Es ist schade, daß man mich nicht hängen wird; an einen Gehängten würde sich jeder ständig erinnern.

Ein verzweifelter Protest gegen das Vergessenwerden ist das, die Geschichtsphilosophie des Mörders blamiert die Professoren. Die Professoren haben leicht reden über den Gang der Handlung, sie haben einen bequemen Platz ergattert im Welttheater. Dort arbeiten sie an der offiziellen Interpretation der Ereignisse auf der Bühne, später dürfen die Kinder in der Schule diese Erkenntnisse auswendig lernen, in stark vereinfachter Form.

Und die Kinder glauben daran, glauben an den Gang der Handlung und an den Fortschritt der Geschichte: Die moderne Orientierungsweise verrät die Neigung, die Erledigung der vorhandenen Unstimmigkeiten an eine zukünftige Gesellschaftsordnung zu verweisen (Parsons). Nicht mehr der Ausgleich im Jenseits, im Leben nach dem Tod ist der Gegenstand des allgemeinen Glaubens; dieses herkömmliche Leitbild verträgt sich nicht mit dem Glauben an die Produktion, es verblaßt immer mehr.

Die moderne Sicht der Dinge bringt allerdings einen gewissen Nachteil mit sich: man stirbt vor ihrer Erfüllung. Man muß das Theater vor dem Schluß der Vorstellung verlassen, das Ende kann nicht abgewartet werden. Wenn aber das Ende nicht feststeht, der Ausgang unbekannt bleibt, dann kann auch kein abschließendes Urteil über das Stück gefällt werden. Oder, im unübertrefflich kühlen Originalton des Soziologen: The question of the personal compensation of living individuals remains imperfectly solved (Parsons). Die lebenden Individuen kommen bei der Lösung ihrer persönlichen Lebensfragen zu kurz, auf eine vertrackte Weise läßt sie die offizielle Geschichtsphilosophie im Stich, sollen sie eben selber sehen wo sie bleiben.

Der Professor blättert um, weitere Themen warten auf eine gründliche Erörterung, die Vorlesung wird fortgesetzt. Die Fülle des Lehrstoffs verbietet das Stellen von Fragen.

Unendlicher Friedhof

Drei Sterne im Reiseführer bedeuten: Eine Reise wert. Pompeji in Italien ist im Reiseführer mit drei Sternen gekennzeichnet, Pompeji ist eine Reise wert. Der Reiseführer bemerkt: Der Rundgang in den Ruinen der toten Stadt ist erregend, spürt man doch in dem großen Schweigen des unendlichen Friedhofs die unsichtbare Gegenwart der Römer, die hier vor fast 2000 Jahren lebten.

Pompeji wurde im Jahre 79 n. Chr. durch einen Ausbruch des Vesuvs zerstört. Über der Stadt bildete sich eine feste Masse erstarrter Lava, und so blieb eine Menge historischen Materials erhalten, in bestem Zustand sozusagen. Rund 1700 Jahre fiel es niemandem ein, hier Ausgrabungen zu veranstalten, die Toten hatten ihre Ruhe. Dann aber (immer noch der Reiseführer) entdeckte ein Architekt namens Fontana im 17. Jh. die verschüttete Stadt; er war mit Straßenarbeiten in der dortigen Gegend beschäftigt. Ab 1748 begann man mit den Ausgrabungen; heute sind etwa zwei Drittel des alten Pompeji freigelegt. Lichtbildervorträge für Touristen finden täglich von 9 bis 16 Uhr in dem eigens hierfür erbauten Auditorium statt (unentgeltlich; von Mitte Oktober bis Ende Februar ist an Sonntagen und Feiertagen geschlossen).

Die Entdeckung des Architekten Fontana fiel in eine Zeit, in der man sich in Europa sehr stark für die Toten und ihre verschiedenen Hinterlassenschaften zu interessieren begann. Mit der Gleichgültigkeit des Mittelalters gegenüber alten Trümmern war es vorbei, die Neuzeit zeigte sich von der Vergangenheit fasziniert, fand Ruinen erregend. Die moderne Geschichtswissenschaft wird von einer recht einfachen Frage vorangetrieben: Wie es denn eigentlich gewesen sei. Im vergangenen Jahrhundert war dieses Unternehmen bereits in vollem Schwung, eine grenzenlose Neugier trieb ernsthafte Männer in die unwirtlichsten Gegenden (während zu Hause die Schlote rauchten). Einer davon war Heinrich Schliemann aus Mecklenburg (gest. 1890). Mit 40 Jahren hatte er bereits ein Vermögen erworben, als Kaufmann in Amsterdam und Petersburg, dann ging er auf Reisen. Ließ sich 1868 in Athen nieder, heiratete eine Griechin sozusagen programmgemäß, denn sein Sinn war aufs alte Hellas gerichtet. Moderne kaufmännische Gesinnung und romantische Schwärmerei für die Vergangenheit treten in diesem Mann zusammen. Die erste Hälfte des Lebens für Industrie und Handel, die zweite für die Archäologie. Schliemann gräbt in Griechenland, er findet goldene Schätze, die er an Museen verschenkt.

Überall, an allen möglichen Ecken und Enden der Erde wird die Vergangenheit ausgegraben im industriellen Zeitalter, öffentliche und private Gelder werden in diese Unternehmungen reichlich gesteckt, Museen werden gebaut, sie füllen sich mit zahlreichen Funden aus dem alten Ägypten und aus Babylon. An der Spitze marschiert lange Zeit die damals führende Industriemacht der Welt, mit dem British Museum als Schatzkammer.

Warum das alles?

Will die Menschheit noch schnell ihre eigene Vergangenheit archivieren, bevor sie sich selbst in die Luft sprengt? Suchen die Lebendigen eine Orientierung ihres Lebens bei den Toten, den rund 75 Milliarden Toten, die bisher auf der Erde gelebt haben? Welcher kollektive Antrieb steckt hinter dem selbstverständlichen Appell des Reiseführers ans Ruinengefühl?

Der Reiseführer kennzeichnet das historisch Bedeutsame mit Sternen, aufgrund bestehender Übereinkünfte und Erfahrungen; die Manager des Tourismus haben eine feine Nase für das Bedeutsame, sie wissen was gefragt ist am Markt der historischen Stätten. Denn längst nicht alles bloß Vergangene wird als bedeutsam empfunden von den reisenden Massen, oder schlicht als schön. Sehr viel bedeutungslose Informationen häufen sich in den Kellern der Museen, in den Abhandlungen der Gelehrten. Die Keilschrifttexte aus dem alten Mesopotamien beispielsweise sind zu 90 Prozent wirtschaftlicher Art, irgendwelche Rechnungen, Lieferscheine, Inventurlisten.

Der alte Seibold (siehe oben) wird bald Abschied nehmen müssen von dieser Erde, was nützen ihm die alten Häuser in Pompeij, drei Sterne sind diesfalls nicht genug. Versunkene Schiffe reizen seine Neugier nicht mehr sonderlich, mit Göttern, Gräbern und Gelehrten fängt er nicht viel an.

Womit man etwas anfangen kann aus dem Fundus des Vergangenen, das sollte entscheidbar sein im Licht der letzten Fragen, ein ziemlich strenges Kriterium ist diesfalls erwünscht.

☛ *Das nur betrachtende Wissen bezieht sich notwendig auf Abgeschlossenes und so Vergangenes, es ist hilflos gegen Gegenwärtiges und blind für die Zukunft (Bloch).*

Laß dich nicht verzaubern vor den Stadtmauern in Aigues-Mortes (Provence), mittelalterlich noch heute, ganz still in der Morgensonne, mit Feldern ringsum im Juli 1969. Es handelt sich hier um die Stadt der toten Gewässer (das bedeutet der Name), das Meer hat sich längst zurückgezogen, früher war da ein Hafen mit einiger Bedeutung, jetzt lebt man hauptsächlich vom Fremdenverkehr. Rundgang also um die vollständig erhaltenen Stadtmauern im Juli 1969 in der Stille des Morgens ganz allein, hier weht uns etwas an im Urlaub. Mauern sind stehen geblieben aus irgendeinem Grund, ob sie mir etwas sagen wollen ist die Frage. Hilflos bleibt das nur betrachtende Wissen angesichts toter Gewässer und toter Mauern, die Nachricht aus der Vergangenheit ist verschlüsselt, ohne Code stellt nur ein unbestimmbares Gefühl sich ein, zum Leben zu wenig, zum Sterben zuviel. Der Code der alten Mauern sollte aufgebrochen werden, widrigenfalls die Betrachtung folgenlos bleibt, ein verwehender Zauber nur.

Die Mauern von Aigues-Mortes verraten mir nichts, den gewünschten Code kann ich nicht finden, diese Vergangenheit ist für mich abgeschlossen, keinerlei angehbare Kontinuität läßt sich herstellen. Tote Gewässer in der Tat sind das, fahren wir woanders hin.

In Millstatt (Österreich) ist das Ensemble der alten Gebäude im Lauf von etwa 1000 Jahren entstanden, es handelt sich hier um eine alte Klostergründung. Im Sommer 1971 stehe ich abends im Kreuzgang (romanischer Stil). Es gibt keine Mönche mehr, seit zweihundert Jahren ist das Kloster säkularisiert, nur die Pfarrkirche ist noch in Funktion. Beredt ist das Schweigen des Kreuzganges für mich, die toten Mönche sind Kleriker gewesen gleich mir. Verstummt ist das Gebet der geistlichen Herren im Kreuzgang, ich kenne ihre alten Gebete gut, sie haben sich nicht sonderlich geändert im Lauf der 1000 Jahre. Deus in adiutorium meum intende, domine ad adiuvandum me festina. (Der gregorianische Choral ist älter noch als Millstatt.) Ich habe Choral singen gelernt, ich weiß was die toten Mönche gesungen haben, habe es selbst gesungen und singe es noch gelegentlich bei der Messe an hohen Feiertagen, wenn Hochamt gehalten wird. Meine Freunde stehen mit mir im Kreuzgang, sie hören keine toten Mönche singen, sie sind keine Priester, die (katholische) Kirche bedeutet ihnen nicht sonderlich viel. Es erhebt sich die Frage ob die toten Mönche welthistorisch überholt sind, ob ich selbst welthistorisch überholt bin mit meinen Verbindungen zu toten Mönchen und säkularisierten Kreuzgängen.

Unsere Tage am Millstätter See sind keineswegs unbeschwert im übrigen, es handelt sich um eine Geschwulst im Bauch des Freundes, die ist herausgeschnitten worden, jedoch der postoperative Verlauf ist nicht ohne Probleme, er hat Schmerzen in der Nacht. Basso continuo also in unseren Gesprächen, wir beschließen daß ich eine Messe lesen soll in der Pfarrkirche von Millstatt. Am nächsten Morgen stehe ich an einem Seitenaltar, meine beiden befreundeten Anwesenden sind still hinter mir, sind auf der Suche nach etwas sehr Wichtigem. Was wir sein werden ist noch nicht offenbar.

Die toten Mönche haben eine Sache betrieben die noch nicht abgeschlossen ist. Welthistorisch überholt ist die Gestalt ihrer Lebensform; der Prozeß aber, an dem sie beteiligt waren in damals maßgeblicher Weise ist keinesfalls abgeschlossen, es wird weiter verhandelt. Die Beschäftigung mit toten Mönchen und säkularisierten Kreuzgängen ist mithin keine hilflose Schwermut bloß, diesfalls darf die Arbeit am Menschenmöglichsten ins Auge gefaßt werden, als weiterhin zu betreibende. Die Vergangenheit ist mit noch nicht verwirklichter Zukunft aufgeladen, der Schlüssel zum Code der alten Gemäuer heißt Hoffnung, und nicht als begrabene aufgefaßt. Der unendliche Friedhof des Vergangenen birgt nicht nur begrabene Hoffnungen und Kaufmannsrechnungen auf Keilschrifttafeln. Auch Spurenelemente des Unbesiegbaren können dort aufgespürt werden, als noch nicht eingelöste Aufträge an die Lebendigen. Der Rundgang durch die Gewölbe des menschheitlichen Gedächtnisses mag getrost unternommen werden. Wir verfügen dabei über ein Licht, das leuchtet ewig im freundlichen Konjunktiv: Et lux perpetua luceat eis. Mit festen Schritten geht dieser Satz im Requiem von Mozart durch die Musik, keineswegs als Illusion oder Opium des Volks. Die musikalische Begleitung für den Text unseres Buches ist hiermit angegeben.

Katholisch erzogen

In dem zu Beginn dieses Kapitels zitierten Text erwähnt Wilhelm Seibold seine katholische Erziehung, eine fromme Familie, den Religionsunterricht (in Bayern). Ist bis heute nicht fertig geworden mit all dem, was ihm erzählt wurde in diesem Zusammenhang, das Fragezeichen hinter dem erwähnten Zeug in seinem Kopf bezieht sich auch auf allerlei Katholisches, was soll er damit anfangen.

Damit ist eine Voraussetzung angegeben, ähnlich jener, unter der dieses Buch geschrieben wird. Diese Voraussetzung darf nunmehr geprüft werden, als notwendige Übung für das, was später folgen soll.

Ein Ganzes, ein Allgemeines meinend und betreibend: dies ist der wörtliche Sinn des katholischen Prinzips. Entstanden ist es in den ersten fünf nachchristlichen Jahrhunderten im christlich werdenden Mittelmeerraum, als schließliches Resultat heftigen Streites lokaler Kirchengemeinden und verschiedenster Gruppierungen. Im Rückblick erscheint es wie ein Plan, den doch niemand gehabt hat (Jaspers). Aurelius Augustinus (gest. 430), Bischof im nordafrikanischen Hippo Regius, selber in fortwährendem Kampf gegen partikuläre Kräfte begriffen, beschwört die einträchtige Allgemeinheit mit dem Namen: Catholica. Gegen eine separatistische Partei in Nordafrika predigt er: Was ist unser Ziel? Das weite Gebot.

Gegen die Enge lokaler Interessen weist der Kirchenvater den weiteren Horizont der Catholica, real vertreten durch den gemeinsamen Willen hunderter Bischöfe zum Einverständnis im christlichen Imperium, mit dem Kaiser als anerkanntem Hüter der Einheit und des Friedens. Petrus und Paulus, beide der Überlieferung nach in Rom hingerichtet, bevollmächtigen den dortigen Bischof zum Schiedsrichter zwischen den übrigen: Rom hat gesprochen, die Sache ist erledigt.

Im Kampf für die neue christliche Staatskirche unterstützt Augustinus schließlich die kaiserlichen Kommissare, die das Edikt zur Auflösung der oppositionellen Donatisten-Partei durchzusetzen hatten; der Bischof billigt den Glaubenszwang als das kleinere Übel. Die kirchliche Grundgesinnung hat diesen Weg nicht preisgegeben. So zwiespältig von allem Anfang an stellt sich die Catholica dar: Als Wille zur Einheit, der mit Gewalt sich durchsetzen muß. Die anfängliche Milde Augustins scheiterte an den politischen Realitäten, der Appell ans weite Gebot blieb als solcher unwirksam, die Nötigung zum Zwang schien unabweisbar, nicht nur für Augustinus.

In der langen Geschichte der Kirchen seit Augustinus hat sich herausgestellt, daß die Überwindung des Widerspruchs zwischen (gewalttätig werdender) Allgemeinheit und partikulärem Behauptungswillen nicht gelungen ist. Die antike Catholica hat zuerst den christlichen Osten verloren, an Byzanz und später Moskau; beide Sphären fuhren fort, sich katholisch zu nennen, auch nach dem Abbruch der Beziehungen. Als dritte Kraft stieß der Islam in weite Räume des ehemaligen Imperiums, und noch darüber hinaus vor. Der Gegensatz zwischen ihm und den einander fremd gewordenen Christenheiten blieb unversöhnlich. Das mittelalterliche Papsttum erreichte mit Innocenz III. (gest. 1216) einen Höhepunkt. Dreihundert Jahre später verfiel auch dieser Anspruch den beginnenden Nationalismen der Reformationszeit. Seitdem ist die römisch-katholische Kirche selber partikulär geworden, mit zunehmend schwindender Bedeutung vom Untergang der Armada bis zum Ende Habsburgs. Heute ist ihre Ohnmacht allgemein offenbar; das industrielle Zeitalter hat sie ihrer Basis in den gläubigen Massen beraubt.

Mit dem Verfall dieser vordem höchst folgerichtigen und stabilen Machtgestalt (Jaspers und Canetti haben sie knapp und treffend dargestellt) eröffnet sich die Möglichkeit einer rückschauenden Kritik, die um so lehrreicher sein kann, als ihr Gegenstand exemplarisch ist. Tatsächlich wird man in der Geschichte vergeblich nach einem Gebilde suchen, das wie die römisch-katholische Kirche sich so erfolgreich gegen die unruhigen Massen ihrer Gläubigen zu wehren verstand. An ihren einst wirksamen geistigen und politischen Methoden gemessen, erscheinen alle Machthaber wie traurige Stümper.

Die hiermit geforderte Aufmerksamkeit hat ihren Grund nicht im privaten Kummer frustrierter Katholiken und Kleriker, die ihre Kirche ungern verschwinden sehen. Sondern in jenem Kernproblem, das sich der Gattung Mensch in heute beispielloser Weise stellt, angesichts des monströsen Potentials atomarer Vernichtungswaffen. Sie werden verwaltet von Menschen, über deren recht durchschnittliche Fähigkeiten kaum ein Zweifel bestehen kann. Somit ist die Frage nach der Legitimität von Macht zur größten und grundlegenden geworden, zur höchst allgemeinen auch. Auf sie gilt es sich zu konzentrieren, ungeachtet der Spezialisiertheit des modernen Lebens. Die Bewältigung dieser Frage ist mit jener nach dem Tod aufs engste verbunden, kollektiv und individuell, aufgrund der heutigen Lage.

Die Voraussetzung und der Gegenstand dieses Buches sind somit angegeben. Es wird nunmehr gebeten, sich der Führung durchs menschheitliche Gedächtnis anzuschließen, zwecks Inspektion dessen, was in unseren Köpfen herumspukt. Eine katholische Erziehung ist hierzu nicht unbedingt erforderlich.

In der Tierwelt ist das Bestattungswesen unbekannt, es sei denn man würde das Gefressenwerden als Bestattung auffassen. (Manche Tiere verkriechen sich bevor sie verenden.) Es hat sich aber zugetragen, daß vor langer Zeit gewisse Tiere von affenartiger Gestalt sich dazu entschlossen, einen neuen Brauch einzuführen und ihre verstorbenen Genossen zu bestatten. Man fühlt sich versucht, in diesem Zusammenhang geradezu vom Anfang der Kultur und Religion zu sprechen. Eine gewisse Peinlichkeit allerdings ist bei der Schilderung der Menschwerdung nicht ganz zu vermeiden. Es besteht nämlich Grund zur Annahme, daß die Menschentiere zumindest gelegentlich das Fleisch ihrer Artgenossen vor der Bestattung verspeist haben, insbesondere das Gehirn. Daß wir hier vor einem naturgeschichtlichen Novum stehen, kann nicht bezweifelt werden; denn Tötung und Verspeisung eines Artgenossen kommt unter unseren engeren tierischen Verwandten so gut wie niemals vor. Der Kannibalismus ist eine menschliche Errungenschaft. Zur bequemeren Information des geneigten Lesers werden nunmehr einige hierher gehörige Nachrichten von verschiedenen Ausgrabungen dargeboten; wir folgen der Darstellung von Prof. James, aus dessen Buch über vorgeschichtliche Religiosität (auszugsweise): Im Jahre 1927 konnte Prof. Davidson Black die Entdeckung einer sehr frühen Menschengattung bekanntgeben, des Sinanthropus pekinensis, aufgrund von Ausgrabungen bei dem Dorfe Chou-Kou-Tien, etwa 50 Kilometer südlich von Peking. Die Überreste dieses Peking-Menschen sind nach aller Wahrscheinlichkeit Überreste kannibalischer Festmähler. Nach Zeuners Berechnung ist der Sinanthropus ungefähr 500 000 Jahre alt. Seit dieser Entdeckung sind weitere Fragmente von Schädeln gefunden worden, ferner Zähne und Kieferstücke, sowie längere Knochenteile. Diese entsprechen in ihrem Aussehen etwa denen des sogenannten Affenmenschen von Java und sind Vorläufer des Neandertalers. Die Leichen waren nach dem Tode enthauptet und bis zu ihrem Verfall begraben worden, ehe man die Köpfe sorgfältig präparierte. Da die Schädel Spuren von Verletzungen aufwiesen, handelte es sich möglicherweise um Opfer, welche man tötete, bevor ihnen das Hirn herausgenommen wurde um in feierlicher Weise verzehrt zu werden. Nach dem Mahl wurden die Schädel präpariert. Ein weiteres Beispiel für diesen alten Brauch fand man 1939 in der Grotta

Guattari (am Monte Circeo, Italien). Hierbei handelte es sich um den Schädel eines Neandertalers, welcher inmitten eines Kreises aus Steinen in einer kleinen Grabkammer lag. Knochen von Hirschen, Pferden, Hyänen, Elefanten und Löwen lagen auf dem Boden und waren auf den Wänden aufgeschichtet. Der Schädel zeigt an der rechten Seite die Spuren eines schweren Schlages. Das Hinterhauptloch war nach dem Tode aufgesprengt worden, wohl um das Gehirn herauszunehmen und in feierlicher Weise zu verzehren. Das geschah vor etwa 100000 Jahren. Ferner wird berichtet, daß sowohl auf Java wie in Frankreich vor langer Zeit der Brauch bestand, aus Schädeln Trinkgefäße herzustellen. In Nördlingen (Bayern, BRD) fand man ein Nest von 24 Schädeln aus der Mittelsteinzeit. Alle waren in roten Ocker gebettet und mit der Gesichtsseite nach dem Westen gerichtet. Aus ihrem Zustand läßt sich folgern, daß die Köpfe nach dem Tode mit Feuersteinmessern vom Rumpf getrennt wurden.

Es muß Bräuche geben

Das behauptet die Klytämnestra in der ›Elektra‹ von Richard Strauss. (Text von Hofmannsthal, Uraufführung in Dresden 1909.) In bezug auf das Bestattungswesen spricht Klytämnestra sicherlich eine allgemein verbreitete Auffassung aus, und eine höchst konservative. Denn das hohe Alter unserer diesbezüglichen Bräuche und Sitten steht außer Frage; selbst die neuesten Erfindungen auf diesem Gebiet sind älter als die Weltreligionen.

Nochmals Prof. James: Die früheste Kunde von der Bestattung des ungeteilten Leichnams erreicht uns aus der mittleren Altsteinzeit (100000 bis 50000 v. Chr.). Bei Le Moustier (Frankreich) wurde 1908 das ganze Skelett eines Neandertalers gefunden, mit dem Rükken nach oben, die Unterarme unter dem Kopf, den Schädel auf Faustkeilsplittern. Neben dem linken Arm lag eine Handaxt. Weitere Funde aus dieser Zeit, durchwegs in der höhlenreichen Gegend der französischen Dordogne gemacht, förderten weitere Skelette zutage, manche von ihnen in Hockstellung; die Ost-West-Richtung, in welche die Leichen gebracht wurden, ist anzutreffen, auch gewisse Grabbeigaben und die Spuren von Leichenmählern.

In der jüngeren Altsteinzeit (50000 bis 10000 v. Chr.) gibt man den Toten bereits Schmuckstücke mit ins Grab: Halsbänder aus

Schneckenschalen und Elfenbeinanhänger. Auffällig ist die Bevorzugung rötlicher Erden bei der Bestattung. (Es ist dies die Epoche der bekannten Höhlenmalereien in Südfrankreich und Nordspanien. Eiszeitliche Verhältnisse, der Homo sapiens ist bereits vorhanden, sein Gehirnvolumen entspricht dem unseren. Die Höhlen von Altamira in Nordspanien, 32 Kilometer von Santander, verdienen einen Umweg – zwei Sterne im Reiseführer. Während der Führung ist das Rauchen untersagt. Niedrig sind die Kavernen meistenteils. Mit Mühe nimmt der Tourist die Umrisse grober Zeichnungen wahr an dem Gestein der Höhlenwände: den Kopf eines Stieres, ein Bison. Man erfährt, daß jene Menschen hier keineswegs gewohnt haben, sondern in Hütten zu hausen pflegten. Der Tourist fühlt sich zu einer gewissen Andacht verpflichtet, wir befinden uns an einer der ältesten Stätten menschlicher Kunst. Es empfiehlt sich, im nahegelegenen Santillana del Mar – zwei Kilometer – das Mittagessen einzunehmen.)

Jüngeren Datums ist die Erfindung der Leichenverbrennung, sicher nachweisbar erst um 1000 v. Chr. in Europa. Der Ursprung dieser sogenannten Urnenfelderkultur ist umstritten; möglicherweise kam der neue Brauch von Südosten, aus Thrazien und Anatolien. Vorher hatte man – in Spanien, Frankreich, der Schweiz, England und Dänemark – bereits stattliche Grabdenkmäler errichtet und zu diesem Zweck ansehnliche Steine bewegt. Warum sich im Bronzezeitalter dann die Feuerbestattung ausgebreitet hat, ist von den Archäologen nicht mit Sicherheit zu erfahren. Den semitischen Völkern war die Leichenverbrennung fremd, und somit auch der christlichen Missionierung. Zwar galt im alten Rom die Feuerbestattung als vornehme Methode; bis in die Ära Konstantins des Großen verbrannte man die toten Kaiser. Doch der neue Glaube (und vielleicht auch ein gewisser Holzmangel in Italien) setzte das alte Erdbegräbnis durch. Karl der Große fand es für notwendig, im Jahre 784 n. Chr. die Leichenverbrennung mit der Todesstrafe zu belegen. Seitdem galt allgemein das christliche Begräbnis in geweihter Erde, meist rund um die Kirchen. Und fürchterlich war die Strafe der Beisetzung außerhalb des Friedhofs, vorbehalten nur den ärgsten Missetätern wie den Selbstmördern. In fernen Ländern dagegen hat man weiterhin die Toten verbrannt, in Indien und Mittelamerika, auch bei manchen Naturvölkern.

Erst im vorigen Jahrhundert begannen Ärzte und Freidenker für die Feuerbestattung zu plädieren, aus hygienischen und weltanschaulichen Gründen, bei erbitterter Gegenwehr der Kirchen. Pietät und Weltanschauung haben allerdings einen ziemlich schweren

Stand gegen die Tatsache des Platzmangels auf den großstädtischen Friedhöfen. Die Städteplaner fassen das Krematorium immer fester ins Auge, als praktisch einzig gangbare Lösungsmöglichkeit für die nächsten Jahrzehnte. (Die Berichte von prähistorischen oder historischen Gräberfunden erwecken demgegenüber den Eindruck der Belanglosigkeit.) Die Bulldozer werden Arbeit bekommen und die großen Friedhöfe einebnen. Der Boden in den Städten ist knapp und teuer. Urnen benötigen weniger Platz; auch wäre es möglich, die Asche der Toten anonym unter die Grasnarbe einer relativ kleinen Parkfläche zu streuen – wie heute schon im schwedischen Malmö. Jesus Christus hätte dagegen kaum etwas einzuwenden; ihm wird das Wort zugeschrieben: Lasset die Toten ihre Toten begraben.

Bleibendes Denkmal, Unvergänglichkeit

Nie wieder ist ein dermaßen gigantischer Aufwand mit den Toten getrieben worden wie in Ägypten, bereits im Alten Reich (2850–2052 v. Chr.). Das Gräberfeld von Giseh, westlich von Kairo, hält den Rekord unter den Friedhöfen aller Zeiten. Innerhalb einiger Jahrhunderte entstand aus dem einfachen Grab mit einem Sandhügel und dem Kranz aus Steinen die Pyramide, bis zu 170 Meter hoch. Das eigentliche Grab blieb immer unter der Erde; die darüber geschichteten tonnenschweren Steinblöcke (bis zu zwei Millionen) waren reines Monument königlicher Macht über den Tod hinaus. (Die mittlere Lebenserwartung betrug damals nicht viel mehr als 15 Jahre.) Der Anteil für königliche Bestattungskosten am Nationalprodukt muß ziemlich hoch gewesen sein. Auch die Aristokratie trieb einigen Aufwand mit Gräbern. Die Mehrzahl der Bevölkerung allerdings wurde wie eh und je begraben, ohne Sang und Klang und Monu-Mentalität.

Folgendes war geschehen (nach Toynbee): Während der Eiszeit konnte man in der heutigen Sahara recht gut leben; in der damaligen nordafrikanischen Graslandschaft gab es eine Fauna wie heute am Zambesi in Rhodesien. Mit dem Ende der Eiszeit (ab 10000 v. Chr.) jedoch trockneten diese Gebiete allmählich aus, ein schweres Problem für die betroffenen Bewohner. Einige von ihnen haben sich anscheinend zu einem Schritt entschlossen, der damals ziemlich viel Mut erforderte. Sie wanderten aus dem Gebiet der heutigen libyschen Wüste in die Dschungelsümpfe des Nil, die zuvor kaum von Menschen betreten worden waren. Diese Pioniere änderten ihre Lebensweise von Grund auf; waren sie vorher Jäger gewesen, so wandten sie sich nunmehr dem Ackerbau zu. Der Sumpf wurde allmählich durch ein Netz von Gräben, Dämmen und Feldern ersetzt. (Ähnliches geschah in Mesopotamien.) Bis heute bestellen ägyptische Fellachen ihren Boden nach der damals neu entdeckten Weise, die Geschichtswissenschaft spricht in diesem Zusammenhang von Hochkulturen mit allerlei neuen Errungenschaften, worunter auch die schriftkundigen Priesterklassen und die Aufgipfelung der königlichen Macht. In Ägypten gelang dies in besonders deutlicher Weise, denn dort war der König zugleich auch der Gott.

Machtvoll im strengen Sinn des Wortes tritt hier erstmalig der Wille zur Unsterblichkeit zutage, befördert von mannigfachen und sorgfältigen Veranstaltungen gegen Verfall und Verwesung. Der Grablegung ging eine umfassende Vorbereitung voraus, die viel Zeit erforderte, vornehmlich durch die Einbalsamierung. Zuständig hierfür waren die Priester. Sie entfernten die Eingeweide und legten sie in Palmwein, um sie darnach in Krügen der Mumie beizugeben. Der Leichnam selbst wurde 70 Tage in eine Natronlösung gegeben, dann mit aromatischen Kräutern gefüllt und mit Leinenstreifen umwickelt. Für die verschiedenen Körperteile wurden verschiedene Salben und Öle verwendet, nach einem genau vorgeschriebenen Zeremoniell und von Gebeten begleitet. Zum Begräbnis wurde die fertige Mumie mit einem Boot auf die Westseite des Nil gebracht, wo die Toten begraben wurden. Sie wurde in einem Schlitten vom Fluß zum Grab befördert, wobei die Priester Weihrauchfässer schwangen und die Klagefrauen jammerten. Am Grab fand dann die sogenannte Mundöffnungszeremonie statt. Der Priester berührte Gesicht und Mund des Toten mit einem Beil und einer Schere: der Tote sollte hierdurch die Fähigkeit zur Bewegung und Sprache für das Jenseits wiedererlangen. Nachher wurde das Grab verschlossen. Wichtig war es, auch nach dem Begräbnis Opfer darzubringen, die dem Toten nützen sollten. Zu den Pyramiden gehörten Grabtempel, mit einer fix angestellten Priesterschaft die täglich opferte. Es gibt in der Geschichte keine andere Tempelpriesterschaft vom Umfang der ägyptischen. (Der Reichstempel in Karnak hatte im 12. vorchristlichen Jahrhundert rund 80000 Angestellte.) Bei Tagesanbruch küßte der Priester die Erde und sprach: Wenn ich die Erde küsse, dann gehört das Leben dem Pharao und der Lobpreis dem Herrn der beiden Länder. Dem Pharao also das Leben für und für, dem Herrn über beide Ägypten, Trotz bietend dem Tod mit höchster Anstrengung.

Sorgfältig beobachtetes Ritual verband ihn mit seinen Vorfahren und mit seinen Nachkommen, entrückte den König dem Wandel der Zeit, angestrebt wurde die vollendete Kontinuität und Stabilität der Herrschaft. Daran beteiligt war die obere Führungsschicht, auch die hatte ihre Grabdenkmäler, Einbalsamierung inbegriffen. Dem Rest der Bevölkerung, also den damals üblichen 95 Prozent, fehlten die Mittel für ein standesgemäßes Weiterleben nach dem Tod; sie behielten die steinzeitlichen Bestattungsbräuche bei, in aller Bescheidenheit. Sie haben wenige Spuren hinterlassen für die Archäologen unserer Tage. Die königlichen Anstrengungen aber haben überdauert, man kann die Ergebnisse besichtigen gelegentlich einer Reise nach Ägypten oder auch in den größeren Museen, zu mäßigen Eintrittspreisen. Im Louvre zum Beispiel ist der Besuch an Sonntagen kostenlos. (In größerem Umfang wird die Einbalsamierung heute nur noch in den USA geübt.)

Auch die Grabmäler der Medici in Florenz sind (wie der Louvre) eine Reise wert (drei Sterne im Reiseführer). Palazzo und Kirche liegen nahe beieinander, der Bauwille einer Familie hat sie errichtet, in etwa hundert Jahren war man fertig im großen und ganzen. Brunelleschi und Michelangelo haben hier gearbeitet, letzterer an den beiden Wandgrabmälern für Lorenzo und Giuliano in der Sagrestia Nuova. Die Capella dei Principi ist nicht so berühmt; immerhin: Marmor und seltene Steine wurden zur Auskleidung des Innenraums verwendet, der als Ruhestätte der Großherzöge aus dem Hause Medici einen prunkvollen und würdigen Anblick bietet (der Reiseführer). Der Respekt vor den Großen dieser Welt ist schwer aufzulösen; unermeßlich ist das Verehrungsbedürfnis der Menschen. Wer es zu etwas gebracht hat im Leben kann Marmor heranschaffen und Michelangelo beschäftigen zum Zwecke eines würdigen Anblicks.

Im Gefolge der Umgestaltung des Wirtschaftslebens der damaligen Zeit arbeitete sich allenthalben in Europa eine neue, modern denkende Klasse von Bankiers nach oben, worunter die Fugger, die Centurioni (in Genua), die Soranzo (in Venedig) und eben die Medici. Wechselakzept und Wechselprotest vervollkommnen die Kreditwirtschaft, der Zinsfuß fällt von 14 Prozent auf acht Prozent. Die neuen Parvenus sind Kapitalisten, die unbeschwert von Tradition sich der neuen Lage anzupassen vermögen. Großenteils sind es ehemalige Vertreter, Handelsagenten, gelegentlich auch reiche Handwerker, denen die Entwicklung des Kreditgeschäftes, der Spekulation und des Geldumlaufs die Möglichkeit zu einer Karriere eröffnet hatte. Im Bankenzentrum Florenz haben sich die Medici nach oben gearbeitet; im 15. Jahrhundert bieten sie der Welt das Schauspiel einer Finanzmacht, wie es das bislang noch nicht gegeben hatte. Der scharfe Florentiner Witz hatte schon früh zu unterscheiden gewußt zwischen dem populo grasso und dem populo minuto, armen Teufeln und Fettbäuchen. Zu den letzteren durfte man zu gegebener Zeit die Medici rechnen, sogar einen Papst haben sie gestellt. Bis dann die Pracht verfiel, zugleich mit der Überlegenheit Italiens im Bankwesen, durch die Entdeckung des Seeweges nach Indien und die Verlagerung der Meeresschiffahrt an den Atlantischen Ozean. Gut zweihundert Jahre jedenfalls haben die Medici kräftig mitgemischt in der europäischen Politik, eine Katharina aus der Sippe wurde Königin von Frankreich. (Ausgestorben sind sie 1737.) Der kunstsinnige Jacob Burckhardt übergeht bei seinem Lobpreis der Medici selbstredend die Niederungen von Geld und Politik; am Beispiel Lorenzos (il Magnifico) findet er die vornehme Wendung: Als Staatsmann beurteile ihn jeder, wie er mag; in die florentinische Abrechnung von Schuld und Schicksal mischt sich ein Ausländer nicht ein, wenn er nicht muß. Niccolò Machiavelli (gest. 1527), als Florentiner, hat in seinen politischen Schriften schon mehr Gespür für die Kräfte hinter den Kulissen gehabt.

Die Gräber der Medici sind in ihrer Großartigkeit ethisch verdächtig, hinter der künstlerisch wertvollen Fassade rumoren weniger wertvolle Antriebe, der Scharfblick des Dr. Freud kann hier nützlich sein um zu einer angemesseneren Beurteilung zu gelangen, es ist nicht alles Gold was glänzt. Die Gräber der Herren sind einer Inspektion zu unterziehen aus der heutigen Lage der Dinge. Seit den Pharaonen bevorzugen die Mächtigen den Stein für ihre Grabmäler, der soll dem Vergessenwerden trotzen und das staunende Volk zur Bewunderung anleiten durch die Zeit hindurch, auch wenn schon lang kein Hahn mehr kräht nach Lorenzo il Magnifico e tutti quanti potenti, alle die sogenannten Großen dieser Erde, überleben wollen sie um jeden Preis, und die Priester beten reichlicher für sie als für die gewöhnlichen Sterblichen.

Man wird sich diese Unterscheidung in zweierlei Art von Sterblichkeit (beziehungsweise Unsterblichkeit) merken dürfen, die gewöhnliche nämlich und die ungewöhnliche, wie sie aus den Grabdenkmälern der hohen Herrschaften merklich wird durch fünf Jahrtausende der sogenannten Kulturgeschichte. Denn die damit gesetzten Maßstäbe des Auftrumpfens über den Tod hinaus finden in den Bevölkerungen der industriellen Ära eine späte Nachahmung: Vorsorglich schließt hier der älter werdende Mensch eine Begräbnisversicherung ab, er strebt noch bei Lebzeiten ein würdiges Leichenbegängnis mit allerlei Aufwand an, wünscht eine angemessene Ruhestätte für das was an ihm sterblich ist. Will sich ein Denkmal setzen wie die Cheops und Medici, mit freilich bescheideneren Mitteln.

Wie man aus München vernimmt, müssen dort allerdings die Gräber nach sieben Jahren neu belegt werden. Wegen Platzmangels hat sich der Nachruhm der kleinen Leute erheblich verkürzt.

Die Toten töten

Die nachchristlichen Bevölkerungen in den modernen Industriegesellschaften werden vom althergebrachten Pomp um Tote und Grabdenkmäler Abschied nehmen müssen, aller Wahrscheinlichkeit nach. Der Widerstand dagegen ist allerdings noch ziemlich groß, wie aus der Bestattungsbranche zu erfahren ist. Die Attraktion der pompes funèbres ist sehr stark, und die Gründe dafür liegen in jener etwas anrüchigen seelischen Region, die man seit Freud das Unbewußte zu nennen pflegt.

Dr. Freud bemerkt: Das Tabu der Toten rührt von dem Gegensatz zwischen dem bewußten Schmerz und der unbewußten Befriedigung über den Todesfall her.

In dieser Sicht stellen sich die Toten als gefährliche Feinde der Lebenden heraus: Die Toten töten; das Skelett, als welches der Tod heute gebildet wird, stellt dar, daß der Tod selbst nur ein Toter ist. Nicht eher fühlte sich der Lebendige vor der Nachstellung des Toten sicher, als bis er ein trennendes Wasser zwischen sich und ihn gebracht hatte. Daher begrub man die Toten gern auf Inseln, brachte sie auf die andere Seite eines Flusses; die Ausdrücke Diesseits und Jenseits sind hiervon ausgegangen.

Der Grund für die Sicherstellung der Toten im Jenseits liegt nach Dr. Freud in der (gut begründeten) Annahme von zwiespältigen Gefühlen der Lebenden gegenüber den Toten, als zärtliche und feindselige Regungen zur Zeit des Verlustes, als Trauer und als Befriedigung. Die letztere allerdings ist – ganz oder zum größten Teil – unbewußt; man darf sich die Feindseligkeit gegen den Verstorbenen nicht eingestehen. Daher kommt es nicht zum Akt der Verzeihung, sondern zu einem besonderen seelischen Mechanismus, den man in der Psychoanalyse als Projektion bezeichnet. Die Feindseligkeit, von der man nichts weiß und auch weiter nichts wissen will, wird aus der Innenwelt in die Außenwelt geworfen, von der eigenen Person gelöst und der anderen, nämlich der toten zugeschoben. So erhält der Tote einen feindseligen Aspekt; die Überlebenden müssen sich nun gegen diesen bösen Feind verteidigen.

Das Begräbnis als Schutzveranstaltung der Überlebenden gegen die lieben Toten – schärfer läßt sich eine Theorie kaum formulieren. All das Einwickeln, Einsargen, Eingraben; die schweren Steine auf den Gräbern; die verschlossene Urne; die Toten unter dem Fußboden der Wohnung (wie im alten Mesopotamien) oder innerhalb abgegrenzter Friedhofsbezirke; die sorgfältig aufgeschichteten Schädel und Knochen in prähistorischen und mittelalterlichen Bein-Stätten; die Beigabe von Nahrungsmitteln, Gerätschaften, Schmuck und (wie im sumerischen Ur) die Tötung und gleichzeitige Beisetzung von Gattinnen, Dienerschaften und Streitrössern zwecks größerer Bequemlichkeit und standesgemäßeren Auftretens des Verblichenen im Jenseits; die wiederholten Nahrungsspenden am Grab; die endlosen Totengebete und Litaneien – alle die menschheitsalten Begräbnisbräuche gehen Dr. Freud zufolge auf eine sehr schlichte und wohl verborgene Regung zurück, nämlich der Angst vor den Toten. Und die wiederum hat ihren Grund in der uneingestandenen Feindseligkeit der trauernden Hinterbliebenen gegen das Objekt ihrer Beweinung, dem schamhaft verschwiegenen Triumph der Überlebenden. Elias Canetti hat einen ähnlichen Gedanken geäußert: Der Augenblick des Überlebens ist der Augenblick der Macht. Der Schrecken über den Anblick des Todes löst sich in Befriedigung auf, denn man ist nicht selbst der Tote. Dieser liegt, der Überlebende steht. Es ist so, als wäre ein Kampf vorausgegangen und als hätte man den Toten selbst gefällt. Im Überleben ist jeder des anderen Feind, an diesem elementaren Triumph gemessen, ist aller Schmerz gering. Alle Absichten des Menschen auf Unsterblichkeit enthalten etwas von der Sucht, zu überleben.

Die ältesten Gräberfunde deuten auf kannibalische Festmähler hin. An der Grenze zur sogenannten Menschwerdung kam es jenen Wesen in den Sinn, das Gehirn toter Genossen zu verspeisen. Der Schädel aber wurde aufbewahrt, zur Befestigung der Erinnerung an den errungenen Zuwachs an Macht. Es besteht kaum eine Veranlassung, mit diesen Ursprüngen des Bestattungswesens sonderlich zufrieden zu sein. Eine Gewalttätigkeit, die den unschuldigen Tieren fremd ist, darf als Hebamme der Pietät aufgefaßt werden.

Dr. Freud ist noch deutlicher: Eines Tages taten sich die ausgetriebenen Brüder zusammen, erschlugen und verzehrten den Vater und machten so der Vaterhorde ein Ende.

Jenes große Ereignis der menschlichen Urgeschichte – so Freud – fand nach der Meinung des Wiener Seelenarztes tatsächlich statt, es steht am Beginn unseres gesamten kulturellen Besitzes. Wir müssen unsere Kultur auf ein gräßliches, alle unsere Gefühle beleidigendes Verbrechen zurückführen, nämlich den Vatermord.

Diese ungeheuerlich erscheinende Annahme der Überwältigung und Tötung des tyrannischen Vaters – so Dr. Freud – ergibt sich als direkte Folgerung aus den Verhältnissen der Urhorde im Sinne Darwins; dort herrscht ein gewalttätiger und eifersüchtiger Vater, der alle Weibchen für sich behält und die heranwachsenden Söhne vertreibt. Diese schließen sich zusammen – vielleicht hatte ein Kulturfortschritt, die Handhabung einer neuen Waffe, ihnen das Gefühl der Überlegenheit gegeben. Vereint wagen sie und bringen zustande, was dem einzelnen unmöglich geblieben wäre: sie erschlagen und verzehren den Vater. (Daß sie den Getöteten auch essen, ist für den kannibalischen Wilden selbstverständlich.) Im Akte des Verzehrens eignet sich ein jeder aus der Brüderschar ein Stück der Stärke des Vaters an: eine denkwürdige, verbrecherische Tat, mit welcher Freud zufolge so vieles seinen Anfang nahm, die sozialen Organisationen, die sittlichen Einschränkungen und die Religion.

Freuds Schrift ›Totem und Tabu‹, in der er diese Theorie 1913 vorgetragen hat, schließt mit dem Satz: Im Anfang war die Tat. Eine schärfere Erbsündenlehre ist bislang noch nicht formuliert worden.

Das leere Grab

Unter allen Gräbern dieser Erde ist der Christenheit ein einziges zum Gegenstand der höchsten Aufmerksamkeit geworden: das Grab Jesu in Jerusalem. Darin lag der tote Leib des Heilands drei Tage lang, dann aber kam ein Engel und wälzte den Stein, die Wächter sanken benommen zu Boden. Die frommen Frauen fanden keinen Leichnam mehr, als sie am Ostermorgen hinausgingen zum Grab des Gekreuzigten, und aus der Engel Mund ward ihnen gesagt: Er ist auferstanden, er ist nicht hier.

So steht es geschrieben in den Evangelien, und der gläubige Sinn durfte Mut fassen beim österlichen Jubelruf des Hallelujah; dies eine Grab hat seine Beute hergeben müssen, die alte Todesregel hat eine Ausnahme, auch ich kann leben über das Grab hinaus, zusammen mit Christus. Im christlichen Jahrtausend zwischen Völkerwanderung und Entdeckung Amerikas hat dieser Sieg über Gruft und Moder die Menschen beseelt in hoher kollektiver Gewißheit, Ritterheere strebten nach Jerusalem zum heiligen Grab, um es den Händen der Ungläubigen zu entreißen.

Dort hatte schon Kaiser Konstantin einen Bau überm Grab Jesu befohlen, der wurde dreihundert Jahre später von den Persern zerstört. Das Gotteshaus wurde wiederum aufgebaut, nochmals vernichtet (diesmal von Sultan Hakim im Jahre 1009), abermals restauriert. Die siegreichen Kreuzfahrer haben dann 1149 jene Grabeskirche errichtet, die in den Grundstrukturen noch heute dort steht, verändert durch mancherlei Umbauten im Lauf der Jahrhunderte. Dorthin pilgern die Christen besonders zu Ostern (wenn nicht gerade Krieg ist im heiligen Land).

Im katholischen Wien wird der tote Heiland alljährlich ins Grab gelegt am Karfreitag einem alten Brauch gemäß, und die Menschen gehen die heiligen Gräber anschauen in den verschiedenen Kirchen, besonders in den alten Gotteshäusern der Innenstadt, mit den Kindern an der Hand. An einem Seitenaltar liegt eine Nachbildung des göttlichen Leichnams unter Blumen und Lichtern bestattet, die goldene Monstranz ist darüber ausgestellt mit einem Schleier bedeckt, auch das Sakrament soll gleichsam auf die Auferstehung warten.

Kindheitserinnerung: die Mutter fährt mit mir in der Straßenbahn (Linie 49) zu den alten Kirchen in die Stadt hinein. Minoritenkirche, Michaelerkirche, Peterskirche, Sankt Stephan. Bunte Lämpchen im Halbdunkel, Beklommenheit. Das Geräusch vieler langsamer Schritte, ab und zu ein Flüstern. Hohe schattige Räume ganz fremdartig sind zur Gruft geworden, das Kind wird ins Totenland geführt, still und schattenhaft ist es dort. Für eine Zeit bewege ich mich in der Unterwelt, hinabgestiegen zu den Toten mitten im Frühling wo die Sonne scheint. Dorthin führt mich die Mutter zurück aus dem Hades, später wird man mir alles erklären, Lehrer und Professoren werden mich unterweisen, werden mich aufklären, viele Bücher müssen gelesen werden, alles Wissenswerte zum Thema ist in den Büchern zu finden.

Die Professoren forschen sorgfältig in den Berichten der vier Evangelien, sie möchten gerne wissen was mit dem Leichnam Jesu geschehen ist, vielleicht hat man ihn gestohlen, vielleicht war Jesus nur scheintot, vielleicht hat man ihn in einem Massengrab bestattet und später erst eine Geschichte erzählt vom Felsengrab des angesehenen Ratsherrn. Die Professoren sind meist selbst Kirchenmänner, es ist ihnen gar sehr an Jesus gelegen in katholischer oder evangelischer oder methodistischer oder anglikanischer Weise, aber sie müssen einen akademischen Zweifel hegen an der Zuverlässigkeit der alten Geschichten in den vier Evangelien, die Professoren sind öffentlich anerkannte wissenschaftliche Kräfte. Meist an den Universitäten befindet sich die Stätte ihres Wirkens, die Professoren müssen eine kritische Haltung an den Tag legen. Es kann nicht behauptet werden, daß unter den Professoren eine Einmütigkeit bestünde hinsichtlich der Gebeine Jesu beziehungsweise der Vorgänge in seinem Grab, viele Professoren halten es mit ihrer akademischen Beschäftigung für unvereinbar einfach an ein Wunder zu glauben, noch dazu an ein solches Wunder. (Wir leben im wissenschaftlich-technischen Zeitalter.)

Manche Professoren sagen, daß die Tatsache des leeren Grabes wissenschaftlich nicht beweisbar sei. Andere meinen, das Grab Jesu könne mit Sicherheit nicht leer gewesen sein, es wäre der Leichnam Jesu wissenschaftlich ebenso zu betrachten und zu behandeln wie alle anderen Leichname auch. Wieder andere Professoren vertreten die Auffassung, daß der tote Jesus sein Grab ganz im Gegenteil tatsächlich verlassen haben müsse, es wäre dies die einzig plausible Erklärung für die Existenz des Christentums, auch wenn sie sich dem wissenschaftlichen Zugriff leider entziehen würde. Auch gibt es Professoren, denen die Frage nach dem leeren Grab Jesu als eine nebensächliche, ja belanglose Frage gilt, es hätte die Antwort auf diese Frage mit dem christlichen Glauben wenig zu tun, ganz andere Fragen stünden zur Debatte.

Alle Professoren argumentieren in wissenschaftlicher Weise, sie vertreten ihre Ansichten unter Berufung auf die Ergebnisse der gelehrten Forschung, sie zitieren in ihren Abhandlungen die Ansichten anderer Professoren, durchweg in kritischer Weise, sie neigen dieser oder jener Ansicht zu, sie lehnen eine andere eher ab, sie sagen möglicherweise, vielleicht, nicht ganz von der Hand zu weisen, unter Umständen, gegebenenfalls, nicht ausschließlich. Die Professoren sind gründlich, die Professoren vergessen nichts, die Professoren prüfen alles in der sorgfältigsten Weise. Das was die Professoren schreiben in wissenschaftlicher Weise wird hauptsächlich von anderen Professoren gelesen. Verhältnismäßig selten erfährt eine breitere Öffentlichkeit etwas von den Bemühungen der Professoren um das leere Grab Jesu. Eine gewisse Skepsis bezüglich des historischen Wertes der Erzählungen vom leeren Grab in den vier Evangelisten ist ziemlich allgemein geworden unter den Professoren. Man weist darauf hin, daß diese Erzählungen keine Tatsachenberichte seien sondern eher Predigten aus dem Milieu der ersten Judenchristen in Palästina. Die meisten Professoren sind zur Ansicht gelangt, daß nicht alle Erzählungen vom leeren Grab gleich alt seien, man müsse diesfalls unterscheiden zwischen den verschiedenen Schichten der urchristlichen Überlieferung, vielleicht sind die Engel erst ein wenig später dazugekommen, möglicherweise stellt die Auferstehungsformel im ersten Korintherbrief die älteste Weise dar über den Sieg Jesu zu sprechen, oder (nach einer anderen Meinung) die Verse zwei, fünf, sechs und acht des 16. Kapitels im Markusevangelium. Gegenstand der Forschung ist die Frage, ob der Leichnam Jesu schon am Sabbat hätte gesalbt werden dürfen von den frommen Frauen, ob die erwähnten drei Tage wörtlich zu verstehen seien (eher nicht), was Paulus unter Auferstehung verstanden habe und was Petrus sich diesbezüglich gedacht haben könnte. Die Einflüsse der jüdischen zeitgenössischen Jenseitsvorstellungen dürften keineswegs vernachlässigt werden.

Das Handicap der Professoren beruht auf der Tatsache, daß das Grab Jesu nicht mehr da ist in archäologisch einwandfreier Weise, vielleicht sollten sich alle Kirchen und wissenschaftlichen Akademien zusammentun zur größten Ausgrabungskampagne aller Zeiten, um endlich Klarheit zu schaffen bezüglich des Grabes Jesu im wissenschaftlich-technischen Zeitalter. Welche Sensation für die Menschheit, wenn auch nur der kleinste Knochen einwandfrei bestimmt werden könnte im Grabe Jesu, Weltkirchenrat und Papst würden Erklärungen abgeben, wahrscheinlich würde die Selbstmordrate vorübergehend ansteigen. Irgendein Archäologe könnte in die Annalen der Wissenschaft eingehen als der Entdecker des Grabes Jesu, vielleicht fände sich jemand der ein Attentat auf ihn verübt.

Bis dahin bleibt die Frage nach dem leeren Grab weiterhin den Professoren überlassen. Der Zeitgenosse wird gebeten, sich noch ein wenig in Geduld zu fassen – wenn ihn dieses Problem überhaupt noch interessiert.

Der Umgang mit Hinterbliebenen

Eintretendenfalls stellt der Arzt den Totenschein aus und nimmt unter Umständen eine Autopsie vor. Mit der fachmännischen Auskunft über die Todesursache hat der Arzt seine Tätigkeit beendet, er braucht sich nur mehr in geziemender Weise von den Hinterbliebenen zu verabschieden. Für alles weitere sind Leichenbestatter und Priester zuständig, es handelt sich hierbei um sehr alte Berufsstände mit langer Tradition und reicher Erfahrung im Umgang mit Hinterbliebenen. Im alten Ägypten wurde das gesamte Bestattungswesen wie bereits erwähnt von der Priesterschaft verwaltet; heutzutage hat sich diesbezüglich eine gewisse Arbeitsteilung herausgebildet. Leichenwäscher, Sargträger und Totengräber (in den USA noch zusätzlich der Einbalsamierer) verrichten die erforderlichen manuellen Arbeiten. Sie kommen mit den Hinterbliebenen kaum oder nur flüchtig in Berührung. Der Bestattungsunternehmer und der Priester (Pfarrer, Pastor, Pope etc.) hingegen müssen die richtigen Worte finden, an sie wenden sich die Hinterbliebenen in mehr oder weniger ausführlicher Weise. Es befinden sich die Hinterbliebenen in einer sogenannten Ausnahmesituation, Todesfälle kommen nicht allzu häufig in den Industriegesellschaften vor (die lange Partie, siehe das vorige Kapitel). Es hat sich deshalb als angemessen erwiesen, mit den Hinterbliebenen in einem gedämpften, beruhigenden Ton zu sprechen, eine gewisse Nachgiebigkeit an den Tag zu legen, den Wünschen der Hinterbliebenen möglichst entgegenzukommen, jede Auseinandersetzung mit den Hinterbliebenen tunlichst zu vermeiden. Die Hinterbliebenen sind nicht selten in einer reizbaren Verfassung, sie befinden sich häufig in einem Erregungszustand besonderer Art, einer traurigen Verstimmung sozusagen. Der Tonfall der Leichenbestatter und der Priester (Pfarrer, Pastoren, Popen etc.) wird von Beobachtern als salbungsvoll beschrieben, und der häufige Umgang mit Hinterbliebenen läßt diese Salbung bei den erwähnten Berufsständen geradezu habituell werden, sie färbt auch dann auf das Benehmen ab, wenn gerade keine Hinterbliebenen da sind. Der Leichenbestatter beruhigt die erregten Hinterbliebenen mit Hilfe einer salbungsvollen Festigkeit, in der Sache selbst ist der Leichenbestatter unerbittlich, die Bräuche sind unantastbar. Lediglich im Detail kann der Leichenbestatter ein konziliantes Wesen an den Tag legen, er verfügt über Listen der verschiedenen Abstufungen in den Dienstleistungen und Begräbnisklassen, sorgfältig und geschäftsmäßig kalkuliert, es entsteht auf diese Weise ein Verhandlungsklima zwischen dem Leichenbestatter und den Hinterbliebenen, man befindet sich nunmehr auf dem festen Boden von Kauf und Verkauf, Angebot und Nachfrage. Die Metaphysik kann vom Leichenbestatter vernachlässigt werden.

An diesem Punkt beginnt die Zuständigkeit des Priesters (Pfarrers, Pastors, Popen etc.). Sein Amt ist in gewisser Hinsicht das schwierigste und undankbarste unter allen jenen Ämtern und Professionen, die mit Hinterbliebenen zu tun haben. Seine Aufgabe besteht darin, das Gefühl der Hinterbliebenen zu mildern und zu sänftigen durch Verrichtungen und Worte während des Begräbnisses, die allesamt eine Versöhnung mit der Unerbittlichkeit und Unwiderruflichkeit des Todesfalles zum Gegenstand haben. Er wäre verloren, müßte er in jedem Fall neue Verrichtungen und Worte erfinden. So aber verfügt der Priester (Pfarrer, Pastor, Pope etc.) über einen durch lange Tradition bewährten Fundus von Verrichtungen und Worten, die geeignet sind, das Gefühl der Hinterbliebenen zu mildern und zu besänftigen; wenn er auftritt, pflegt das Schluchzen erfahrungsgemäß leiser zu werden. Ausgebildete Priesterklassen finden wir wie schon erwähnt bereits in den sogenannten Hochkulturen Ägyptens, Mesopotamiens, Indiens, Chinas und Mittelamerikas. Der Priester (Pfarrer, Pastor, Pope etc.) kann also religionsgeschichtlich gesehen auf eine Entwicklung von mindestens 5000 Jahren zurückblicken. Etliche Formeln in Begräbnisgebeten sind in der Tat nicht viel jünger als der genannte Zeitraum, ein hohes Maß an Unveränderlichkeit kann diesbezüglich festgestellt werden. (Die Religionen haben gewechselt, die Priester sind geblieben.) Auch ist zu bedenken, daß die Priesterklassen der Hochkulturen auf noch frühere Berufsstände zurückgehen, auf die Zauberer, Schamanen und Medizinmänner vorschriftlicher Gesellschaften. Tatsächlich haben wir hier einen der ältesten Berufsstände der Menschheitsgeschichte vor uns. Die Verhaltensmuster der Priester (Pfarrer, Pastoren, Popen etc.) gegenüber den Hinterbliebenen sind ihrer Substanz nach so alt wie die Menschheit, so alt wie das Bestattungswesen. Unter historisch wechselnden Gestalten und Formen sind sie geblieben, was seit eh und je sie waren.

Der Schwerpunkt des priesterlichen Umgangs mit den Hinterbliebenen liegt demnach im Ritual, also in verläßlichen, festen und bewährten Verrichtungen und Worten während der Bestattung. Meist greift der Religionsdiener daher auf schriftliche Unterlagen bei seinen Handlungen zurück. (Nicht selten weiß er sie bereits auswendig.) Improvisationen sind zwar möglich, müssen aber innerhalb eines verläßlichen Rahmens bleiben. Durch häufiges Wiederholen von gelungenen Improvisationen stellt sich abermals eine Routine ein, und der Fundus der Verrichtungen und Worte wird durch eine neue Variante vermehrt. Die Hinterbliebenen suchen ihrerseits keineswegs in erster Linie den beredten Einfall, die Originalität oder den Scharfsinn beim Religionsdiener. Sie sind zufrieden, wenn er seine Aufgabe in würdiger Form zu Ende führt.

Mitunter kann es geschehen, daß die Hinterbliebenen noch etwas Zusätzliches vom Priester (Pfarrer, Pastor, Popen etc.) erbitten. In diesem Fall verlangen sie nach einem Seelsorger, suchen eine persönliche Beziehung, die über das unpersönliche Ritual hinausgeht. Hier mag es zu Bevorzugungen des einen vor dem anderen Religionsdiener kommen, je nach Einschätzung der erhofften Qualitäten von seiten der Hinterbliebenen. Tatsächlich ist hier der höchste Schwierigkeitsgrad im Umgang mit Hinterbliebenen erreicht, nur wenige gelangen diesfalls zur Meisterschaft im Trösten. Hilfreich ist daher das Wissen, in dem der Religionsdiener unterwiesen wurde während seiner Ausbildung, auf dieses kann er zurückgreifen in heiklen Fällen des Umgangs mit Hinterbliebenen. Der heute weitverbreiteten Unsicherheit im Gefühlsleben der Hinterbliebenen soll der Seelsorger mit Festigkeit begegnen. Keinesfalls ist es ihm gestattet, selber irgendwelche Bedenken oder gar Zweifel zu äußern oder einfachhin die Antwort schuldig zu bleiben.

Hilflos ist der Seelsorger in der Verborgenheit seines Inneren, hinter amtlicher Salbung. Stark ist das Gefühl der Unzulänglichkeit im Inneren des Seelsorgers wenn die Witwe vor ihm sitzt und weint, ein paar Jahre hätte der Gatte doch noch leben können, warum gerade jetzt hat er sterben müssen. Ich weiß es nicht, warum der Gatte eben jetzt hat sterben müssen, was hat ihm denn gefehlt, das Gespräch gleitet ins Ärztliche. Weder Jesus noch die Kirchenlehrer geben Auskunft über die Anliegen warum der Gatte, die Gattin, der Bruder, die Schwester, der Freund, die Freundin eben gerade jetzt haben sterben müssen unter diesen oder jenen Umständen, ich kann die Frage beim besten Willen nicht beantworten, keine Kirchenversammlung und kein Papst haben sich diesbezüglich geäußert, auch ein Brief an den Weltkirchenrat in Genf würde kaum weiterhelfen. Der (die) Hinterbliebene bohrt weiter, sucht nach einem Sinn in der Tatsache, daß das Kind hat sterben müssen und war doch so klug, fügsam und heiteren Wesens. Andere Kinder leben weiter, warum gerade meins. Es tut mir leid, möchte ich eigentlich sagen können, auf diese Frage kann ich nicht dienlich sein mit einer Auskunft. Um hier eine Auskunft geben zu können müßte ich eine lückenlose Kenntnis aller Vorgänge und Ereignisse besitzen seit Anfang der Dinge, ihre Verknüpfungen und Zusammenhänge, ihre Zufälligkeiten und Notwendigkeiten en gros und en detail. Ich müßte der liebe Gott sein um diese Frage beantworten zu können, möchte ich eigentlich sagen dürfen, so aber bin ich keineswegs der liebe Gott und muß also die Frage unbeantwortet lassen. Es war schon das Aussprechen dieser Frage unbesonnen, möchte ich sagen dürfen, man darf so nicht fragen. Es ist mir jedoch verboten auf diese Weise zu sprechen zu Hinterbliebenen, es würde diese Weise zu sprechen die Hinterbliebenen kränken in unverantwortbarer Weise.

Vielleicht erwarten die Hinterbliebenen von mir auch gar keine angemessene Auskunft auf ihre Frage, vielleicht wissen die Hinterbliebenen ohnehin in ihrem stillen Sinn, daß ich nicht imstande bin ihnen dienlich zu sein mit einer zufriedenstellenden Antwort, vielleicht ist unser seelsorgliches Gespräch ein Spiel mit bestimmten Regeln, die nicht ausgesprochen werden. Vielleicht gehen wir (Seelsorger und Hinterbliebene) ohnehin von der stillschweigenden Voraussetzung aus, daß es eine erschöpfende Antwort auf die entsprechenden Fragen gar nicht gibt, vielleicht wäre es allzu grausam, diese stillschweigende Voraussetzung zur Sprache zu bringen rücksichtslos und unhöflich, wem wäre damit geholfen. Die Witwe erzählt mir davon, wie sie Vorhänge habe abnehmen müssen kürzlich in der Wohnung, wie sie ängstlich gewesen sei bei dieser mit einigen Schwierigkeiten verbundenen Verrichtung, die doch früher immer gemeinsam erledigt worden sei zu Lebzeiten des Gatten, wie sie den Verstorbenen angerufen habe ihr beizustehen beim Abnehmen der Vorhänge, wie sie die hilfreiche Gegenwart des Verstorbenen dann verspürt habe beim Abnehmen der Vorhänge. So spricht die Witwe, sie hat mich eingeladen zum Essen, sie will über den verstorbenen Gatten sprechen mit dem Seelsorger. Ja, sage ich, das könne schon sein daß man die Gegenwart des Verstorbenen fühlen könne bei bestimmten Gelegenheiten und ob sie noch immer stark weinen müsse und ich füge die Bemerkung hinzu daß allzu starkes Weinen schädlich werden könne für die Augen.

Glaubet nicht daß er tot ist

Prof. Lévi-Strauss ist traurig.

Durch 40 Jahre hat er sich der Erforschung der sogenannten Naturvölker hingegeben (die man auch Primitive nennt, oder schriftlose Kulturen, oder einfach Wilde). Sein vierbändiges Hauptwerk ist abgeschlossen, eine Reihe weiterer Arbeiten sind ebenfalls berühmt geworden. Sein Fachgebiet wird Völkerkunde genannt (Ethnologie, auch Kultur-Anthropologie). Vor dem Krieg hat er mehrere Jahre bei den brasilianischen Indianern zugebracht.

Prof. Lévi-Strauss ist tief traurig, denn die Wilden sterben aus; Staudämme und Coca-Cola sind im Begriff, die Wilden zu zivilisieren. Bald wird es keine Wilden mehr geben.

Frage: Und wie sehen Sie die Zukunft der noch vereinzelt bestehenden primitiven Gesellschaften?

Antwort: Sie sind alle zum Untergang verurteilt, und ich bin tief traurig darüber.

Prof. Murdock hat die Zahl aller bekannten Gesellschaften auf etwa 3500 geschätzt. Diese kann man in lebende und tote Kulturen einteilen. Tot sind beispielsweise die Kulturen der alten Inka oder Hethiter, lebendig sind die Eskimos und die Neger. Bei den Negern wiederum gibt es solche, die in Afrika unter ziemlich primitiven Verhältnissen leben und somit von den Ethnologen erforscht werden können. Andere Neger leben unter ziemlich primitiven Verhältnissen in den USA, werden jedoch nicht zu den Naturvölkern bzw. Wilden gezählt. Sie gelten also nicht als Primitive im wissenschaftlichen Sinn und fallen daher nicht in das Fachgebiet der Ethnologie. (In Washington, dem politischen Zentrum der USA leben derzeit rund 70 Prozent Neger. Sie leben unter primitiven Verhältnissen, gelten jedoch nicht als Primitive im wissenschaftlichen Sinn, weil sie in Washington leben und daher als zivilisiert anzusehen sind. Sie können in der Mehrzahl lesen, schreiben und rechnen, besitzen ein Radiogerät und unter Umständen einen Fernsehempfänger. Die Glücklicheren unter ihnen sind beispielsweise Taxi-Chauffeure und besitzen somit recht fortgeschrittene technische Kenntnisse.)

Die Wissenschaft rechnet alle jene Völker, die weder über eine Schrift noch über einigermaßen ausgebildete Techniken zur Naturbeherrschung verfügen zu den Primitiven. Man findet sie (noch) in Afrika, Australien, Südamerika, Grönland, Indien und einigen anderen Weltgegenden. Es ist unschwer vorauszusehen, daß sie alle einer zivilisierten Zukunft entgegensehen ähnlich jener der Neger in Washington oder der Slum-Bewohner von Rio de Janeiro. Auch in Südafrika kann dieser Prozeß gut beobachtet werden. Neger und andere Wilde werden in zunehmendem Maß in die Arbeitswelt der Industriegesellschaft eingegliedert, die Polizei ist dabei ein unentbehrlicher Helfer. Vielleicht finden sich humanitäre Vereinigungen, die wenigstens für einige primitive Völker Reservate einrichten ähnlich denen für die letzten Indianer in den USA, damit die Ethnologen nicht ganz arbeitslos werden.

Damit nicht völlig in Vergessenheit gerät, was bei den Wilden ganz selbstverständlich vorhanden ist unter anderem, nämlich der Glaube an das Fortleben der Toten, wie ersichtlich am Beispiel einer frommen Grabinschrift an der Lagune Aby (Westafrika): Hier liegt der Leib des Emil Bacua. Die ihn lieben, mögen beten. Die ihn nicht lieben, mögen lachen. Doch glaubet nicht, daß er tot ist. Ihr würdet es bereuen.

Butter aus Neuseeland

Sir George Grey wurde 1845 Gouverneur von Neuseeland. Bei seinen dienstlichen Verhandlungen mit den Häuptlingen der dortigen Wilden stieß er bald auf Schwierigkeiten. Sir George: Ich entdeckte, daß die Häuptlinge in Wort und Schrift zur Darstellung ihrer Ansichten und Absichten Bruchstücke alter Gedichte und Sprichwörter zitierten oder Anspielungen machten, die sich auf ein altes mythologisches System gründeten, und obwohl die wichtigsten Partien ihrer Mitteilungen in diese Bilderform gekleidet waren, scheiterten die Dolmetscher daran, und nur selten konnten sie die Gedichte übersetzen oder die Anspielungen erläutern.

Sir George brachte 1855 ein Buch heraus, unter dem Titel: ›Polynesische Mythologie und alte traditionelle Geschichte des Volkes von Neuseeland‹. Sir George war ein aufrichtiger Völkerkundler, weil er den Zweck seiner Forschungen deutlich ausgesprochen hat, sozusagen ohne falsche Scham und in der Haltung eines loyalen Beamten der kolonialen Ära. Wie konnte er den Wilden von Neuseeland ihre neuen Aufgaben als Untertanen of Her Majesty the Queen (Victoria) deutlich machen, wenn die Verständigungsschwierigkeiten so groß waren?

In aller Unschuld verrät Sir George den Grund für sein Interesse an den alten Geschichten der Wilden von Neuseeland, er forscht als Gouverneur einer königlichen Majestät; Interessen und nicht Ideen regieren die Welt, die Butter aus Neuseeland darf in ihrer Bedeutung für die Religionsgeschichte nicht übersehen werden.

An dieser Stelle meiner Ausführungen möchte ich mir erlauben, den geneigten Leser sozusagen vorbeugend zu warnen. Es wird sich nämlich herausstellen, daß der Gegenstand unserer Erörterungen ein ungemein verwickelter ist. Verwickelt nicht nur ob der Mannigfaltigkeit der in Frage stehenden Phänomene, worüber sich die Fachwissenschaft heute weitgehend einig ist. Sondern verwickelt auch und vornehmlich deswegen, weil wir alle auf das Widerwärtigste in eben jenen Gegenstand unseres Interesses verwickelt sind. Tee, Kaffee, Gummi, Baumwolle und viele andere Bedarfsgüter des täglichen Lebens, die uns seit längerer Zeit geradezu unentbehrlich geworden sind, verdanken wir jenen Menschen (der Arbeitskraft und dem Leid jener Menschen), für deren Jenseitsvorstellungen wir uns interessieren. Vielleicht darf in diesem Zusammenhang darauf hingewiesen werden, daß wir ohne das Gold und Silber der Wilden, ohne deren Sklavenarbeit gar nicht in der Lage wären, uns heute für die Jenseitsvorstellungen eben dieser Naturvölker zu interessieren. Der hohe Stand unseres Bildungswesens, auf das wir so stolz sind, wäre nämlich ohne die Errungenschaften des industriellen Zeitalters ganz und gar unmöglich; und dieses letztere hinwiederum unmöglich ohne die verdienstvollen Bemühungen all der Conquistadoren, Sklavenhändler, Soldaten, Missionare und sonstigen unternehmenden Köpfe der letzten vierhundert Jahre, die in die weite Welt gezogen sind, um ihr die Segnungen des Christentums zu bringen. Ohne sie würden wir weiterhin unter den traurigen Verhältnissen mittelalterlicher Fronbauern vegetieren, und hätten weder Zeit noch Lust noch Gelegenheit, uns für die Jenseitsvorstellungen der Naturvölker zu interessieren. Abscheu und Empörung angesichts etwa der Schandtaten eines Cortes in Mexico – um ein bekannteres und länger zurückliegendes katholisches Beispiel zu nennen – mögen zwar manche von uns bewegen, wenn wir die näheren Umstände der Geschichte des Reichtums der Industrieländer studieren. Doch lehrt uns eben diese Geschichte, daß solche Gefühle nur in wenigen Ausnahmefällen in der Lage waren, das Behagen am Erworbenen ernstlich zu stören. Wichtiger als die moralischen Entrüstungen der erwähnten Art mitsamt ihrer fundamentalen Folgenlosigkeit scheint die Einsicht zu sein, daß in eben jener Traurigkeit unser aller, in jener unserer Ratlosigkeit unser aller, die uns ein Interesse für die Jenseitsvorstellungen der Wilden abnötigt, auch unsere Strafe liegt, und unsere Schande dazu. Hat doch schon Max Weber vor mehr als 50 Jahren eindringlich darauf hingewiesen, daß der in der anhebenden Moderne ursprünglich fromme Sinn des christlichen Erwerbstrebens heute längst entschwunden, daß aus der Sorge um die irdischen Güter, die zuerst nur wie ein leichter Mantel um die Schultern der Heiligen liegen sollte, längst ein stahlhartes Gehäuse geworden ist, das keiner Heiligen mehr zu seiner Stützung bedarf; der Kapitalismus ist wie das Gehäuse, welches das religiöse Tier abgesondert hat, um es zu bewohnen, und welches es überlebt. Mit unserem hilflosen Interesse für die Jenseitsvorstellungen der Wilden, erfließend aus einer ungetrösteten Sterbensangst, zahlen wir den Preis für das, was wir den Wilden angetan haben und noch antun, und unser sogenanntes geistiges Elend kann als fälliger Wechsel für unseren Komfort aufgefaßt werden.

Wir können nunmehr darangehen, unsere Entdeckungsreise ins Land der menschheitlichen Ideen und Vorstellungen rund um Tod und Jenseits fortzusetzen, entsprechend dem weiter oben aufgestellten Programm. Als nächsten Punkt behandeln wir die Völkerkunde. Um Aufmerksamkeit wird gebeten, Erfrischungen werden später gereicht.

Warum kommst du zurück?

Der Tote muß beschwichtigt werden im Singsang einer endlosen Litanei gelegentlich der Trauerfeier: Warum kommst du zurück? Warum gibst du nicht Frieden? Wir sind da, wir sind da für dich. Laß uns in Ruhe. Du kommst uns fressen. Warum? Warum? Wir sind doch deine Kinder. Laß uns in Frieden. Wir sind doch für dich da. Wir haben dich nicht vertrieben. Wir haben dir nichts Böses getan. Warum kommst du uns essen? Warum raubst du unser Fleisch? Warum frißt du uns? Laß uns in Frieden.

Der Tote singt; die Trauernden leihen ihm ihre Stimme: Ich hatte mein Haus. Ich hatte meinen Hof. Dann mußte ich fort, ich mußte gehen. Ihr habt gelogen. Ihr habt mich verraten, ihr habt mich verraten. Ich bin allein. Ich habe niemand. Allein bin ich weggegangen. Jetzt komme ich zurück.

Derart jammern die Agni, ein Volk in Westafrika (Elfenbeinküste), wenn jemand gestorben ist. Die Trauerfeiern sind der wichtige, einschneidende Brauch der Agni. Sie dauern eine Woche und finden erst im großen Ritual ein Jahr nach dem Tod ihren Abschluß. Je höher der Rang und das Ansehen des Toten, desto kostspieliger seine Beisetzung; das Ableben eines mittleren Würdenträgers kann eine Familie an den Rand des wirtschaftlichen Ruins bringen. Denn allein die rituellen Trinkgelage, ein Hauptposten im Begräbnisbudget, verursachen hohe Kosten für Palmwein, Bier, Wein und besonders Gin. Die meisten Besucher einer Totenfeier gehören zur Sippe, und jeder muß zahlen. Ein Kassier oder Zeremonienmeister verkündet die gespendete Summe. Beifälliges Nicken oder zustimmendes Gemurmel drücken aus, daß mehr als erwartet gespendet worden ist; still ist es, wenn der Betrag knapp bemessen war; wenn zu wenig gegeben wurde, gibt es ein Palaver, ganz ohne Rücksicht auf pietätvolle Gefühle. Der kritisierte Gast verteidigt die geringe Höhe seines Beitrags, er erwähnt, daß der Verstorbene oder dessen Angehörige immer schon geizig, neidisch, heimtückisch waren; die Versammlung gerät in Wut, man schreit den Gast an, hält ihm seine Knausrigkeit vor; schließlich gibt dieser nach, zahlt, entschuldigt sich: er gehört wieder zur Familie. Eine familiäre Rangordnung wird bei diesen Anlässen neu definiert, bis zum nächstenmal. Während eines Jahres ruhen für die Familie alle größeren Unternehmungen, im Vordergrund steht das Prestige der Familie, endlose Verhandlungen um die Höhe des Aufwands finden statt. Das Ansehen der Familie ist um so höher, je mehr ausgegeben wird. Zuletzt sind alle schwer betrunken. Dieser Wettbewerb bringt viele Familien in ökonomische Bedrängnis, man erwartet den nächsten Todesfall mit großer Sorge.

Die Agni leben hauptsächlich vom Kaffee auf ihren Plantagen. Ihr heutiges Wohngebiet erreichten sie erst in den letzten 250 Jahren. Auf ihren Wanderungen folgten sie dem Gold. Wo sie es fanden, blieben sie. Als es noch Gold gab, wurde es (als Goldstaub) dem Toten auf Gesicht und Leib gestrichen. Heute wird das Gold durch Papiergeld ersetzt. In jedem Agnidorf steht eine Kirche. Einmal jährlich kommt der (katholische) Priester vorbei und zieht den Kirchenbeitrag ein. Fast alle zahlen, obwohl nur die wenigsten ihr Christentum als ausschließliche Religion verstehen. Die herkömmlichen Götter bleiben wichtig, der bedeutendste unter ihnen heißt Nyame, die Ethnologen sind in seiner Beurteilung nicht einig; einer von ihnen notiert eine Auskunft über Nyame von seiten eines Einheimischen: Er ist zu weit oben und zu verschieden von uns; er versteht uns nicht und wir verstehen ihn nicht.

Wie alle Naturvölker schreiben die Agni dem Menschen neben

seinem Körper eine Seele zu, die ist unsichtbar, unsterblich, unzerstörbar. Dazu gibt es noch ein unsichtbares Doppel des Körpers. Nach dem Tod strebt die unsterbliche Seele zu Nyame und den Ahnen zurück; das Doppel aber wandert als unbefriedigter Geist umher. Dieser Geist ist von den gleichen Leidenschaften wie die Lebenden getrieben, er dürstet nach Gin, nach Essen, nach Liebe. Weil sie diese Erfüllung nicht finden können, kreisen die Geister unruhig umher, unzufrieden und bösartig, unbeherrscht und voll Rachsucht. Sie sind mächtiger als die Lebenden. Man unternimmt alles, damit der Tote dort bleibt, wo er hingegangen ist. Man muß ihn zu seinen verstorbenen Vorfahren auf den Friedhof seines Heimatdorfes legen; diese werden ihn empfangen und bewirten, vielleicht bleibt er dann bei ihnen. Dennoch wird man ihn nicht los, der Tote durchschaut all die listigen Veranstaltungen der Hinterbliebenen, um ihn unschädlich zu machen. Er kehrt zurück, je kürzer sein Begräbnis zurückliegt, desto gefährlicher ist er. Es gibt zahlreiche Totengeister, wie soll man sie nur besänftigen. Ehefrauen werden gezwungen, am Totenbett ihres Gatten öffentlich zu gestehen, ob und mit wem sie Ehebruch getrieben haben. Vergeblich, denn durch nichts wird der Tote endgültig beschwichtigt: Allein bin ich weggegangen, jetzt komme ich zurück.

Die Agni fragen in ihren Leichenliedern: Warum? Warum kommst du zurück? Die bislang plausibelste wissenschaftliche Antwort kommt von der Psychoanalyse, diesfalls in Gestalt dreier Fachleute, die 1966 die Agni besucht und untersucht haben.

Die Psychoanalytiker schreiben: Der Tod bedeutet Trennung und endgültigen Verlust, die schlimmste Störung. Die gegebene Schilderung entspricht einigermaßen dem Vorgang der Trauer bei uns. Der Unterschied liegt darin, daß wir das verlorene Liebesobjekt als Introjekt festhalten, bis die Trauerarbeit vollzogen, der Verlust überwunden ist, während die Agni das verlorene Liebesobjekt als außerhalb liegend sehen, dafür aber eine symbiotische Beziehungsform zu ihm haben. Man kann auch sagen, das Introjekt wird reprojiziert, externalisiert. Die Trauerarbeit bei uns erfolgt schrittweise, mehr oder weniger vollständig. Für die Reprojektion gilt ein Alles-oder-nichts-Gesetz, die narzißtische Erlebnisform von Allmacht und Ohnmacht. Mit diesen Erklärungen können die Vorstellungen vom ungestillten, rachsüchtigen Weiterleben des Geistes in einen sinnvollen psychologischen Zusammenhang gebracht werden. (Introjekt heißt das Hineingeworfene, externalisiert heißt veräußerlicht. Wir Abendländer behalten den Toten bei der Trauerarbeit, die Agni werfen ihn noch einmal in die Außenwelt, wo er seinen Spuk treibt.

Beides geschieht im Kopf – eleganter ausgedrückt: im Bewußtsein. Die Psychoanalyse bringt eine gewisse Ordnung in das Zeug in unserem Kopf bzw. das Zeug in den Agni-Köpfen. Letztere haben eine Neigung zum Narzißmus, das heißt zum Rückfall in die frühkindliche Verliebtheit in sich selbst, wir sind vielleicht diesbezüglich etwas reifer geworden – psychoanalytisch gesehen. Jedenfalls schrecken uns Totengeister nicht so sehr wie die Agni. Wir sind keine Wilden. Wir haben eine Psychoanalyse, die Agni haben keine.)

Noch einmal die Psychoanalytiker: Während die abendländische Zivilisation unaufhaltsam die meisten anderen Kulturen unterwandert, transformiert oder zerstört, wird das Unbehagen in unserer Kultur immer unerträglicher. Man fragt sich, ob es nicht irgendwo auf der Welt bessere sozialpsychologische Lösungen gibt, als wir sie haben. Und man sucht nach sozialen Einrichtungen, die dem Menschen weniger Zwang auferlegen und seiner Natur angemessener sind als die unsrigen. Beim Volk der Agni scheinen uns die psychosozialen Zusammenhänge übersichtlicher, die Gesellschaft scheint dem Menschen besser zu entsprechen als bei uns.

Die Psychoanalytiker sprechen wie ihr Meister von dem Unbehagen in unserer Kultur, sie reisen zu den Wilden und suchen bei ihnen angemessenere Einrichtungen als die unseren. Vorsichtig drücken sie die Meinung aus, daß die Agni ihre gesellschaftlichen Probleme besser bewältigt haben als wir. Es verbietet sich für die Psychoanalytiker, die Agni in das Schema einer Menschheitsentwicklung einzutragen wie das im vergangenen Jahrhundert unter präpotenten Professoren üblich war, mit Jägern und Sammlern ganz unten, mit schulgebildeten Europäern obenauf. (Dazwischen in aufsteigender Reihenfolge die Pflanzer, die Viehzüchter, die Pflugbauern, die städtischen und schriftlichen Kulturen der vorindustriellen Ära.) Die Psychoanalytiker wissen, daß eine solche Einteilung lediglich unsere militärische und wirtschaftliche Überlegenheit widerspiegelt, daß sie der Ausdruck des Triumphs der Sieger ist, in wissenschaftlicher Maske. Wenn die Psychoanalytiker über die Totengeister der Agni reden, dann tun sie es in einer sorgfältigen, besonnenen und bescheidenen Weise, ganz ohne Überheblichkeit. Sie wissen, daß sie als Angehörige der abendländischen Zivilisation in ihrem gegenwärtigen Zustand keine Veranlassung zur Überheblichkeit haben.

Der Umgang der Agni mit ihren Toten stellt sich in dieser Sicht (und man darf sich ihr anschließen) als ein verständlicher Versuch dar, wichtige Probleme zu lösen. Vielleicht gibt es besser gelungene Versuche, von seiten anderer Kulturen. Es wird gebeten, den Rundgang fortzusetzen.

Nicht nur bei den Agni leben die Toten weiter. Es ist diese Vorstellung bei allen Wilden vorhanden, ohne Ausnahme, und in verschiedenen Gestalten: Als Ahnenkult, als Glaube an Seelen und Geister, oder als Lehre von der Wiederverkörperung der Verstorbenen. Immer mit einem Jenseits verbunden, unten oder oben, drüben und draußen, als Totenland weit weg oder als bevorzugter Spukplatz nahe im Wald.

(Die Forscher sind fleißig gewesen, man weiß eine ganze Menge über die Bräuche und Geschichten der Wilden rund um die Toten. Viele wissenschaftliche Werke verlangen danach zum Thema gelesen zu werden, viele Autoren hegen den sehnlichen Wunsch daß ihre sorgfältigen Bemühungen beachtet werden, ihre Werke sollen nicht in den Bibliotheken verstauben, man soll sie womöglich lobend erwähnen. Stark ist der Wunsch nach einer gewissen Ordnung unter allen diesen Informationen, der Lehrer will streng sein, die Kinder sollen der Reihe nach aufzeigen, es sollen nicht alle durcheinander reden. Denn die Bücher sind geschwätzig und undiszipliniert, drängen nach vorn, jedes will zuerst drankommen, flehentlich schnattern die Bücher durcheinander, ein jedes hat etwas zum Thema beizutragen, man findet kein Ende, Ordnung muß sein beim Rundgang durch die Jenseitsvorstellungen der Wilden.)

Prof. Tylor (gest. 1917) gilt heute als Klassiker der Völkerkunde, seine Arbeiten waren seinerzeit überaus einflußreich und geschätzt, noch heute wird er lobend erwähnt. Prof. Tylor hat versucht, eine gewisse Ordnung unter das Zeug in den Köpfen der Wilden zu bringen, hat Entwicklungsreihen aufgestellt und sie mit dem Reifungsprozeß verglichen, den unsereiner durchläuft vom Zustand des Kleinkindes bis zum Erwachsensein und Greisenalter. Zuerst gab es nach der Meinung Tylors den Glauben an die Seelen der Toten, woraus sich der Glaube an die Geister entwickelt hätte und aus diesem wiederum der Glaube an die Götter, alles der Reihe nach und in geordneter Weise. Andere Professoren haben andere Reihenfolgen gefunden, es gab viele gelehrte Debatten um die Berechtigung der verschiedenen Reihenfolgen (Entwicklungsreihen) im Denken der Wilden. Leider muß festgestellt werden, daß diese Bemühungen hauptsächlich zu dem Resultat geführt haben, daß solche Entwicklungsreihen alle miteinander nicht stimmen, man ist diesbezüglich so klug wie zuvor. Welche das höchste Alter beanspruchen kann unter all den Jenseitsvorstellungen der Wilden kann nicht mit Sicherheit behauptet werden von seiten der Völkerkunde, Wißbegierde und Ordnungssinn werden diesfalls ziemlich enttäuscht. Am sichersten fährt, wer die mannigfachen primitiven Kulturen schlicht als einzelne Bekundungen gesellschaftlichen Verhaltens bezeichnet, untereinander so verschieden wie Hund und Katze.

Immerhin gibt es spezifische Weisen der Haltung zum Tod unter den Wilden, vergleichbar den Tierarten (wie Hunden und Katzen), und die Zahl dieser Typen ist nicht überaus groß. Eine dieser Typen heißt Seelen- und Geisterglaube (auch Animismus genannt, der alte Tylor hat sich diesbezüglich durchgesetzt). Untereinander weisen diese Typen wieder eine reiche Vielfalt auf, vergleichbar den Hunde- oder Katzenrassen; in ihrem Grundmuster bleiben sie gleichwohl erkennbar (Katze bleibt Katze).

So viel zunächst zur Befriedigung des Ordnungssinns.

Im Jahr 1971 wurde im Urwald von Mindanao (Philippinen) ein primitiver Stamm von etwa hundert Menschen gefunden, der in gewisser Hinsicht bemerkenswert ist. Diese Wilden – sie selbst nennen sich Tasaday – leben nämlich buchstäblich in der Steinzeit, haben seit mindestens 700 Jahren keinen Kontakt zu ihrer Umwelt gehabt und kennen weder Salz noch Zucker. Ackerbau und Viehzucht sind ihnen unbekannt, sie nächtigen unter überhängenden Felsen oder zwischen hohen Wurzeln. Sie sammeln das Mark wilder Palmen, zerreiben es zwischen Steinen und kochen es in Bambus. Kleine Fische und Krabben fangen sie mit der Hand. Ihre Werkzeuge sind aus Stein und Bambus, Feuer machen sie mit Hilfe gegeneinander geriebener Holzstücke. Sie leben in monogamen Familien und kennen den Gesang.

Es gibt Bestrebungen, die Tasaday vor einem allzu heftigen und unvorbereiteten Zusammentreffen mit der Neuzeit zu beschützen. Ein Helikopter brachte zuerst Völkerkundler und dann Journalisten in den Regenwald, die Tasaday bekamen Pfeil und Bogen, Messer und Zucker und Reis.

Aus einem Zeitungsbericht über das Zusammentreffen der Neuzeit mit der Steinzeit: Während ich dem Fragespiel zuhöre, setzt sich ein junger Tasaday neben mich. Wir machen erst gar nicht den sinnlosen Versuch eines Gesprächs. Nach einiger Zeit nimmt er meinen Arm und läßt seine Finger darüber gleiten. Weiße Haut, gelbe Haare – niemals hat er so Seltsames gesehen. Manchmal lächelt er mich an, eher erstaunt und sich damit abfindend, daß die Welt außerhalb seines Dschungels voll von fremdartigen Wundern ist. Jack will wissen, wie die Tasaday sich ein Leben nach dem Tod vorstellen. Manda schlägt vor, diese Frage nicht zu stellen. Erst später, wenn volles Zutrauen herrscht, sollen solche heiklen Themen, die vielleicht von drohenden Tabus umgeben sind, zur Sprache kommen.

Es stellt sich heraus, daß die Tasaday einen Kontakt mit ihren Toten haben. In ihren Träumen sehen sie ihre verstorbenen Angehörigen, die in schönen Behausungen oben in den Bäumen wohnen, und empfangen von ihnen Ratschläge und Anweisungen.

Also eine freundliche Variante zeigt sich hier auf der Suche nach der verlorenen Zeit, vielleicht ist es diesen einfältigen Waldmenschen gelungen, ohne die sonst weithin verbreitete Furcht vor den Toten zu leben. Es wäre dies eine seltene Ausnahme von der Regel, der sehr allgemeinen, und die ist bedrückend genug: Schuldgefühle und Angst vor der Wiederkehr der Toten, Maßnahmen gegen das boshafte Wirken der Totengeister kennzeichnen die animistische Szenerie. Die Einsicht des Dr. Freud (siehe das vorige Kapitel) findet ihre Bestätigung in der Völkerkunde: Die Toten töten.

Das Los der Seelen

Die Seelenvorstellungen der Wilden gleichen einem großen Baum voll verschiedener Vögel, die zwitschern durcheinander, wer soll sich da auskennen. Die völkerkundigen Professoren versuchen vergeblich Ordnung zu machen, zählen Seelentypen der Reihe nach auf, finden sich selber nicht zurecht: Organseelen, Egoseelen, Freiseelen, Wachstumsseelen. Die Unterschiede sind fließend, eine einheitliche Theorie gibt es nicht. Mindestens zwei Seelen wohnen in der Brust der meisten Wilden, wie bei den Agni, und der Tod bereitet ihnen ein verschiedenes Los. Eine ordnungsgemäße und für den Abendländer verständliche Scheidung zwischen Leib und Seele (so primitiv diese Vorstellung im übrigen auch ist) läßt sich kaum treffen, noch weniger die zwischen abgeschiedenen Seelen und irdisch inkorporierten. In Träumen, Mythen und Märchen schlüpft eine Seele aus dem Mund des Schläfers in Gestalt etwa einer Maus, wandert ihrer Verrichtung nach, kehrt rechtzeitig vor dem Erwachen zurück. Mitunter sucht die abgeschiedene Seele sich nach einer Weile eine neue Wohnstatt in einem Neugeborenen, man spricht in diesem Zusammenhang von Reinkarnation.

Häufig muß die Seele nach dem Tod eine gefährliche Wanderung unternehmen auf ihrer Reise ins Jenseits. Muß einen reißenden Fluß überschreiten, Abgründe über schwankende Brücken queren, schmale Grate in Gebirgen passieren, Proben ablegen, Dämonen bezwingen, mancherlei Hindernisse überwinden.

All das darf als Ausdruck der Trauerarbeit von seiten der Hinterbliebenen gedeutet werden, als Ausdruck des Konflikts zwiespältiger Gefühle im Hinterbliebenen, denn der Tote soll (einerseits) fortgehen, weit weg womöglich; zugleich aber möchte man ihn festhalten, empfindet schmerzlich den Verlust. Die Reise des Toten als solche wäre dann die Bekundung des Wunsches von seiten der Überlebenden, daß der Tote allmählich verschwindet aus ihrem Leben: die Hindernisse auf der Totenreise wiederum sind Ausdruck der Wünsche, den Toten nicht fortzulassen, denn der Verlust ist schmerzlich zugleich, der Konflikt zwischen Trauer und Befriedigung bleibt stark.

Je nach dem Überwiegen oder dem Verblassen der Schuldgefühle von seiten der Überlebenden in den verschiedenen Völkern und Stämmen gestaltet sich das Los der abgeschiedenen Seelen freundlich oder trostlos, als Walhalla oder Hades. (Bei kriegerischen Naturvölkern ist der tapfere Kämpfer eines angenehmen Schicksals gewiß.)

Was den Wilden jedoch so gut wie völlig abgeht, ist die wilde Wut der höllischen Qual als mögliches Los der Abgeschiedenen, als furchtbare Drohung für die Lebenden.

Buddhismus, Christentum, Islam kommen ohne Hölle nicht aus (darüber später). Bei den Wilden jedoch fehlt der Gedanke an eine Bestrafung im Jenseits so gut wie vollständig, ebenso wie der Glaube an ein Jüngstes Gericht als endgültiger Herstellung der im Irdischen nur unzulänglich vorhandenen Gerechtigkeit.

So hat also auch die Angst ihre Entwicklungsgeschichte und ihren Fortschritt; gegenüber den Höllenphantasien des Dichters Dante und des Malers Bosch (und deren kollektiven Voraussetzungen in den Köpfen der christlichen Menschen des Mittelalters) mutet die Furcht der Wilden vor den Totengeistern geradezu rückständig an. Es war höchste Zeit, daß die Missionare kamen und den Wilden von der Hölle erzählten.

Der Grund für diese Rückständigkeit der Wilden in puncto Höllenangst muß aller Wahrscheinlichkeit nach in der Rückständigkeit ihrer Wirtschaftsformen und ihrer Arbeitswelt gesucht werden, ferner in der nur rudimentär entwickelten sozialen Schichtung bei den primitiven Völkern und Stämmen. Oder umgekehrt: Der Kulturerwerb der Hölle tritt erst mit Stadt, Schrift und Handel auf, also in den sogenannten Hochkulturen der vorindustriellen Ära.

Die Höllenpein der Schrift-Kulturen dient so gesehen als kollektiv wirksames Instrument für die Kanalisierung latenter Aggressionen in eben diesen entwickelten Gesellschaften; über deren unterirdische Seelenmechanik gibt das Studium der Hölle eine gewisse Auskunft. Die Wilden benötigen derlei nicht; sie sind nicht fortgeschritten genug.

Eine halbe Stunde nach dem Tod

Die fünfte Auflage des Vademecum der Moraltheologie von Dominicus M. Prümmer ist 1941 (in lateinischer Sprache) erschienen, versehen mit dem Imprimatur der zuständigen kirchlichen Stellen und auf Dünndruckpapier hergestellt. Es handelt sich um einen international verwendbaren Studienbehelf für katholische Beichtväter, die (damals) neuesten Entscheidungen der römischen Kurie sind sorgfältig eingearbeitet. Viele Priester haben ihren Prümmer studiert (auch der Verfasser). Wir befinden uns in der Neuzeit, in Mitteleuropa. Für die kurze Unterbrechung in der Darstellung der primitiven Jenseitsvorstellungen wird hiermit um Entschuldigung gebeten, es handelt sich um eine Abschweifung, um einen sogenannten Exkurs.

Es gehört zu den Pflichten des Seelsorgers, den Sterbenden die letzte Ölung zu spenden, er ist unter schwerer Sünde dazu verpflichtet, wenn er von seinen Untergebenen in vernünftiger Weise (rationabiliter) darum gebeten wird. So lehrt Prümmer entsprechend den Bestimmungen des kirchlichen Gesetzbuches, in klarem Latein. Wegen des Ernstes dieser Verpflichtung befindet sich an den katholischen Pfarrhäusern eine Glocke, sie wird im Volksmund auch Versehglocke genannt. Bei Tag und auch bei Nacht nämlich soll der Seelsorger erreichbar sein nötigenfalls, um einen Sterbenden mit den Tröstungen der heiligen Religion zu versehen.

Mitunter kann es geschehen, daß der Seelsorger in unvernünftiger Weise gebeten wird, die letzte Ölung zu spenden. Es gibt Angehörige, die dem Sterbenden so lange wie möglich den Anblick des Priesters ersparen wollen. Oft trifft der Seelsorger deshalb Sterbende an, die in tiefer Bewußtlosigkeit sich befinden. Gelegentlich kann es geschehen, daß der Priester zu spät kommt. Die Angehörigen haben zu lange gewartet, der Tod ist früher eingetreten, nun heißt es sich beeilen mit der letzten Ölung. Denn die darf nur den (noch) Lebenden gespendet werden, nicht den Toten. Die letzte Ölung ist eines unter den sieben Sakramenten der katholischen Kirche, die Sakramente aber sind für die Lebendigen bestimmt, für die Toten gibt es kein Sakrament.

Es tritt also gelegentlich der peinliche Fall ein, daß der Seelsorger ein wenig zu spät kommt mit der letzten Ölung, während doch die Angehörigen Wert darauf legen, daß noch etwas Wirksames unternommen wird, der Tote ist schließlich noch warm. Das Vademecum von Prümmer weiß auch in diesem Fall Bescheid: Da es nicht sicher feststeht, in welchem Augenblick die Seele aus dem Körper entweicht (egrediatur), kann dieses Sakrament bedingungsweise bis zu einer halben Stunde nach dem offenkundigen Eintritt des Todes gespendet werden. Es bleibt dem Seelsorger also eine halbe Stunde Zeit für seine Verrichtung im Fall des unerwarteten Todes, in diesem Fall wendet der Seelsorger eine kleine Vorsichtsmaßnahme an bei der Erteilung der letzten Ölung, er sagt zu dem Toten: Wenn du noch lebst. Denn ungewiß bleibt zumindest für eine halbe Stunde, wann genau die Seele sich anschickt, endgültig ihre Wohnstatt zu verlassen, der Mensch besteht aus Leib und Seele, beim Tod findet eine Trennung statt nach der Lehre der Kirche. Die Seele wandert fort (egrediatur), zurück bleibt der Leichnam.

Es darf behauptet werden, daß diese Vorstellung aus der vorindustriellen Ära der Menschheitsgeschichte stammt, sie steht in direkter Entsprechung zum wilden Denken, ein sehr altes Erbe tritt der Seelsorger an bei seiner vorschriftsgemäßen Verrichtung, gedanklich befinden wir uns in der Gesellschaft der Wilden.

☞ *Das primitive Seelische ist im vollsten Sinne unvergänglich (Freud).*

Der Vorteil des Seelsorgers vor seinen wilden Kollegen in Afrika oder Polynesien besteht darin, daß er den Ablauf der erwähnten halben Stunde mit Hilfe einer Uhr feststellen kann. Die Medizinmänner sind diesfalls auf primitivere Methoden angewiesen.

Die Verwandtschaft im Jenseits

Überall auf der Welt eilen bei einem Todesfall die Verwandten herbei, und nach dem Begräbnis wollen sie mit Speise und Trank bewirtet sein. Nicht nur bei den Wilden ist das so, der familiäre Charakter des Todes ist auch in der modernen Großstadt spürbar geblieben. Freilich in stark abgeschwächter Weise, denn die Bedeutung der Sippe hat neuerdings stark abgenommen zugunsten der Kleinfamilie mit Vater, Mutter, Kind. Das Interesse für genealogische Zusammenhänge ist allenfalls beim Adel noch vorhanden; was vor dem Großvater los war, haftet ansonsten kaum im Gedächtnis.

Vor langer Zeit lebten die Schoschone-Indianer auf einer Hochebene in Nordamerika, die Gegend war dürftig und die Besiedlung dementsprechend dünn. An Dörfer oder gar Städte war nicht zu denken, schon eine einzige Familie hatte Mühe, auf einem weiten Territorium die nötigste Nahrung zu finden, als Kleintierjäger und Wurzelsammler. Manchmal taten sich einige Familien zusammen um gemeinsam Kaninchen zu jagen, bei solchen Gelegenheiten arrangierte man auch gleich die nächsten Hochzeiten. Die Doppelhochzeit war beliebt, die Söhne und Töchter aus einer Familie heirateten die entsprechenden Geschwister aus einer anderen, kleine Bündnisse kamen auf diese Weise zustande; gegen Feinde konnte man sich dann besser verteidigen, eintretendenfalls. Wenn einmal zuviel Mädchen geboren wurden, dann mußten eben mehrere von ihnen mit einem Mann zufrieden sein, und ebenso mehrere Männer mit nur einer Frau, im umgekehrten Fall. Meist aber lebten die Schoschone damals monogam in der Kleinfamilie, niemand brauchte an Stammbäume zu denken.

Es geschah aber, daß einige Schoschone auf ihren Wanderungen in eine Gegend kamen, wo man ein wenig Landwirtschaft treiben konnte. Es gab Wasser, und mit den Steinen aus den Bergen bauten sie Häuser. Eine gewisse Arbeitsteilung wurde notwendig; die Männer gingen weiterhin auf die Jagd, die Frauen besorgten die Feldarbeit. Die Männer waren meist außer Haus, die Frauen hüteten den Herd, Großmütter, Mütter und Töchter, man spricht in diesem Zusammenhang von matri-lokalem Haushalt. Den behielten sie auch bei, als sie weiterwanderten aus irgendeinem Grund (vielleicht wegen der nachdrängenden Apachen), nach Süden, nach Arizona. Seitdem nennt man sie Hopi-Indianer, und die wurden von den Ethnologen überaus gründlich erforscht.

Den Mütterhaushalt behielten die Hopi wie gesagt auch in ihren Dörfern bei, die sie nunmehr hatten, auf der flachen Oberfläche der hohen Felsbrocken in Arizona. Nun man näher zusammengerückt war, ergab sich ein neues Problem. Die Männer verschwanden durch Heirat nicht mehr aus dem Gesichtskreis (wie einst auf der dünn besiedelten Hochebene), sie gingen lediglich um die nächste Ecke. Auch waren sie inzwischen selber Bauern geworden und arbeiteten in der Nähe des Dorfes, lange Abwesenheiten der Männer waren nicht mehr die Regel. Das drohende Durcheinander der Familienbeziehungen wurde von den Hopi in einer Weise geregelt, die auch bei anderen Naturvölkern anzutreffen ist: Die Abstammung ging nunmehr über die mütterliche Linie, nicht nur faktisch, sondern auch gewissermaßen offiziell; wir sprechen in diesem Fall von einer matrilinearen Familienordnung (im Gegensatz zur patrilinearen, die über die väterliche Linie geht; beide sind bei uns heute verschwunden). Auch erhielten die Mütterhaushalte ein größeres Prestige durch Namengebung (nach Tieren) und durch Ausstattung mit einem Fetisch. Dieser Name und die mit ihm ausgedrückte Zugehörigkeit zum mütterlichen Heim, zur Mutterfamilie also, blieb auch jenen Töchtern, die auswärts heirateten. Der Clan (der Kaninchen, der Schlangen usw.) war da, als Verwandtschaftsgeflecht höherer Ordnung, mit einem bestimmten Namen und als gesellschaftlich höchst wichtige Gruppe (in Schottland trifft man noch heute auf die Überreste solcher Verhältnisse).

Die Hopi-Geschichte ist ziemlich trivial, und sie illustriert einen sehr allgemeinen Vorgang. Sobald nämlich der Clan vorhanden ist, als eine Anzahl von Haushaltungen, die über ein Gebiet verstreut sind und alle denselben Namen tragen, gibt es auch das Bedürfnis nach Ahnen, nach einer Herleitung des Clans von einem Stammvater (oder einer Stammesmutter) beispielsweise, gibt es somit den Ahnenkult, als ein weitverbreitetes Phänomen unter den Naturvölkern, insbesondere in Afrika und Ostasien. Die toten Vorfahren verleihen der Verwandtschaft, nun sie einmal da ist, eine Steigerung der Gruppenidentität. Wenn dann Könige ins Spiel kommen, vertieft sich der Sinn fürs Genealogische; prominente Ahnen werden lange nicht vergessen, sogar Statuen fertigt man von ihnen an, und zu bestimmten Zeiten werden ihnen in der sorgfältigsten Weise Opfer dargebracht, mitunter an eigens hierfür ausgewählten Plätzen. Die sonst anzutreffende Bösartigkeit der Totengeister ist im Fall der Ahnen stark gemildert; sie sind schon länger tot, die Trauerarbeit ist abgeschlossen. Wenn man ihnen Reverenz erweist, so zeigen sie sich gewogen und hilfreich, fördern die Fruchtbarkeit von Pflanzen, Tieren und Menschen, bringen Schutz vor Gefahr und Wohlstand für ihre Sippe, nebst dem dazugehörigen Prestige.

Wie man sieht, können die Toten auch freundlich sein; man muß ihnen nur ein wenig Zeit lassen.

Melanesien umfaßt den Südwesten des Stillen Ozeans mit der Insel Neuguinea, dem Bismarck-Archipel, Santa Cruz und einigen weiteren Inseln. Wie das übrige Südseegebiet wurde Melanesien von Asien aus besiedelt, früher als andere Gegenden in der dortigen Umgebung. Die älteste (heute nur in Resten vorhandene) Kultur ist die der Pygmäen. Die Melanesier treiben einen ziemlichen Aufwand mit Totenschädeln, und der Tourist wird gebeten, keine voreiligen Schlußfolgerungen zu ziehen. Man muß nämlich unterscheiden zwischen den liebevoll zubereiteten Schädeln der Ahnen einerseits, wie sie auf Wandbrettern in Versammlungshäusern zu sehen sind, und andererseits den Kopftrophäen getöteter Mitmenschen. Solch ein Beuteschädel war früher bei manchen Melanesiern eine unerläßliche Legitimation für die Heiratsfähigkeit, und ein zusätzlich herangeschaffter Kopf vermehrte die Potenz erheblich. Ein Wort aus dem Melanesischen hat Ethnologen und Religionswissenschaftler besonders fasziniert: Mana. Darunter versteht man einen Kraftstoff, der allen Lebewesen eignet und auch auf Gegenstände übertragbar ist. Der erbeutete Schädel eines Erschlagenen hat Mana, die Schädel der Ahnen haben Mana, und auch der Genuß von Menschenfleisch bringt einen Zuwachs an Mana. Der Kannibalismus ist rituell geprägt, er ist keineswegs mit Nahrungsmangel zu erklären. Hier handelt es sich um einen frommen Brauch. (Das hohe Alter dieser religiösen Sitte wurde im vorigen Kapitel behandelt.)

Der alte Seibold (siehe das zweite Kapitel) wird allmählich ungeduldig, was ist nach dem Tod und was nicht, mit Menschenfressern fängt er nicht viel an. Man wird eine Zwischenbilanz ziehen müssen, sonst verliert er den Mut und hört auf zu lesen. Kinder und Narren sagen die Wahrheit, so behauptet ein Sprichwort. Kinder, Narren und Wilde werden seit einiger Zeit in einen wissenschaftlichen Zusammenhang gebracht, von Dr. Freud in exemplarischer Weise. Das Studium der Vorgeschichte (als Archäologie) und das Studium der Naturvölker (als Ethnologie) soll uns etwas über unser kindliches wildes närrisches Wesen erzählen, vielleicht wird man klüger daraus. Gräberfunde, Bestattungsbräuche, Jenseitsgeschichten verhelfen dem Industriemenschen zu einer Kenntnis seiner Vergangenheit, man blättert im menschheitlichen Familienalbum.

Inzwischen breitet sich die Industrie-Kultur weiter aus, sie allein wird übrig bleiben auf dem Globus, der soziale Wandel schluckt die Wilden mitsamt ihren Häuptlingen und Jenseitsvorstellungen, und auch die etwas fortgeschritteneren mittelalterlichen Scheichs haben nur noch eine Gnadenfrist; Standard Oil und U. S. Steel sind bereits im Geschäft.

Gleichwohl wünscht sich der neuzeitliche Automobilist (als Konsument von Öl und Stahl) ein wenig Metaphysik, wo soll er sie nur hernehmen. Der Automobilist ist kein Menschenfresser mehr, er vermag die Metaphysik nicht aufzuessen wie die alten Melanesier es taten mit ihrem Glauben an das Mana des Getöteten; das Verhältnis des Automobilisten zur Transzendenz hat sich kompliziert. In nachdenklichen Stunden beschleicht den Automobilisten ein trauriges Gefühl über erlittene Verluste. Auf einer Südseeinsel müßte man leben wie der Maler Gauguin, dort ist die Welt noch in Ordnung. Leider handelt es sich bei solchen Nachdenklichkeiten um Wunschträume, die bleiben folgenlos, das Auto ist wichtiger.

Es erhebt sich die Frage, ob der Automobilist moderner Prägung beides behalten kann, das Auto und den Jenseitsglauben der Wilden. Denn dies steht nunmehr fest, daß der Glaube an ein Fortleben nach dem Tod älter ist als selbst die großen Religionen, daß er aus einer sehr frühen Kulturstufe stammt, und daß seine Ursprünge fragwürdig sind, zwiespältig durchaus, wenn nicht geradezu verdächtig. Daß die Menschen irgendwann einmal gut angefangen haben und dann durch irgendein Mißgeschick böse wurden – diese Geschichte wird ebenfalls von den Wilden erzählt, und verbürgt ist sie nicht. Ob die Wilden mit ihrem Jenseitsglauben gut oder böse seien ist eine überflüssige Frage, sie bringt uns nicht weiter, sie kann so oder anders beantwortet werden, auf den Standpunkt kommt es an. Dieser Standpunkt aber ist deutlich genug, denn der Automobilist lenkt sein Fahrzeug auf Kosten der Wilden, die müssen verschwinden wegen des Fortschritts. Das Interesse am wilden Denken ist müßig, in Wirklichkeit schaffen wir das wilde Denken ab, inklusive Jenseitsvorstellungen, man denke an die Umfrage in Bochum.

Etwas allerdings spricht für den wilden Jenseitsglauben und sein Fortleben unter den Automobilisten, mit Unterstützung der Kirchen; nämlich der bereits zitierte Befund des Dr. Freud: Das primitive Seelische ist im vollsten Sinne unvergänglich.

Dr. Freud rechnet den Jenseitsglauben zu den Illusionen (nicht zu den Irrtümern): Für die Illusion bleibt charakteristisch die Ableitung aus menschlichen Wünschen, sie nähert sich in dieser Hinsicht der psychiatrischen Wahnidee, aber sie scheidet sich, abgesehen von dem komplizierteren Aufbau der Wahnidee, auch von dieser. An der Wahnidee heben wir als wesentlich den Widerspruch gegen die Wirklichkeit hervor, die Illusion muß (hingegen) nicht notwendig falsch, d. h. unrealisierbar oder im Widerspruch mit der Realität sein.

Freud fährt fort: Wir sagen uns, es wäre ja sehr schön, wenn es einen Gott gäbe als Weltenschöpfer und gütige Vorsehung, eine sittliche Weltordnung und ein jenseitiges Leben, aber es ist doch sehr auffällig, daß dies alles so ist, wie wir es uns wünschen müssen. Und es wäre noch sonderbarer, daß unseren armen, unwissenden, unfreien Vorvätern die Lösung all dieser schwierigen Welträtsel geglückt sein sollte.

Der Tod ist das Sicherste, das Realste in unserer Welt. Ihn aus unserer heutigen Lage wirksam zu überwinden, wird dem kindlichen wilden närrischen Denken kaum gelingen.

Die Apotheke zur Gnadenmutter in Mariazell (Österreich) befindet sich in unmittelbarer Nähe der Basilika. Bei einem Besuch in Mariazell versäume man nicht, die in der Apotheke zur Gnadenmutter erhältlichen Magentropfen zu erstehen; ich habe sie selbst mit gutem Erfolg in Verwendung. Wie ich ebenfalls aus eigener Erfahrung mitteilen kann, empfiehlt es sich für auswärtige Priester, ihren Wunsch nach Zelebration einer Messe am Gnadenaltar bereits am Vortag in der Sakristei der Basilika bekanntzugeben, insbesondere während der Sommermonate. Es herrscht nämlich während dieser Zeit ein gewisser Andrang von seiten der Wallfahrer. Wenn der Priester eine Wallfahrergruppe nach Mariazell führen will, verständigt er sich am besten vorher schriftlich mit der Kirchenverwaltung des Gnadenortes, zum Zwecke der rechtzeitigen Sicherung des gewünschten Termins der Messe am Gnadenaltar. Bezüglich der Übernachtungsmöglichkeiten gibt es in Mariazell ein ausreichendes Angebot an Hotels, Gasthäusern und Privatquartieren in verschiedenen Preislagen; auch für die Verpflegung steht eine ganze Reihe einschlägiger Restaurationsbetriebe bereit. Im Winter besteht ferner Gelegenheit zum Schilauf; es gibt eine Seilbahn, und am nahegelegenen Erlauf-See kann gebadet werden. Landschaftlich reizvoll ist die Fahrt nach Mariazell mit der Schmalspurbahn ab St. Pölten.

Urlaub in Mariazell mehrere Male, im Sommer und im Winter habe ich Messe gelesen am Gnadenaltar in der Basilika, ferner am Hochaltar und an verschiedenen Seitenaltären. Schöne stille Messe, ganz allein flüstere ich meine Gebete, manchmal gibt es nicht einmal den Ministranten. Der Gnadenaltar steht unter einem steinernen Baldachin in der vorderen Hälfte der Basilika (als gotische Hallenkirche erbaut im 14. Jahrhundert, später im Barock-Stil erweitert und vollendet). Silber und Gold und Kerzenlicht bringen einen warmen Schein auf das Antlitz der Gnadenmutter. Die Statue ist kaum einen halben Meter groß (spätromanisch, Mitte des 12. Jahrhunderts), Maria und Jesuskind. Schwere Brokathüllen lassen nur den Kopf der Gnadenmutter frei, sie trägt eine Krone. Herzog Heinrich aus dem Hause Eppenstein schenkte 1103 das Gebiet um Mariazell den Benediktinern, die gründeten dann die erste Siedlung. Mit Herzog Heinrich Wladislaw von Mähren begann die Wallfahrt der slawischen Völker nach Mariazell, mit König Ludwig I. von Ungarn setzten auch aus diesem Land die großen Pilgerzüge ein. Weihegaben von Königen und Kaisern sind im Heiligtum aufbewahrt zum Dank für errungene Siege und empfangene Gnaden. Der Gnadenaltar ist aus Silber gearbeitet, da lese ich die Messe unter den Augen der Gnadenmutter. Gegrüßet seist du Maria voll der Gnade, der Herr ist mit dir, du bist gebenedeit unter den Weibern.

Im August singen die Kroaten aus dem Burgenland (Österreich) ihre alten Lieder vor der Gnadenmutter, jedes Jahr kommen die Kroaten nach Mariazell seit etlichen 100 Jahren, die älteren Frauen tragen die schwarzen Kleider ihrer Tracht mit schwarzem Kopftuch, viele Strophen der alten schwermütigen frommen Lieder können sie auswendig, sie beten den Rosenkranz, sie verbringen beinahe den ganzen Tag in der Kirche. (Urlauber und Automobilisten betrachten die alten kroatischen Frauen mit Staunen.) Mehrere Tage im August jeden Jahres ist Mariazell von den kroatischen Wallfahrern beherrscht, manche von ihnen sind auch am Erlauf-See anzutreffen, dort kann man Boote mieten und über den See rudern. Abends ist eine Prozession mit Kerzen rund um die Basilika (bei schönem Wetter).

Wie man sieht, ist Mariazell ein Gnadenort.

Die bislang ältesten Funde von Gnadenorten sind auf der Insel Kreta ausgegraben worden, sie stammen aus einer Zeit vor etwa 4000 Jahren. Damals suchten die Menschen an bestimmten Heiligtümern Genesung von Krankheiten und Gebrechen. Prof. Leipoldt schreibt in diesem Zusammenhang: In den folgenden Zeiten gibt es solche Stätten fast in aller Welt.

Auf der Insel Kreta gedieh zwischen 2600 und 1445 v. Chr. die sogenannte minoische Kultur mit Palästen, ausgedehntem Handel, zentraler Verwaltung und einer Schrift. Auf Kreta gab es also eine sogenannte Hochkultur, eine der ältesten überhaupt, es geht vorwärts, wir treten in das Licht der Geschichte, mit der wilden Steinzeit ist es vorbei, man schläft in einem Bett. Es sei gestattet, in diesem Zusammenhang von einer rund 6000jährigen Phase in der Menschheitsgeschichte zu sprechen, die geht erst mit der modernen Maschinenindustrie zu Ende, man darf Prof. Toynbee (er wurde im zweiten Kapitel bereits vorgestellt) hier durchaus Glauben schenken.

Neben der Erfindung der Gnadenorte verdanken wir dieser Periode auch sonst noch mancherlei, beispielsweise die Weltreligionen und die griechische Philosophie, die Hölle und das Jüngste Gericht und das ewige Leben. Im Hinblick auf das Zeug in unseren Köpfen befinden wir uns geradezu in der Gegenwart, leider ist es nicht möglich auf alle Einzelheiten einzugehen, wir sehen uns genötigt, nur das

Wichtigste zu erwähnen. (6000 Jahre sind eine lange Zeit, wieviel gäbe es da zu erzählen. Aber der alte Seibold muß daran denken, bald von dieser Welt Abschied zu nehmen wie bereits mehrmals erwähnt, wir dürfen seine Geduld nicht allzu sehr beanspruchen.)

In Mariazell habe ich seit einigen Jahren keine Messe mehr gelesen.

Die Folgen des Liebhabens

Als der Erhabene einst im Hain bei Savatthi weilte, war einem Mann sein geliebtes einziges Söhnchen gestorben. Seitdem dachte er nicht mehr an Arbeit und Essen, sondern ging immer wieder auf den Friedhof und rief: Wo ist mein einziges Söhnchen? Dann ging er zum Erhabenen, begrüßte ihn und setzte sich zu ihm. Da sagte der Erhabene zu ihm: Du bist nicht Herr deiner Sinne, du bist verstört. Wie sollte ich nicht verstört sein. Mein geliebtes einziges Söhnchen ist gestorben. Seitdem denke ich nicht mehr an Arbeit und Essen, gehe immer wieder auf den Friedhof und frage, wo mein einziges Söhnchen ist.

Der Erhabene: So ist das, mein Herr! Denn daraus, daß man etwas liebhat *(piya)*, entspringt Kummer, Jammer, Schmerz, Gram und Verzweiflung. Das ist die Folge des Liebhabens.

Unbefriedigt von den Worten des Erhabenen ging der Mann fort. Anmerkung des Übersetzers: *piya* bedeutet das, was einem angenehm ist und was man für sich haben und behalten möchte. – (In der Sprache Dr. Freuds würde man hier von einer narzißtischen Objektwahl sprechen.)

Die obige Geschichte stammt aus der Sammlung der mittleren Texte des buddhistischen Pali-Kanons, dem sogenannten Majjhimanikaya, aufgeschrieben um Christi Geburt, also rund 500 Jahre nach dem Tod des Buddha, auf der Insel Ceylon. Buddha bedeutet der Erwachte und ist der Ehrentitel des weisen *Gotama,* der um 560 v. Chr. im nördlichen Indien als Sohn eines Fürsten geboren wurde. Er wurde sorgfältig erzogen und heiratete ein adliges Mädchen, das ihm einen Sohn schenkte. Im Alter von 29 Jahren verließ Gotama seine Familie, um als heimatloser Wanderer das Heil zu suchen. Zuerst studierte er die Weisheit der Brahmanen, dann gab er sich mehrere Jahre der strengsten Yoga-Askese hin, bis er zusammenbrach und sich von der Nutzlosigkeit dieser Methode überzeugte. Als er sich wieder erholt hatte, wurde ihm das entscheidende Erlebnis des »Erwachens« zuteil. Jünger schlossen sich ihm an, mit ihnen gründete er den noch heute bestehenden Orden des *sangha.* 44 Jahre lang zog der Buddha meist in Begleitung einer größeren oder kleineren Schar seiner Schüler in den Ländern des nördlichen Indien umher und hielt belehrende Reden. Mit 80 starb er bei dem Städtchen Kusinara nahe am Himalaya.

Die Reden des Buddha wurden lange Zeit mündlich überliefert, in genauester Weise. Jeder Abschnitt der schriftlichen Sammlung beginnt daher mit den Worten: So habe ich es gehört.

So habe ich es gehört:

Der Wandermönch Vacchagotta kam zum Erhabenen, begrüßte ihn höflich und sprach: Seid Ihr der Ansicht, daß ein Vollendeter nach dem Tode lebt?

Nein.

Seid Ihr der Ansicht, daß ein Vollendeter nach dem Tode nicht lebt?

Nein.

Seid Ihr der Ansicht, daß ein Vollendeter nach dem Tode sowohl lebt als auch nicht lebt?

Nein.

Seid Ihr der Ansicht, daß ein Vollendeter nach dem Tode weder lebt noch nicht lebt?

Nein.

Vacchagotta wiederholte dann alle diese Fragen und Antworten und fragte zum Schluß: Herr Gotama, was seht Ihr denn Schlimmes darin, daß Ihr alle diese Theorien insgesamt ablehnt?

Der Erhabene erwiderte: Alle diese Theorien sind ein Dickicht, eine Wildnis, verbunden mit Übeln, Quälerei, Verwirrung und fieberhafter Unruhe. Sie führen nicht zum Loslassen, nicht zum Aufhören, nicht zur Beruhigung, nicht zu hohem Wissen, nicht zum Erwachen, nicht zum Nirvana. Das ist das Nachteilige, das ich darin sehe, und deshalb lehne ich diese Theorien insgesamt ab.

Herr Gotama, habt Ihr denn überhaupt eine Theorie?

Theorien zu haben geziemt sich nicht für einen Vollendeten.

Darauf wiederholte Vacchagotta alle diese Fragen und Antworten und fuhr fort: Hierdurch bin ich in Unwissenheit und Verwirrung geraten, und die hohe Befriedigung, die ich aus dem früheren Gespräch mit Herrn Gotama gewonnen habe, ist nun dahingeschwunden.

Der Erhabene erwiderte: Ach deine Unwissenheit und Verwirrung, Vaccha! Tief ist diese Wahrheit, schwer zu verstehen und schwer zu durchschauen, sie ist still und herrlich, sie übersteigt das Denken, sie ist tiefgründig, nur Weisen verständlich. Du kannst sie nicht begreifen, weil du von anderer Anschauung, von anderer Denkweise und anderer Beeinflussung herkommst, andere Bestrebungen hast und einen anderen Lebenswandel führst. (...) Von der Kennzeichnung durch die Körperlichkeit befreit ist ein Vollendeter, er ist tief, unermeßlich, nicht zu erfassen wie das große Meer. Daß er wiedererscheint kann man nicht sagen, daß er nicht wiedererscheint kann man nicht sagen, daß er sowohl wiedererscheint als auch nicht wiedererscheint kann man nicht sagen, daß er weder wiedererscheint noch nicht wiedererscheint, kann man nicht sagen.

Darauf sagte Vacchagotta: Diese Erklärung des Herrn Gotama gleicht einem Baum, der nach Beseitigung der Zweige, der Rinde und des Grünholzes rein aus Kernholz besteht.

Vacchagotta erklärte sich für überzeugt, nahm seine Zuflucht zu Buddha, zur Lehre und zur Gemeinde der Jünger und wurde ein Anhänger für sein ganzes Leben.

☛ *Meine normale Sprachtechnik läßt mich im Stich (Wittgenstein).*

Aus den Vorlesungen über den religiösen Glauben von Ludwig Wittgenstein: Ein österreichischer General hat einmal zu jemandem gesagt: Ich werde nach meinem Tode an Sie denken, falls das möglich sein sollte. – Wir können uns vorstellen, wie eine Gruppe von Menschen das lächerlich findet, eine andere nicht. (Während des Ersten Weltkrieges beobachtete Wittgenstein, wie Hostien in stahlgepanzerten Gefäßen transportiert wurden, und ihn berührte die Lächerlichkeit einer solchen Prozedur.) Wenn jemand an das Jüngste Gericht glaubt und ich nicht, heißt das, daß ich das Gegenteil dessen glaube, was er glaubt, nämlich daß es so etwas nicht geben wird? Ich würde sagen: Ganz und gar nicht, oder nicht in jedem Falle. Angenommen, ich sage, daß mein Leib verfaulen wird, und jemand anderer sagt: Nein, die Teile werden sich in 1000 Jahren wieder zusammenfügen, und du wirst auferstehen. Wenn man mich fragte: Wittgenstein, glaubst du das? Würde ich sagen: Nein. Widersprichst du ihm? Ich würde sagen: Nein.

Gotama Buddha (gest. um 480 v. Chr.) und Ludwig Wittgenstein (gest. 1951 n. Chr.) verwenden in ähnlichen Zusammenhängen die Verneinungsform bemerkenswert übereinstimmend. Beide sind schwierig zu verstehen, man muß sich erst einarbeiten, sozusagen als Schüler.

Es wird empfohlen, die oben zitierte Rede des Buddha wenigstens noch einmal langsam zu lesen. Es gibt nicht sehr viel Gleichwertiges, noch weniger Besseres zum Thema, in der Literatur der letzten 6000 Jahre.

Besondere Tage

Buddha gilt als Stifter einer der sogenannten Weltreligionen, die haben allerlei neue Jenseitsvorstellungen in die Köpfe der Menschen gesetzt und wirken bis heute. Vor dem Auftreten der sogenannten Hochkulturen gab es keine Weltreligionen, offenbar besteht ein Zusammenhang zwischen den Hochkulturen und den Weltreligionen, Prof. Toynbee hat diesbezüglich eine Theorie entwickelt. Der universalhistorischen Betrachtungsweise von Prof. Toynbee zufolge können 21 »Gesellschaftskörper« innerhalb der letzten 6000 Jahre unterschieden werden, im Unterschied zu den primitiven Kulturen, die weitaus zahlreicher sind (siehe das vorige Kapitel). 14 dieser Kulturen sind ausgelöscht, sieben noch am Leben (worunter die abendländische, christlich-orthodoxe, islamische, indische, fernöstliche Kultur). Ohne erkennbare Vorläufer sind sechs Kulturen entstanden: Das alte Ägypten, die sumerische Kultur, China, die minoische Kultur auf Kreta, die Mayas und die Andenkultur in Südamerika vor Columbus. Alle anderen sind in der einen oder anderen Form deren Nachfahren, sozusagen in zweiter oder dritter Generation.

Zwischen die Kulturen der zweiten und der dritten Generation setzt Prof. Toynbee das, was er »Universalkirchen« nennt; sie entstehen im Zusammenbruch von »Universalstaaten« – wie das Christentum im römischen Imperium. Auf diese Weise kommt eine gewisse Ordnung in die letzten 6000 Jahre, übrig bleibt die abendländische Kultur (und mit der steht es derzeit nicht zum Besten).

Anders wiederum stellt sich die Geschichte der Menschheit dar, wenn man sie mit den Augen der menschheitlichen Zweidrittelmehrheit betrachtet, jener analphabetischen und am Hungertuch nagenden, also von unten her, von den Besiegten. Da wird die kurze Partie gespielt, das Leben ist zu kurz zum Philosophieren. Diese wortlose Mehrheit hat es die ganzen 6000 Jahre hindurch gegeben, Besitz und Bildung waren in den sogenannten Hochkulturen immer ein Privileg von Minderheiten vornehmer Art wie Kriegern, Kaufleuten, Priestern und Adeligen, die fanden Zeit zum Nachdenken über den Sinn des Lebens, sie erreichten ein höheres Lebensalter.

Ihre Taten und Gesetze ließ die Minderheit in Stein meißeln, damit sie nicht vergessen würden; schriftkundige Priester fertigten Götterlisten an, zerbrachen sich den Kopf über Ahnentafeln göttlicher Wesen. Alle diese Hofberichte, Siegesmeldungen, Verfügungen, Königsnamen, liturgischen Rubriken, Epen, Weisheiten, Totenbücher – studieren konnte das nur ein des Lesens Kundiger, ein Brahmane oder Mandarin oder Rabbi oder Kleriker. Das übrige Volk blieb dumm, lauschte allenfalls umherziehenden Geschichtenerzählern oder Sängern, bestaunte Prozessionen, besuchte Gnadenorte, ging in den Circus oder zum Wagenrennen. In den meisten Fällen kann die wortlose Mehrheit (ohne Sitz und Stimme) als Objekt der Geschichte angesehen werden, die handelnden Subjekte waren eher gering an Zahl und wohnten im Zentrum der Stadt. Wenn die Massen von der Peripherie ins Zentrum laufen, dann zu einem Fest oder zu einem Aufstand. In solchen Fällen handelt es sich um besondere Tage im kollektiven Bewußtsein. (Noch Adolf Hitler hat gut gewußt, wie man besondere Tage inszeniert.)

Auch die Wilden kennen besondere Tage: jahreszeitliche Feste, Hochzeiten, Begräbnisse, Einweihungen. Nicht diese Art von besonderen Tagen ist jedoch hier zu erörtern (es gibt sie bis heute, auch bei uns); sondern jene neue Qualität, die aus einem vorher nicht dagewesenen Faktor springt: der größeren Masse der Beteiligten. Denn die primitiven Gesellschaftskörper (überaus zahlreich, mehrere tausend sind noch heute bekannt) sind im Vergleich zu den genannten 21 von Prof. Toynbee kurzlebig, auf kleine Gebiete beschränkt und umfassen wenige Menschen. Was die primitiven von den sogenannten hochkulturellen Gesellschaftskörpern unterscheidet, heißt: Größe und Dauer. (Das alte Ägypten dauerte beispielsweise rund 4000 Jahre.)

Die Wilden siedeln außerhalb der großen dauerhaften Reiche, sie werden auch Barbaren genannt. Mitunter beginnen sie zu wandern, aus Wüste und Steppe in fruchtbarere Gegenden, Alarich nimmt Rom ein, die Hyksos kommen nach Ägypten, die Achaier erobern Kreta. Bewaffnete Fremde, aus Schiffen springend oder auf schnellen Pferden, plötzlich auftauchend vor den Mauern der Stadt, erbarmungslos, ausdauernd und diszipliniert: die bringen den Ansässigen besondere Tage, auf den Ruinen der zerstörten Paläste etabliert sich ein neues Regime. Wild werden können auch wortlose Teile der Bevölkerungen innerhalb der weiten Reiche. (Prof. Toynbee spricht von »inneren Proletariaten«.) Die Neger in den USA, die römischen Sklaven in Sizilien, die Katholiken in Nordirland machen Schlagzeilen auf ihre Art, man spricht von Wirren, es handelt sich jedenfalls um besondere Tage.

Königliche Kommissare kommen ins Dorf, Beamte tauchen auf mit militärischer Begleitung, Missionare und Händler (mit und ohne militärische Begleitung), Steuereintreiber, Feldwebel (die brauchen Soldaten), Richter: das sind dann besondere Tage, ein neues Edikt wird verlesen, der Bürgermeister abgesetzt, das Dorf läßt sich taufen, die jungen Männer werden in eine Uniform gesteckt und marschieren davon.

Von unten gesehen verliert die Geschichte viel von ihrer Großartigkeit, Rom und der Kaiser sind so weit weg wie der Himmel hoch ist, die besonderen Tage bringen keineswegs nur Gutes. Wenn die Soldaten durch die Stadt marschieren. Morgenrot, Morgenrot, leuchtest mir zum frühen Tod. Muß ich denn, muß ich denn, muß ich denn zum Städtele hinaus, und du mein Schatz bleibst hier. Umfragen unter der Bevölkerung haben ergeben, daß die Namen von Ministern nur wenigen gut bekannt sind, trotz Zeitung und Radio. Man wird sehen, ob die neuen Herren endlich eine Straße bauen, wer weiß, ob etwas Besseres nachkommt. Den Chinesen geht es jetzt besser als früher wie man hört. Vom 13. bis zum 15. Jahrhundert war Brügge (Belgien) eine reiche und blühende Stadt, dann versandete der Hafen, ab dem 16. Jahrhundert muß von einem Niedergang gesprochen werden. Heute kommen viele Touristen dorthin (drei Sterne im Reiseführer).

Rätselhaft sicherlich, doch vergleichsweise eintönig stellt die Geschichte von unten gesehen sich dar, gemessen an der Vogelschau der universellen Betrachtung philosophischer Art. Die besonderen Tage werden zu eher seltenen Einschnitten in der Langsamkeit des Lebens, es gibt bessere und schlechtere Zeiten, gelegentlich wird ein Räuber gehenkt, dann gibt es eine Abwechslung. Der Tod singt sein langsames Lied, siegreiche Fahnen verstauben im Dom (ich weiß nicht mehr wo), königliche und fürstliche Namen geraten in Vergessenheit. Es bleibt eine gemeinsame Sprache, ein Wissen um die Grenzen des Landes (des heimatlichen), ein Groll über erlittenes Unrecht, jahrhundertelang. Das Gewicht der Unterbauten, die Langsamkeit der Vermittlungen, die Trägheit der wirklichen Geschichte sind von unten her gesehen selbstverständlich, eine lebhafte und geistreiche Betrachtungsweise findet man eher bei den Professoren. Die Kriterien der Professoren für das was bedeutsam ist in der Geschichte sind anderer Art als die Kriterien des alten Seibold, der hat sozusagen strengere Kriterien für das was wichtig war während der letzten 6000 Jahre, da hält wenig stand. Nofretete und Barbarossa sind tot und begraben, Aristoteles und Descartes müßte man erst einmal lesen können, am kommenden Sonntag ist Gemeinderatswahl.

Im Namen Allahs, des Allbarmherzigen! Die Katastrophe! Was soll das heißen? Wie kannst du verstehen, was die Katastrophe ist? An jenem Tage werden die Menschen wie versengte Motten sein die verstreut am Boden liegen, und die Berge wie zerzauste Wolle. Vergnügt wird dann leben wer seiner guten Werke wegen schwere Waagschalen hat. Wer leichte Waagschalen hat, um den ist es geschehen. Was das bedeutet? Loderndes Feuer!

Die 101. Sure im Koran heißt *al-kariah,* was mit Verhängnis, Katastrophe wiedergegeben wird. Wörtlich genommen führt das arabische Wort ein Klopfen, Schlagen mit sich. (Das Herz klopft stärker beim Gedanken an den Gerichtstag, der Blitz schlägt ein, gefolgt vom Donnerschlag. Plötzlichkeit, unversehener jäher Niederbruch wie beim Herzschlag. Schrecken jedenfalls. Wenn eine neue himmlische Offenbarung den Propheten von oben trifft, geht das Kamel auf dem er sitzt in die Knie unter der Wucht der schlagenden Wahrheit.)

Die Auferstehung: Im Namen Allahs, des Allbarmherzigen! Ich schwöre bei dem Tage der Auferstehung, ich schwöre bei einem jeden, der sich dann bittere Vorwürfe machen wird: Meint denn der Mensch, daß wir nicht alle seine Gebeine einst zusammenbringen und ihn wieder zum Leben erwecken würden? Aber ja, sogar seinen Finger. Doch der Mensch will eben darauflos sündigen. Er fragt spöttisch: Wann kommt denn endlich der Tag der Auferstehung? Wenn die Augen geblendet sind vor lauter Licht, wenn der Mond sich verfinstert, wenn Sonne und Mond miteinander vereinigt werden. Dann wird der Mensch fragen: Wohin kann man fliehen? Nein, heißt es dann, es gibt keine Zuflucht.

Also spricht der Prophet, er heißt Mohammed (gest. 632 n. Chr.) und hat den Islam begründet (derzeit rund 400 Millionen Anhänger), als jüngste der großen Religionen. Die beiden soeben zitierten Sprüche gehören zu den ältesten, frühesten, ursprünglichsten. (Dem heutigen Mohammedaner bedeuten sie nicht sehr viel, wie man hört; andere Suren sind populärer.) Die Seele des Propheten war zu Beginn seiner Erleuchtungen vom Blick auf das Ende geprägt, vom Untergang der Welt und vom Jüngsten Gericht. Diese Paradiese und Höllen aber waren christlich, Christgläubige hat es durchaus gegeben auf der arabischen Halbinsel zur Zeit Mohammeds, der Einfluß ihrer Ideen auf den Propheten ist heute unbestritten. Mohammed verleiht einem Gefühl Ausdruck, das in seiner Art ein Novum darstellt im Hinblick aufs jenseitige Los. Entstanden ist das Jüngste Gericht im Nahen Osten zwischen Iran und Ägypten, und im ersten vorchristlichen Jahrtausend.

Konfutsius und Lao Tse, der Buddha, die jüdischen Propheten, Sokrates, Zarathustra haben in diesem letzten Jahrtausend vor der (christlichen) Zeitenwende gelebt; religiös und philosophisch ist eine ganze Menge los gewesen damals, dann kamen Jesus und Paulus, schließlich noch Mani (gest. 277 n. Chr., mit starker, heute vergessener Wirkung). Mit Mohammed ist dieses Kapitel abgeschlossen; was später kommt an Heiligen, Reformatoren und Religionsgründern kann eine vergleichbare Wirkung nicht erreichen. In gewissem Sinne zehren wir noch heute von den Ideen einiger weniger hoch Begabter, die haben vor eineinhalb, zweieinhalbtausend Jahren gelebt.

Es ist strittig, wo oder gar von wem das Jüngste Gericht zuerst gedacht worden ist. Jesus hat es sicher nicht erfunden, zu seiner Zeit war es schon da. Aufgetaucht war es bei den Juden spät genug, zwei oder drei Jahrhunderte vorher, und allgemein durchgesetzt hat es sich in diesem Zeitraum nicht. Zweifelhaft ist bis heute, ob das Jüngste Gericht originell jüdisch ist; manche Spuren weisen ins alte Persien, Genaues weiß man nicht.

Prof. Toynbee: Wir erhaschen in Syrien, in der Generation König Salomons und seines Zeitgenossen, des Königs Hiram, den Funken eines Gesellschaftskörpers, der gerade den Atlantischen und Indischen Ozean entdeckte und bereits das Alphabet erfunden hatte.

Also das zehnte vorchristliche Jahrhundert mit einem schwachen Ägypten, der Weltgeist wendet sich von Ägypten ab, Exodus des Weltgeistes aus Ägypten mit seinen Totenbüchern, Skarabäen und sonstigen Zaubereien zugunsten der Verstorbenen. Menetekel (einige hundert Jahre später) auch für Babylon und Assur, vielleicht fällt uns etwas Neues ein. Der Nahe Osten geht schwanger mit einer neuen Weltanschauung, tausend Jahre sind hierfür schon erforderlich. Das alte steinzeitliche Totenland hält sich zäh in den Köpfen der Menschen trotz Keilschrift und Alphabet, als Hades bei den Griechen, als Scheol bei den Juden: Die Toten leben nicht wieder, die Schatten stehen nimmer auf – Jesaia 26,14.

Morsche Knochen stehen zuerst beim Propheten Ezechiel wiederum auf, mit einer Hoffnung dahinter, wie nur die Juden sie kannten: Es kam die Hand Jahwes über mich, und er führte mich im Geiste hinaus und versetzte mich mitten in die Talebene. Diese aber war voll von Totengebeinen. Und er ließ mich ringsum an ihnen vorübergehen, und siehe, es waren ihrer auf dem Boden der Talebene sehr viele. Sie waren ganz verdorrt. So spricht der Herr Jahwe: Siehe, ich gebe euch Odem, daß ihr lebendig werdet. Und ich weissagte, wie mir befohlen war, siehe, da entstand ein Rauschen, und die Gebeine rückten eins ans andre heran. Und ich schaute und siehe, Sehnen und Fleisch kamen über sie, Haut zog sich darüber, noch aber war kein Odem in ihnen. Da weissagte ich, wie er mir geboten hatte, und der Odem kam in sie, und sie wurden lebendig und stellten sich auf ihre Füße, ein gewaltiges Heer. Die Erklärung: Diese Gebeine sind das ganze Israel. Siehe, sie sprechen: Verdorrt sind unsere Gebeine, dahin ist unsere Hoffnung, es ist aus mit uns. Siehe, ich öffne eure Gräber und hole euch heraus aus euren Gräbern, mein Volk, und bringe euch in das Land Israel.

Ein kräftiger Zuspruch für ein leidendes Volk ist das zunächst einmal, die Auferstehung erfolgt keineswegs international und auch kein Jüngster Tag ist noch in Sicht, mit allgemeiner Abrechnung. Aber das Bild ist da und die Kraft dahinter, etwas will sich nicht unterkriegen lassen, was nicht ist kann noch werden. Die Juden kehren aus dem babylonischen Exil zurück, sie bauen einen neuen Tempel, Messias wird kommen.

Später, im Buch des Propheten Daniel, gibt es umfangreichere Veranstaltungen: Da wurden Throne aufgestellt, und ein Hochbetagter setzte sich. Sein Gewand war weiß wie Schnee, und das Haar seines Hauptes rein wie Wolle. Sein Thron war von Flammen. Gericht wurde gehalten, und es wurden Bücher aufgeschlagen.

Schließlich, schon ziemlich deutlich: Viele von denen, die im Staub der Erde schlafen, werden aufwachen, die einen zu ewigem Leben, die anderen zur Schmach, zu ewiger Schande. Die Apokalypse des Johannes endlich, bereits mit Berufung auf Jesus, ist voll von Visionen des Weltuntergangs, das Orchester spielt mit voller Lautstärke, alle Instrumente sind beteiligt, Engel stoßen in die Posaunen, wiederum werden Bücher aufgeschlagen, die Toten stehen auf zum Gericht: Und das Meer gab die Toten heraus, die in ihm waren, auch der Tod und die Unterwelt gaben die Toten heraus, die in ihnen waren. Und sie wurden gerichtet, jeder einzelne nach seinen Werken. Und der Tod und die Unterwelt wurden in den Feuerpfuhl geworfen. Das ist der zweite Tod, der Feuerpfuhl. Und wenn jemand nicht im Buch des Lebens verzeichnet war, dann wurde er in den Feuerpfuhl geworfen.

Pater Caelestin Pfaffstaller, Pfarrherr zu Maria Trost in Meran (Provinz Bozen, Italien), gestorben am 28. September 1816, hat den zweiten Tod nicht zu fürchten. Auf seinem Grabstein an der Kirchenmauer steht geschrieben: Seine Gebeine erwarten hier ihre fröhliche Auferstehung.

Du hast Nein zur Hölle gesagt vor der Kamera des Fernsehens, im richtigen Augenblick hast du Nein gesagt, dafür gebührt dir ein Einser in Religion. Ich habe dein Gesicht gesehen im Fernsehen, Schülerinnen wurden befragt nach ihrer Meinung über den strafenden Gott und die Hölle, du warst eine Schülerin und bist auch gefragt worden. Schnitt, da war dein Gesicht, du hast nachgedacht kurz über die Frage, hast dich zur richtigen Zeit ans Richtige erinnert: Jesus am Kreuz hat seinen Peinigern verziehen, nie wird Jesus bös zu mir sein.

Du hast eine richtige Entscheidung getroffen zwischen deinem Jesus und dem des Michelangelo in der Sixtinischen Kapelle. Herzlichen Glückwunsch, hoffentlich gibt es viele Mädchen deiner Art.

Dr. Freud erinnert seinen imaginären Gesprächspartner: Denken Sie an den betrübenden Kontrast zwischen der strahlenden Intelligenz eines gesunden Kindes und der Denkschwäche des durchschnittlichen Erwachsenen.

Ferner: Verzögerung der sexuellen Entwicklung und Verfrühung des religiösen Einflusses, das sind doch die beiden Hauptpunkte im Programm der heutigen Pädagogik, nicht wahr? Wenn dann das Denken des Kindes erwacht, sind die religiösen Lehren bereits unangreifbar geworden. Meinen Sie aber, daß es für die Erstarkung der Denkfunktion sehr förderlich ist, wenn ihr ein so bedeutsames Gebiet durch die Androhung der Höllenstrafen verschlossen wird?

Die strahlende Intelligenz eines gesunden Kindes hat sich vom Katechismus keine Angst machen lassen. Viele werden nicht gefragt, und viele sind einverstanden mit Falschem. Darum: Wichtig zu lernen vor allem ist Einverständnis.

Das Schulmädchen im Fernsehen hat im richtigen Augenblick Nein gesagt, im richtigen Augenblick Ja gesagt, keinesfalls einverstanden mit Falschem. Der Religionsunterricht hat in diesem Fall und wider Erwarten ein zufriedenstellendes Ergebnis gehabt, trotz vorhandener Denkschwäche des durchschnittlichen Erwachsenen (inklusive Religionslehrers). Bitte um Applaus, um dieses Schulmädchen brauchen wir uns keine besonderen Sorgen zu machen, es wird seinen Weg schon finden.

Zurück nach Mariazell, dort haben Urlauber und Automobilisten Gelegenheit das Salve Regina zu hören: Sei gegrüßt o Königin, Mutter der Barmherzigkeit, unser Leben, unsere Süßigkeit und unsere Hoffnung sei gegrüßt. (Das Salve Regina kann bis ins 12. Jahrhundert zurückverfolgt werden; wer es gedichtet hat ist umstritten.) Zu dir rufen wir verbannte Kinder Evas. Zu dir seufzen wir trauernd und weinend in diesem Tale der Tränen.

Geseufzt wird diesfalls zu Maria der Gottesmutter, sie ist Königin in dem Gebet aus dem Mittelalter, sie soll uns nach diesem Exil ihren Sohn zeigen, Jesus nämlich, die gebenedeite Frucht ihres Leibes. So das Salve Regina.

Das Exil, der Ort der Verbannung ist das irdische Leben. Die Emigration aus dem Paradies des Anfangs geschah unfreiwillig, die Sünde der ersten Menschen führte zur Vertreibung aus der Heimat, dorthin wollen wir zurück, wie kurz ist dieses elende Leben im Vergleich zur Ewigkeit. In der ewigen Seligkeit werden alle Tränen getrocknet, die Seufzer der bedrängten Kreatur erhört. Die Frevler werden dann endlich bestraft, ihr Geheul stört die Wonne der Heiligen nicht.

Im Salve Regina ist die populäre Gestalt der christlichen Jenseitshoffnung voll enthalten. Mit dieser ist es inzwischen bergab gegangen nicht nur in Bochum (siehe das zweite Kapitel), die Geschichtsprofessoren beginnen sich für sie zu interessieren. (Wo ein Aas ist da sammeln sich die Geier.) Das Salve Regina wird seltener gebetet seit einiger Zeit, viele Menschen haben das Beten überhaupt verlernt. Wo die Selbstverständlichkeit der gläubigen Seufzer dahin ist, da erwacht das Interesse für die geschichtlichen Zusammenhänge, man möchte wissen wieso und warum.

Dabei fällt erstens auf, daß den Wilden ein Jüngstes Gericht fremd ist. Und zweitens, daß diese Idee einer ausgleichenden Gerechtigkeit am Ende der Tage in einem bestimmten raumzeitlichen Kontext entstanden ist, nämlich im Nahen Osten und in der zweiten Hälfte des letzten vorchristlichen Jahrtausends.

Nicht in Asien also, nicht im Fernen Osten, obwohl auch dort Hochkulturen waren: Die Vorstellung jedenfalls, daß vergängliche Taten eines vergänglichen Wesens auf dieser Erde ewige Strafen oder Belohnungen im Jenseits zur Folge haben könnten, ist allem genuin asiatischen Denken absurd und geistig subaltern erschienen (Weber). Es legt sich also die Vermutung nahe, daß die heute siegreiche abendländische Zivilisation auf Einfälle zurückgeht, die vor zweieinhalb Jahrtausenden zuerst im Nahen Osten gedacht wurden, worunter eine (damals) neue Weise der Auseinandersetzung mit dem Tod.

Auf die Frage nach den gesellschaftlichen Bedingungen, Voraussetzungen für den neuen Jenseitsglauben stoßen wir zunächst einmal auf eine Auskunft, die für alle sogenannten Hochkulturen zutrifft: Je mehr sich die Kulturgüter vervielfältigten, desto geringfügiger wurde der Bruchteil, den der einzelne Mensch im Lauf eines Lebens umspannen konnte. Ferner: Die äußere Ordnung der sozialen Gemeinschaft, je mehr sie zur Kulturgemeinschaft des staatlichen Kosmos wurde, war offensichtlich nur mit brutaler Gewalt aufrechtzuerhalten. (Max Weber war nicht der einzige, der diese Zusammenhänge erkannt hat. Er wird deshalb erwähnt, weil er sich ausführlicher mit der Soziologie der Weltreligionen befaßt hat als der gedanklich schärfere Marx, und eindringlicher als die Professoren nach ihm.)

Das Tränental des Salve Regina ist also nicht schlechthin und überhaupt und sozusagen von Natur aus da (seit es den Menschen gibt); diese Art von Weltanschauung tritt vielmehr erst mit den gesellschaftlichen Verhältnissen der sogenannten Hochkulturen auf. Irgend etwas war schief gegangen während im Niltal, an Euphrat und Tigris Bewässerungsgräben gezogen wurden, eine neue Art von Tränen wurde geweint von den am Bau der Pyramiden schuftenden Massen, die merkten nicht viel davon, daß sie in einer Hochkultur lebten. Die Vervielfältigung der Kulturgüter (siehe oben) kam generell nur ganz wenigen Menschen zugute, die hatten inzwischen gelernt, wie man Macht ausübt in großen Reichen, mit Hilfe feierlicher Gesetze oder alter Bräuche wie der Kastenordnung in Indien.

Auch die steinzeitlichen Tasaday (siehe das vorige Kapitel) sind in ihrer Art bedrängte Kreaturen und haben ihre Seufzer. Was sie jedoch im Gegensatz zu den hochkulturellen Fronarbeitern bedrängt, ist vergleichsweise einfacherer Natur: Das Wetter zum Beispiel, oder eine karge Nahrung im Regenwald. Der altägyptische Pyramidenarbeiter hingegen hat neben der vorgeschichtlichen Hitze noch ein weiteres geschichtliches Problem zu bewältigen, nicht klimatischer, sondern sehr menschlicher Art: während er Steine schiebt, wird anderen eine Siesta zuteil.

☛ *Alle Kultur erschien, so angesehen, als ein Heraustreten des Menschen aus dem organisch vorgezeichneten Kreislauf des natürlichen Lebens, und eben deshalb dazu verdammt, mit jedem Schritt weiter eine nur immer vernichtendere Sinnlosigkeit zu werden (Max Weber).*

(Die Kultur steht bei Weber in Anführungszeichen.)

Die Frage nach dem Sinn des Lebens überhaupt, und die damit verbundene Sehnsucht nach Erlösung von all dem Jammer der irdischen Existenz sind mit der sozialen Schichtung und der politischen Herrschaft in den sogenannten Hochkulturen gekommen, als Reaktion auf die Art und Weise, wie der Kuchen verteilt worden ist seit der Eisenzeit. Die Antworten auf diese Frage nach dem Sinn des Lebens sind in verschiedener Weise gegeben worden im Lauf der letzten 6000 Jahre, gut Ding braucht Weile. Es hat ziemlich lange gedauert, bis überhaupt ins Bewußtsein der Menschen trat, als Rede vom Tränental, was sich scheinbar ganz von allein entwickelt hatte. Und es dauerte noch länger, bis man sich sagte, ob es nicht vielleicht praktischer wäre, unerträgliche Verhältnisse abzuschaffen, als weitere Antworten auf die Frage nach dem Sinn des Lebens auszutüfteln.

Es darf also behauptet werden, daß die hochkulturellen Jenseitsvorstellungen insgemein (und nicht nur die vom Jüngsten Gericht) keinesfalls nur mit dem naturhaften Tod befaßt sind. Sie sind auch (und das ist wichtig) eine Antwort auf unerledigte Lebensprobleme, und zwar überall dort, wo die primitive Vorstellungswelt kollektiv verlassen wird.

Dieser kollektive Schritt aus den alten Erlebniswelten des Totenlandes ist wahrscheinlich von den Juden zuerst vollzogen worden, nach dem Exil in Babylon, und eben nicht nur von einigen Weisen wie anderswo. Sondern von wachsenden Teilen der Bevölkerung, als Rebellion gegen hochkulturelles Pharaonentum überhaupt (dem man immerhin den Rücken gekehrt hatte unter Moses). Mit allerlei Phantastik drumherum, ausgemalt in apokalyptischen Traumbüchern und mit visionärer Ikonographie wie bei Ezechiel und Daniel, jedoch im Kern scharf und klar: diese Welt ist böse, wir wollen eine neue Erde und einen neuen Himmel, und wir wollen Gerechtigkeit.

Damit ist gesagt, daß Frömmigkeit eben nicht immer nur ein Seufzer der bedrängten Kreatur sein muß wie in Mariazell und im Salve Regina und im Religionsunterricht. Sie kann auch zum Protest geraten gegen das wirkliche und von Menschen verschuldete Elend, und das Jüngste Gericht enthält einen solchen Protest durchaus und im Ansatz, sogar der geschundene Leib, der unter Triebverzicht leidende Leib kommt in diesem Protest zu seinem Recht: er darf auferstehen von den Toten, seiner wird auch im Tod nicht vergessen.

Wie immer phantastisch, hilflos oder gar illusionär diese Betrachtungsweise heute anmuten mag (auch Jesus hat sich in ihr bewegt) die in ihr enthaltene Erkenntnis über die Menschenwelt stellt in ihrer radikalen Kritik ein Novum dar, eine Befangenheit im Herkömmlichen wird verabschiedet, die ägyptischen hochkulturellen Fleischtöpfe bleiben zurück. Die Negation der Endgültigkeit des Todes (durch Auferstehungsglauben und Warten aufs Jüngste Gericht) hat in diesem Fall den Sinn geschärft für menschliche Umstände und Zustände, in prinzipiell neuer und bis heute nicht erledigter Weise.

Sogar die Hölle kann also ihr Gutes haben. Es kommt lediglich darauf an, wer in sie hineingewünscht werden soll.

Das 1952 geschriebene, 1956 in Oxford uraufgeführte Drama Elias Canettis handelt von der tiefsten und eigentlichen Ungleichheit der Menschen: der ihrer Lebensdauer. In diesem Stück wird eine Gesellschaft vorausgesetzt, in der jeder genau die Zahl seiner Jahre kennt, sie sind sein Name. Unter der Voraussetzung einer solchen Ordnung wird gezeigt, wie Menschen sich zum Tod verhalten. Sie nehmen ihn an oder lehnen ihn insgeheim ab. Die Anzweiflung dieser Ordnung jedoch durch einen Rebellen und ihr Umsturz führen zurück in den uns gewohnten Zustand. Das Stück läßt alle Beziehungen zum Tod erkennen, die unter Menschen vorkommen. Es heißt: Die Befristeten.

Alle Beziehungen zum Tod, die unter Menschen vorkommen: Sie sei hoch oder niedrig angesetzt – eine Zahl der unter Menschen vorkommenden Beziehungen zum Tod wird hier jedenfalls angenommen, eine endliche und nicht eine unendliche Zahl. Man kann die unter Menschen vorkommenden Beziehungen zum Tod zählen, man kann Inventur machen. Wie hoch die betreffende Zahl dann ist, ob kleiner oder größer als 100 beispielsweise, wird beim derzeitigen Stand unseres Wissens umstritten bleiben müssen. Jedoch ist die Ermittlung der genauen Zahl von Todeshaltungen wahrscheinlich von zweitrangiger Bedeutung. Wichtiger ist die Einsicht in die Tatsache, daß die Zahl der unter Menschen vorkommenden Beziehungen zum Tod eine endliche ist. Wie sich zeigen soll, liegt diese Zahl höchstwahrscheinlich unter 100, mit ziemlicher Sicherheit unter 50.

Es gibt Bücher, in denen die letzten Aussprüche Sterbender gesammelt sind. Eines dieser Bücher (gedruckt auf Ingres-Bütten) hat 17 Abschnitte, in denen die für eine bestimmte innere Einstellung typischen Äußerungen jeweils zu einer Gruppe zusammengefaßt sind. Der Herausgeber bemerkt dazu, daß er diese Einteilung nicht als Katalogisierung versteht; immerhin, man bekommt einen ersten Überblick. Daß die Unterschiede in der Beziehung zum Tod beträchtlich sind, fällt sofort auf. Zum Beispiel:

Ramon Maria Narvaez (1800–1868), Herzog von Valencia, Marschall und Ministerpräsident, zu seinem Beichtvater: Ich brauche meinen Feinden nicht zu vergeben, weil ich sie alle umgebracht habe.

Josephte Brillat-Savarin (1757–1855), Schwester des bekannten gastronomischen Schriftstellers gleichen Namens, war im Begriff, ihr Diner im Bett zu beenden, als sie einen Schwächeanfall bekam und ausrief: Ich fühle, daß es zu Ende geht; schnell das Dessert!

Winston Churchill (1874–1965): Es ist alles so langweilig.

Jakob Böhme (1575–1624), protestantischer Mystiker und Visionär: Nun fahre ich hin ins Paradies.

Thomas Mann (1875–1955), Schriftsteller: Gebt mir meine Brille!

Thomas Edison (1847–1931), amerikanischer Erfinder, aus einer Ohnmacht noch einmal für kurze Zeit erwachend: Es ist sehr schön hier auf der anderen Seite.

Matthias Claudius (1740–1815), Schriftsteller: Gute Nacht!

Gespräche mit Evelina

Die Philosophen gibt es seit zweieinhalbtausend Jahren, als erster wird Thales von Milet genannt, der lebte im 6. Jahrhundert v. Chr. in Ionien (Westküste der heutigen Türkei). Die Philosophen sind einsam, gelegentlich sammeln sich einige Schüler um sie. Die Philosophen sind schwierig zu verstehen und haben deshalb ein verhältnismäßig kleines Publikum. Dennoch erweisen sich manche ihrer Gedanken als erstaunlich haltbar, sie überdauern viele Jahrhunderte. Seit einiger Zeit sind manche Philosophen auch Professoren (z. B. Kant und Hegel), manche wiederum denken privat (z. B. Kierkegaard). Die Philosophen haben über den Tod nachgedacht, in unterschiedlicher Weise. Es fällt schwer, die Zahl der philosophischen Todesgedanken zu ermitteln. In unserem Jahrhundert ist besonders Martin Heidegger mit Gedanken über den Tod hervorgetreten, in der Abhandlung ›Sein und Zeit‹ (1927). Evelina Krieger (Dr. phil.) ist nicht hervorgetreten, ist nicht berühmt geworden wie Martin Heidegger, ist gestorben vor Erlangung des philosophischen Ruhms mit 35 Jahren. Es ist nunmehr an der Zeit von Evelina zu reden im Zusammenhang mit der Philosophie und dem Tod, Evelina war eine Frau mit starker philosophischer Begabung und einer Neigung zur spekulativen Theologie, sie hat Bücher veröffentlicht und philosophische Aufsätze in Fachzeitschriften, hat es freilich nicht bis zum Professor gebracht, nicht einmal bis zum Universitätsassistenten, blieb demzufolge arm ihr Leben lang. Eine kleine Rente bis zum 30. Lebensjahr nach ihrem Vater, der war Jude und geflohen vor Hitler, verstorben in der Fremde. Nach dem 30. Lebensjahr hört die Wiedergutmachung auf, Evelina erhält auf zwei Jahre ein Stipendium, dann lebt sie von der Hand in den Mund, ihre Mutter ist leider keineswegs vermögend. Evelina hatte einen Geliebten, der war Priester und zum Zölibat verpflichtet, Evelina wollte das respektieren und keusch bleiben gleich ihm. Oft kam der Name des Geliebten in den Gesprächen mit Evelina vor, er hatte sich von ihr abgewendet, sie wollte nicht lassen von ihm, hatte ihr Leben auf ihn gestellt, später verließ er seinen Orden und heiratete eine andere. Wie soll ein solches Leid philosophisch verarbeitet werden, Evelina schreibt ihr erstes Buch: ›Ohne Du ist kein Sinn‹.

In den Gesprächen mit Evelina kommen Anfälle von schwerer Niedergeschlagenheit zur Sprache, Evelina leidet unter Depressionen, nach dem Aufwachen in der Früh muß sie mitunter eine Stunde weinen im Bett, dann erst vermag sie aufzustehen. Evelina weiß genau, daß sie unter Depressionen leidet, sie ist klug genug, dieses ihr Leiden als eine seelische Krankheit zu erkennen, ihr Leid wird allerdings durch diese Erkenntnis nicht geringer, sie verlangt nach Zuneigung in ihren Briefen, nach Geborgenheit, ohne Du ist kein Sinn.

Evelina an mich: Haben Sie mich lieb, haben Sie mich furchtbar lieb. Ich habe immer die greuliche Angst, die Menschen, die mir vertraut sind, könnten plötzlich zu grünen Masken mit großen Mäulern werden, wie ich sie von den Fieberphantasien über 39 kenne. Ganz vertraute, liebe Menschen benehmen sich auf einmal blöde und man weiß nicht warum, und wenn man sie fragt, wird es noch ärger. Auch Sie haben sich manchmal so benommen, aber ich weiß, das war eine Angstreaktion gegen das Geliebtwerden, ich weiß. Jetzt haben Sie nicht mehr diese Angst und auch am Telefon sind Sie schon fast jahrelang lieb zu mir gewesen. Das sollen Sie immer sein. Oh, wenn Sie wüßten, wie mir Liebe hilft, Sie wissen, die gleichmäßig temperierte, die über lange, lange Zeiten nicht enttäuschende, die bergende, die immer gleiche. Ich glaube, das ist das Einzige, was mir helfen kann.

Aus Rom: Ich habe heute wieder eine Nacht der Todesangst verbracht, dann bin ich in die Küche gegangen und habe Wein gesoffen, dann konnte ich schlafen. Ich bin nämlich schon zerstört, und in der Nacht taucht mir der Teufel auf als der größere Gott. Bei Tag weiß ich nur, daß ich verloren bin, aber ich bin noch nicht in der Hölle. Wenn nur die Trümmer der Tempel wären, und die Eidechsen und die Sonne und die Götter und das Meer, das wäre schön.

Aus Palermo: Mit einer grauenhaften Gottessehnsucht in Palermo. Er ist so weit, so weit, so weit von unserem Leben weg. Warum darf man Ihn in diesem Leben nicht ein einziges Augenblicklein lang von Angesicht zu Angesicht sehen? Mein Leben gäbe ich darum. Ich mache schon fleißig den Vortrag für (...) und arbeite an der Beendigung des Artikels für (...). Glauben Sie, daß der liebe Gott wenigstens mit mir zufrieden ist? Ich will sagen, dann wäre die Leere zu ertragen.

Evelina ist tapfer, ihre Gottessehnsucht ist grauenvoll, sie schreibt philosophische Vorträge und Artikel und Rezensionen in rastloser Weise und bis zur Erschöpfung, häufige Migräne und eine gelegentlich sich wieder bemerkbar machende Knochenmarkseiterung im Bein machen ihr zu schaffen, sie setzt sich mit Hegel auseinander in ihren Schriften, sie beherrscht die Dialektik, sie schreibt schwierige Sätze: Der Tod ist der Durchgang von meiner Unmittelbarkeit als schlechter Endlichkeit zu meinem Sinn, in dem meine Endlichkeit noch da ist, aber als wiedergeschenkte.

Ich sage zu Evelina, sie solle verständlichere Sätze schreiben. Evelina kommt gern zu mir in die Messe dann und wann, ich gebe ihr die Hostie bei dieser Gelegenheit, sie faßt wieder Mut: Es gibt mich kein zweites Mal.

Aus den Gesprächen mit Evelina muß eine Lehre gezogen werden, die ist so bitter wie der Tod. Nicht Thales von Milet, nicht Martin Heidegger sind der Philosophin Evelina Krieger sonderlich dienlich gewesen beim Leiden und beim Sterben, auch Kant und Hegel nicht oder Thomas von Aquin. Die philosophischen Todesgedanken alle miteinander haben sich unzulänglich erwiesen in bezug auf die Probleme von Evelina Krieger, sie hat eine ganze Menge gelesen an Philosophischem und Theologischem, war selber hinter der Wahrheit her in überaus begabter Weise, in philosophischer und theologischer Weise, aber der Teufel war stärker und Gott so weit weg. (Auch Dr. Freud hätte ihr wahrscheinlich nicht helfen können.) Auch ich habe ihr nicht helfen könne letzten Endes, ich habe lediglich etwas verwaltet was ihr wichtig gewesen ist und ihr geholfen hat, wir stoßen hier erstmals auf Jesus Christus in ernsthafter Weise. Ob uns etwas Neues einfallen wird zu Jesus ist in diesem Zusammenhang nicht entscheidend; wichtig ist, daß wir überhaupt etwas haben wozu uns etwas Neues einfallen könnte (sollte), wir wollen damit nicht leichtsinnig umgehen.

Noch weniger wichtig, ja geradezu bedeutungslos ist in diesem Zusammenhang die Tatsache ob uns zum Tod überhaupt etwas Neues einfallen wird. So viele Gedanken sind schon gedacht worden von denen, die im Herstellen von neuen Gedanken geübt waren, neben der abendländischen Philosophie und Theologie gibt es auch noch die chinesische und indische Gedankenwelt. In dieser Welt von Gedanken hätte doch wenigstens einer sein müssen der die Probleme von Evelina zu lösen imstande war. Dies war nun eben nicht der Fall, und so sind wir in der Lage ein Ergebnis festzuhalten, welches lautet:

☛ *Durch Gedanken werden keine Probleme gelöst, am wenigsten das des Todes.*

Inventar der Überzeugungen

Die unter Menschen vorkommenden Beziehungen zum Tod gehören wissenschaftlich in die psychologische Abteilung der Überzeugungen (beliefs), der Einstellungen (attitudes) oder der Meinungen (opinions). Das Handbuch von Berelson und Steiner faßt diesen Komplex mit einer Abkürzung zusammen: OAB (nach den Anfangsbuchstaben der drei Bezeichnungen im Englischen). Die Terminologie ist derzeit noch fließend, mitunter wird auch von Werturteilen gesprochen. Im Bereich OAB kann man eine grobe Einteilung machen, nach der Intensität und Stabilität der betreffenden Urteile; dementsprechend sind Meinungen am schwächsten und ändern sich am schnellsten (z. B. im Bereich der Mode), Überzeugungen hingegen erweisen sich als sehr beständig und werden höchst ungern preisgegeben (z. B. die Haltung zur Abtreibung); die Attitüden oder Einstellungen liegen nach dieser terminologischen Vereinbarung irgendwo in der Mitte zwischen Meinungen und Überzeugungen.

Prof. Morris weiß sich als Philosoph vom amerikanischen Pragmatismus (Peirce, James, Dewey, Mead, Lewis) beeinflußt. Er hat 1945 eine Studie begonnen, deren Ergebnisse er 1956 veröffentlichte: ›Varieties of Human Value‹. In diesem Varieté von Prof. Morris treten 13 »Ways to Live« auf, Arten und Weisen zu leben also, Lebensorientierungen. In einer früheren Arbeit hatte Prof. Morris versucht, religiöse und ethische Systeme zu inventarisieren, nach dem Krieg ging er daran, seine Erkenntnisse in wissenschaftlicher Weise zu prüfen, mit Hilfe psychologischer Methoden. Sein Fragebogen wurde nicht nur in den USA, sondern auch in Indien, China, Japan, Italien und Norwegen ausgefüllt. Die Antworten wurden einer Prozedur unterzogen, die Faktorenanalyse genannt wird. Sie förderte fünf Faktoren zutage, diese können auch als Dimensionen aufgefaßt werden. Prof. Morris hat einen fünfdimensionalen Einstellungsraum aufgespannt, darin sitzen die verschiedenen Weltanschauungen und Überzeugungen in übersichtlicher Form, der (amerikanische) Pragmatismus bestätigt diesfalls einen Gedanken des alten Lao Tse (Prof. Morris zitiert ihn als Motto seines Buches): In den menschlichen Angelegenheiten gibt es ein System.

Prof. Bales hat sich vornehmlich in der Kleingruppenforschung einen Namen gemacht. Auch er interessierte sich für Werthaltungen (value-statements), denn seine Versuchspersonen in Laboratoriumsgruppen produzierten solche Stellungnahmen in reicher Fülle, ein Überblick war erwünscht; auch Prof. Bales hatte ein pragmatisches Forschungsziel; er konnte bei seinen Untersuchungen auf die Arbeit von Prof. Morris zurückgreifen, neben einer ganzen Reihe weiterer wissenschaftlicher Quellen (Allport, Vernon, Lindzey, Kluckhohn, Winter, Sorokin, Adorno, Levinson, Sanford, Couch-Goodrich, Jones, Murray, Cattell, Thurstone). Prof. Bales und sein Team waren zunächst bemüht, möglichst viele verschiedene Behauptungen in Satzform zu sammeln, die in irgendeiner Weise als Werturteile aufgefaßt werden konnten. Sie brachten es auf 872 solcher Sätze, diese wurden auf 252 reduziert und zum Gegenstand einer Umfrage gemacht (552 Respondenten, sieben Antwortkategorien von »überhaupt nicht einverstanden« bis »sehr einverstanden«). Nach der Ausscheidung weiterer (irrelevanter) Sätze wurden die verbleibenden 143 Werturteile und die Reaktionen seitens der Befragten einer Faktorenanalyse unterzogen, welche vier Faktoren (oder Dimensionen, siehe oben) ergab.

In einer Konferenz kamen Prof. Bales und Prof. Morris zu der Schlußfolgerung, daß ihre Ergebnisse trotz der verschiedenen Zahl der jeweils gefundenen Faktoren ziemlich übereinstimmten; die voneinander abweichende Zahl der Faktoren konnte auf unterschiedliche statistische Techniken zurückgeführt werden.

Nach Prof. Bales gibt es also vier grundlegende Dimensionen im Bereich der Werthaltungen, diese Dimensionen definieren mit anderen Worten einen Einstellungsraum, Prof. Bales spricht geradezu von *value-space*, eine ganze Menge menschlicher Werturteile können darin untergebracht werden, darunter auch solche in bezug auf den Tod. Es folgt nunmehr eine kurze und vereinfachte Beschreibung der vier Dimensionen von Prof. Bales:

Faktor I drückt Autoritätsgläubigkeit aus; Merksatz: »Was Kinder am ehesten lernen sollten, ist Gehorsam.« Faktor II drückt Sinnenfreude aus; Merksatz: »Lasset uns essen und trinken, denn morgen sind wir tot.« Faktor III drückt Kooperationsbereitschaft aus; Merksatz: »Jedermann sollte gleiche Chancen haben.« Faktor IV drückt Individualismus aus; Merksatz: »Bewunderung verdient, wer ganz auf sich allein gestellt ausharrt.«

Die genannten Dimensionen können auch als Maße verstanden werden (wie Länge, Breite und Höhe); das bedeutet, daß sie voneinander unabhängig sind; es gibt viele Kombinationsmöglichkeiten. Es ist also keineswegs der Fall, daß ein stark autoritätsgläubiges Individuum deshalb auch der Sinnenfreude ablehnend gegenüberstehen müßte; auch das Gegenteil kommt vor. Ebenso schließt Kooperationsbereitschaft nicht Individualismus aus, Sinnenfreude nicht Kooperationsbereitschaft usw. Der springende Punkt liegt in der Zählbarkeit der Dimensionen, man kann beliebige Überzeugungen als Punkte in einem vierdimensionalen Raum bestimmen, und dieser ist durch die genannten Faktoren definiert. Es ist denkbar, daß weitere Forschungen in dieser Richtung die eine oder andere bisher unbekannte Einstellungsdimension ans Licht bringen. Wie gesagt: Lebensauffassungen und Einstellungen zum Tod sind unter uns Menschen nur in begrenzter Zahl vorhanden, mit vier Grund-Dimensionen findet man derzeit bequem das Auslangen.

Ein Beispiel: Zehn Personen haben sich über das Wochenende oder für zwei Urlaubswochen in irgendeinem Ferienhaus zusammengefunden, und eines Abends werden weltanschauliche Fragen diskutiert. Im Verlauf des Gesprächs äußert jemand ungefähr folgende Überzeugungen: Der Mensch kann all seine wichtigen Probleme ohne die Hilfe eines höheren Wesens lösen. – Himmel und Hölle sind Produkte der Phantasie, es gibt sie nicht wirklich. – Das Christentum und alle anderen Religionen sind höchstens teilweise wahr.

Jemand anderer widerspricht diesen Auffassungen entschieden. Er sagt unter anderem: Ohne Hoffnung auf Unsterblichkeit und ein Leben nach dem Tod wäre das Leben kaum lebenswert. – Die Hauptbestimmung des Menschen liegt in der Erlösung auf ewig. – Die Theologie wird sich schließlich für die Menschheit als wichtiger erweisen als die Wissenschaft.

Ein Dritter meint: Jedermann hat eine bestimmte Zeit zu leben, und wenn dann seine Zeit zu sterben kommt, kann er überhaupt nichts dagegen tun. – Gegen das Schicksal sollte man nicht aufbegehren. – Im Universum sind gewaltige Kräfte zielstrebig am Werk, diesen sollte man sich fügen.

Und so weiter, die restlichen sieben Personen ersparen wir uns. Die zitierten Aussprüche sind dem Fragebogen von Prof. Bales entnommen, dieser enthält wie gesagt 143 solcher weltanschaulicher Sätze, sie brauchen hier nicht alle aufgezählt zu werden. Bedeutend lustiger ist es dagegen, unsere drei fiktiven Diskutanten als Typen aufzufassen. Nach Prof. Bales ist nämlich der erste ein B-Typ, der zweite ein F-Typ, der dritte ein UNF-Typ.

Prof. Bales hat 35 solcher Typen gefunden und sie mit bestimmten Buchstaben bezeichnet, je nach ihrem Verhalten in einer Gruppe. Ferner hat Prof. Bales versucht, jedem der 143 Sätze seines Fragebogens eine der 35 Typen zuzuordnen. Das sieht – wir bleiben bei unserem Beispiel – etwa folgendermaßen aus:

Wer Himmel und Hölle leugnet, den Religionen skeptisch gegenübersteht und seine Angelegenheiten ohne Gott regeln will (B-Typ), der ist auch geneigt, eine radikale Veränderung der Gesellschaft zu fordern; er steht in klarer Opposition zu den Werten, wie sie von Faktor I gemessen werden, also zur Autoritätsgläubigkeit. Konservative Überzeugungen in der Gruppe lehnt er ab.

Sein Gegenpol (F-Typ) ist dagegen konservativ gestimmt, er will die vorhandenen Überzeugungen der Gruppe nicht zerstören wie Herr B, er steht der Sinnenfreude (Faktor II) eher ablehnend gegenüber, Autoritätsgläubigkeit hingegen ist für ihn wichtig. Im kirchlichen Bereich vertritt er den überlieferten Glauben an ein Leben nach dem Tod, der modernen Wissenschaft steht er skeptisch gegenüber.

Herr B und Herr F tun sich schwer miteinander, man sollte ihnen raten, keinen Urlaub miteinander zu verbringen.

Der dritte Mann (es kann auch eine Frau sein) ist eine dominierende Persönlichkeit, in bezug auf den Tod ist er stoisch bzw. fatalistisch eingestellt, auf Gehorsam legt er großen Wert, er wird zum Zentrum der Wertkonflikte innerhalb der Gruppe, seine Gegner (wie beispielsweise Herrn B) würde er am liebsten streng bestrafen, er muß sich sehr beherrschen um nicht allzu aggressiv zu erscheinen. Es erscheint ratsam, sich einen gemeinsamen Urlaub mit Herrn oder Frau UNF reiflich zu überlegen.

So weit unser Beispiel.

Zur Beschreibung der 35 Typen und ihrer jeweiligen Überzeugungen benötigt Prof. Bales 187 Seiten (enger Druck). Eine (selbst stark gekürzte) Zusammenfassung dieser Ergebnisse würde ermüden. Vielleicht wäre es reizvoll, aus den Haupttypen von Prof. Bales ein Gesellschaftsspiel für sechs Personen zu konstruieren; jeder Teilnehmer bekäme einen Satz Karten, auf denen die Werturteile und Überzeugungen aufgedruckt sind, die er gegenüber den übrigen Spielern zu vertreten hat. Der erste Spieler vertritt Erfolgstreben und Macht, der zweite gibt sich kooperativ, der dritte konservativ, der vierte isoliert sich in individualistischer Weise, der fünfte greift alle herkömmlichen Wertvorstellungen an, der sechste pfeift auf alles, auch auf sich selbst. Wer die höchste Anzahl von Augen würfelt, darf anfangen. Er nimmt die erste Karte aus seinem Paket, liest die betreffende Überzeugung laut vor und wirft dann das Kärtchen in einen

Behälter, der in der Mitte des Spieltisches aufgestellt ist. Dann wird wiederum eine Runde gewürfelt, wieder entscheidet die höchste Zahl (man nimmt am besten drei Würfel), die Karte wird (nach Verlesung der betreffenden Überzeugung) in den Behälter getan. Wer zuerst alle Karten losgeworden ist, hat gewonnen. Als zusätzlichen Reiz könnte man ein Tonbandgerät während des ganzen Spiels einschalten, welches alle Äußerungen der Spieler aufnimmt. Man wird beim Abhören der Aufnahme überrascht sein, wie stark der Eindruck ist, irgendeiner öffentlichen Diskussion über ein weltanschauliches Thema zu lauschen.

Der Nachteil dieses Spiels liegt darin, daß es wahrscheinlich bald langweilig wird. Die Wirklichkeit ist diesbezüglich abwechslungsreicher, Meinungsverschiedenheiten füllen die Zeitungen, es gibt viele Kombinationsmöglichkeiten und Schattierungen, vielleicht sogar mehr als 35 (man denke an die zahlreichen religiösen Gruppierungen in Großbritannien und den USA). Wichtig ist, daß die Zahl der vorhandenen Überzeugungen endlich ist, auch wenn man alle Kombinationsmöglichkeiten der Grund- oder Hauptorientierungen berücksichtigt. Es scheint praktikabel, unbedeutende Variationen im Überzeugungsraum zu vernachlässigen und sich an die 35 Typen von Prof. Bales zu halten, wodurch auch eine gewisse Übersichtlichkeit gewährleistet ist.

Im Gegensatz zu dem oben skizzierten Gesellschaftsspiel und auch zu den Vorgängen im Gruppen-Laboratorium von Prof. Bales gibt es in der Wirklichkeit eine Grundregel, die im Kampf der Weltanschauungen leider häufig vergessen wird: Alle Teilnehmer müssen sterben. So gesehen sind alle Überzeugungen gleich gültig, der Tod fragt niemanden nach seiner Meinung. Es drängt sich der Gedanke auf, daß Überzeugungen das Problem des Todes nicht zu lösen imstande sind.

Wieso gerade in Zürich?

Ein Rundgang durch die Welt der Gedanken und Überzeugungen kann mit einem Bibliotheksbesuch verglichen werden. Robert Musil hat einen solchen geschildert, im 100. Kapitel seines Romans ›Der Mann ohne Eigenschaften‹, mit kräftiger Ironie (General Stumm dringt in die Staatsbibliothek ein und sammelt Erfahrungen über Bibliothekare, Bibliotheksdiener und geistige Ordnung – so die Überschrift des Kapitels). In der Tat, beim Rundgang durch die Bibliothek der Menschheitsgedanken über den Tod läßt sich ein starkes Gefühl nur schwer zurückweisen: Wer soll das alles lesen? General Stumm wendet sich in dieser mißlichen Situation an den Bibliothekar, er äußert seine Wünsche: Zum Beispiel eine Zusammenstellung aller großen Menschheitsgedanken, ob es das gibt, frag ich ihn listig. Oder ein Buch über die Verwirklichung des Wichtigsten? Also eine theologische Ethik, meint er. Es kann auch eine theologische Ethik sein, aber es muß darin auch etwas über die alte österreichische Kultur und über Grillparzer vorkommen.

General Stumm wünscht sich so etwas wie Eisenbahnfahrpläne, die es gestatten müssen, zwischen den Gedanken jede beliebige Verbindung und jeden Anschluß herzustellen. Diese gibt es zwar bis jetzt noch nicht, dennoch macht General Stumm bei seinem Bibliotheksbesuch eine wichtige Entdeckung: Ein Verständnis dafür, warum wir beim Militär, die wir die größte Ordnung haben, gleichzeitig bereit sein müssen, in jedem Augenblick unser Leben hinzugeben. Irgendwie geht Ordnung in das Bedürfnis nach Totschlag über.

(Der alte Seibold wird verzeihen, daß unser Rundgang durch die großen Menschheitsgedanken so hastig ausfällt, daß diese Gedanken nicht ordentlich aufgezählt werden.) Verwirrend ist die Fülle der großen Gedanken und Überzeugungen auf jeden Fall (ach deine Unwissenheit und Verwirrung, Vaccha – Buddha lächelt milde, siehe das vorige Kapitel), auch wenn ihre Zahl eine endliche ist.

Allerdings gibt es nicht nur die großen Gedanken. Auch kleine Gedanken sind vorhanden, sie haben sich nicht durchgesetzt, werden nicht mit allgemeinem und öffentlichem, sogar offiziellem Respekt bedacht wie Kant und Hegel. Die kleinen Gedanken werden eher in Zirkeln, Vereinen und Konventikeln verbreitet, oft haben sie nur einen einzigen Menschen, der an sie glaubt (ihren Urheber, und der findet keinen Verleger). Die kleinen Gedanken müssen keineswegs von vornherein und deshalb weil sie keine Anerkennung und weite Verbreitung finden, weniger wahr sein als die großen.

Daß das persönliche Überleben nach dem Tod wissenschaftlich längst erwiesen sei, ist keineswegs allgemein anerkannt. Wir bezeichnen diesen Gedanken daher als kleinen Menschheitsgedanken, er wird vertreten von Prof. Hinz (Göttingen), in dessen Buch ›Geborgenheit‹.

Prof. Hinz: Meine Erfahrungen und Beobachtungen beziehen sich im besonderen auf das Tieftrance-Medium Beatrice Brunner. Seit 1948 wirkt sie als Mittlerin der höheren Geisteswelt im Rahmen der Geistigen Loge Zürich (Sekretariat: CH 8008 Zürich, Münchhaldenstraße 9). Sonnabend um Sonnabend betritt sie um 20 Uhr in aller Öffentlichkeit das Podium im großen Saal des Zürcher Musikkonservatoriums. Sie nimmt auf einem Stuhl Platz und betet still für sich. Ohne äußere Mitwirkung der Zuhörerschaft kommt, sobald die Musik endet, Medium Beatrice fast unbemerkbar in Tieftrance, nur daran erkennbar, daß bei geschlossenem Mund der Atem plötzlich stark eingezogen wird und der Oberkörper sich strafft. Unmittelbar darauf meldet sich mit einem »Gott zum Gruß!« ein Geistwesen zu Wort, das sich den menschlichen Hörern gegenüber Josef nennt. Als geistiger Lehrer der vorerwähnten Gemeinschaft hat Geist Josef seit 1948 weit über 1000 Vorträge von jeweils mehr als einstündiger Dauer gehalten. Sie werden auf Tonband aufgenommen und laufend veröffentlicht (›Botschaften aus dem Jenseits‹, 3 Bände, erhältlich durch das oben genannte Sekretariat, Leinen gebunden, je Band 15 Schweizerfranken). Nach Beendigung des gottesdienstlichen Vortrages verabschiedet sich Geist Josef mit demselben Gruß, mit dem er seine Ansprache begann, und sogleich erwacht Mittlerin Beatrice mit tiefem Ausatmen.

Prof. Hinz, nach kritischer Prüfung dieser Botschaften: Sie sind, das bezeuge ich als Wissenschaftler mit allem Ernst und Nachdruck, Kundgaben aus einer höheren Welt. Es sind Offenbarungen von Gottesboten in unserer Zeit.

Auf die Frage, wieso gerade in Zürich solche Botschaften aus höheren Welten zu uns Menschen gelangen sollten, antwortet Prof. Hinz, daß eine Verbindung zur göttlichen Welt nur dann erreichbar sei, wenn (erstens) das Medium mit allen seinen sittlichen Kräften dem Hohen nachstrebt, während (zweitens) gleichzeitig die Gemeinschaft, in der es wirkt, ihren Sinn nach oben richtet und so eine religiös gehobene Schwingung schafft, die es Boten Gottes ermöglicht, sich zu bekunden. Beide Bedingungen seien in der Geistigen Loge Zürich mit Medium Beatrice und den weiteren Mittlern der Gemeinschaft erfüllt. Wer an einem Gottesdienst dort teilnimmt, erlebt ihn in ähnlicher Weise, wie er einst von den ersten Christen zur Zeit der Urgemeinde abgehalten wurde.

Soweit Prof. Hinz in bezug auf Zürich. Sein Buch enthält im übrigen eine Fülle interessanter Details über die Erlebnisse Verstorbener im Jenseits, es geht ihnen gut, eine Hölle gibt es nicht.

Zum Beispiel: Hier ist es besser als auf Erden, es ist warm, nichts gleicht dem, was du kennst. Engel sind da, ich habe einen Freund, er ist groß, ich wohne in einem Turm. Hier gibt es keinen Lärm, nur melodische Klänge. Könnte ich dich doch bald in dieser feenhaften

Welt umherführen! Bachs Musik ist den Wundern unserer Welt verwandt, sie ist mit dem Himmel im Einklang. Für dich ist diese Art Unterhaltung recht abstrakt; du hörst mich nicht, du siehst mich nicht, und du vermagst kaum zu unterscheiden, ob deine Gedanken aus dir selbst stammen oder ob sie dir von einem höheren Willen eingegeben sind. Aber woher kommt in dir diese Fülle reiner Überlegungen? Aus dem Unterbewußtsein, werden die Zweifler behaupten. Doch warum sollten sie mehr recht haben als ich, der ich dir sage: Mama, dein Sohn ist es, der dir all das diktiert, was du niederschreibst?

Roland de Jouvenel, verstorben als Fünfzehnjähriger am 2. Mai 1946 in Paris, führt seiner Mutter Marcelle die Hand (Prof. Hinz spricht von »Hellschreiben«), sie hat diese Botschaften später veröffentlicht, Prof. Hinz zitiert aus dem französischen Original. Es gibt auch eine deutsche Ausgabe, mit einem Vorwort des berühmten Philosophen Gabriel Marcel, worin dieser bekennt, daß er an die Wahrheit dessen glaube, was in diesem Buche steht. Auch Katholiken dürfen ohne Schaden für ihr Seelenheil darin lesen; es hat die Druckerlaubnis des bischöflichen Ordinariates Basel.

Roland darf mit kirchlichem Imprimatur und philosophischer Unterstützung die Zweifel an seiner Echtheit zerstreuen, er kommt keineswegs aus dem Unterbewußten seiner Mutter sondern aus dem Jenseits, dort ist es warm, was weiß Dr. Freud schon vom Jenseits, er hat sich bis jetzt nicht gemeldet.

Prof. Hinz legt Wert auf Referenzen (die katholische Kirche, der namhafte Philosoph), er spricht betont als Wissenschaftler mit akademischer Würde; er weiß, daß es im technisch-wissenschaftlichen Zeitalter viele Zweifler gibt, er will Glauben erreichen bei seinen Lesern, ohne Autoritäten gibt es keinen Glauben. Letzteres hat bereits Aurelius Augustinus gewußt, zu seiner Zeit hieß diese Autorität Catholica (siehe das zweite Kapitel), an diese konnte man sich halten 1000 Jahre lang, heute ist es damit so ziemlich vorbei. Damals waren die Jenseitsgedanken große Gedanken, allgemein anerkannte Gedanken. Heute ist das nicht mehr der Fall (Bochum!), Prof. Hinz möchte bewirken, daß die von ihm vertretenen Gedanken wieder zu großen Menschheitsgedanken werden, Gabriel Marcel und die katholische Kirche sollen ihm dabei helfen, und die moderne Wissenschaft auch noch dazu. Das Handicap für Prof. Hinz liegt in der Tatsache begründet, daß im breiteren Publikum eine gewisse Skepsis vorhanden ist, man ist sozusagen schon von vornherein mißtrauisch gegenüber Bekundungen aus dem Jenseits.

☛ *Keiner nämlich glaubt irgend etwas, wenn er es nicht vorher als glaubwürdig eingestuft hätte (Augustinus).*

Diese Einstufung aber geschieht nicht einfach nach Belieben, sie hat ihren Rückhalt in gesellschaftlichen Übereinkünften. Vor 400 Jahren war der Hexenglaube selbstverständlich, Nachrichten über Hexen wurden allgemein als glaubwürdig eingestuft, für viele ging es dabei um Leben und Tod. In alten Gebetbüchern finden sich ähnliche Augenzeugenberichte aus dem Jenseits wie die von Prof. Hinz, allerdings weitaus sinnlicher und grausamer, sozusagen unaufgeklärt. Im ›Himmelsschlüssel‹ des Kapuzinerpredigers Martin Cochem beispielsweise (die kirchliche Druckerlaubnis wurde 1691 erteilt) werden die armen Seelen noch von Würmern zerfressen und in Schwefel gebadet, nach glaubwürdiger Überlieferung und zuverlässigem Zeugnis von einem Mönch aus England, der »drey Tage lang im Geist in das Fegfeuer verzuckt gewesen, und erschreckliche Dinge gesehen hat«. Heute ist das Fegfeuer eine ziemlich blasse Angelegenheit geworden, ohne Saft und Kraft, und selbst die katholische Hölle hat während der Aufklärung Federn lassen müssen.

So haben also auch die Glaubwürdigkeiten ihre guten und schlechten Zeiten, Prof. Hinz hat es nicht leicht mit seinen Offenbarungen aus Zürich, Geist Josef und Roland de Jouvenel haben sich noch nicht allgemein durchzusetzen vermocht, sie werden in das Fachgebiet der Parapsychologie verwiesen, trotz kirchlicher Druckerlaubnis.

Im technisch-wissenschaftlichen Zeitalter gibt es nämlich nur eine Instanz, deren Autorität allgemein anerkannt ist, bei Kommunisten und Kapitalisten, als eine Art moderner Catholica, sie tritt auf unter dem Namen: Wissenschaft. Was in wissenschaftlicher Weise vorgestellt wird, hat von vornherein eine gute Chance, auch vom breiten Publikum als glaubwürdig eingestuft zu werden. Selbst harmlose Mineralwässer treten wissenschaftlich auf, schmücken sich mit Fachgutachten und chemisch durchgeführten Analysen. Wirksam wird auf diese Art um Vertrauen geworben, wissenschaftlich geprüfte Mineralwässer werden lieber getrunken als unwissenschaftliche Getränke, hier ist ein Glaube am Werk. (Glaube und Vertrauen hängen zusammen, wie bei Dr. Luther nachzulesen ist.)

Wissenschaftlich unerledigte Geister fallen seit etwa 100 Jahren in die Parapsychologie. (Die Bezeichnung wurde 1886 von M. Dessoir vorgeschlagen.) Heute gibt es diese Disziplin bereits an den Universitäten, die Forschungsgebiete heißen »Außersinnliche Wahrnehmung« und »Psychokinese«, Prof. Rhine (USA) hat vorgeschlagen, die betreffenden Phänomene einer seelischen Grundfunktion zuzuordnen, die PSI genannt wird. Daß über diese PSI-Funktion derzeit noch wenig bekannt ist, stört die Wissenschaftler nicht, sie forschen unverdrossen weiter, beschäftigen sich mit Telepathie und Hellsehen, arbeiten mit Medien im Trancezustand, auch das Militär interessiert sich bereits für bestimmte Phänomene einschlägiger Art.

Mit dem Jenseits hat das alles überhaupt nichts zu tun, es handelt sich um bislang unerklärte seelische Kräfte, in 50 oder 100 Jahren weiß man vielleicht mehr darüber. Mit Totenanmeldungen, Poltergeistern und Trancezuständen, spiritistischen Sitzungen und Gedankenübertragungen wird das kollektiv verlorene Paradies nicht wieder betreten, jedenfalls nicht von der Allgemeinheit, diese glaubt auch in Zürich in erster Linie an die Wissenschaft. Medium Beatrice und Geist Josef bleiben wissenschaftlich zweifelhaft, Prof. Hinz steht mit seinen Ansichten so ziemlich allein da innerhalb der Parapsychologie, dieser ist der Garten Eden gleichgültig, sie ist mit Zählen und Messen beschäftigt in wissenschaftlicher Weise. Universitäten und Forschungsinstitute vermitteln keine Geborgenheit wie Prof. Hinz, dort geht es um Wissen und nicht um Trost.

Die moderne Wissenschaft ist trostlos, mit dem Erlöschen der Gehirnfunktionen ist es mit dem Bewußtsein vorbei, ohne Gehirnfunktionen gibt es kein Bewußtsein, keine Geister und Astral-Leiber. Die Wissenschaft bedauert ungemein, die Gehirnzellen zersetzen sich leider sehr schnell ohne Blutzufuhr, nach einigen Minuten ist nichts mehr zu machen. Gute Nacht.

Mit dem Latein am Ende

Lieber Herr Seibold,

in Ihrem Schreiben haben Sie eine Frage gestellt. Sie lautet: Was ist nach dem Tod und was ist nicht? Seien Sie bitte nicht ungehalten, wenn ich mit der Beantwortung so lange auf mich warten ließ. Wohl hätte ich Sie auf die Lehren jener Kirche hinweisen können, der Sie und ich angehören, und die in jedem Katechismus nachzulesen sind, meist unter der Überschrift: Die letzten Dinge. Jedoch schien mir aus Ihrem Brief hervorzugehen, daß Ihnen eben diese Lehren nicht sonderlich viel mehr zu bedeuten scheinen, jedenfalls nicht in der Gestalt, in der sie derzeit angeboten werden.

Aus diesem Grund schien es mir angebracht, eine Art Rundgang durch jene menschheitlichen Bräuche und Vorstellungen zu veranstalten, die eine Beziehung zum Tod erkennen lassen, in unterschiedlicher Weise. Mit diesem Rundgang bin ich nun zu Ende. Ich gehe wohl nicht fehl in der Annahme, daß die Ergebnisse dieses Rundgangs Sie nicht sonderlich ermutigen oder trösten können. Auch ich empfinde in ähnlicher Weise, und wenn nicht alle Eindrücke täuschen, dann stehen wir beide mit diesem Unbehagen keinesfalls allein da.

Das Vertrauen, das Sie in mich gesetzt haben, ehrt mich ebenso sehr wie es mich in Verlegenheit bringt. Denn ich sehe mich nunmehr veranlaßt, Ihnen zu gestehen, daß ich Ihnen eine bündige Antwort auf Ihre Frage nicht zu geben vermag.

Daraus folgt natürlich nicht, daß es eine solche Antwort nicht gibt. Ich will lediglich ausdrücken, daß sie mir nicht bekannt ist. Vielleicht werden Sie nun denken, daß ich es mir mit dem Eingeständnis meiner Inkompetenz zu leicht mache. Dagegen wende ich ein, daß ich mich seit mehr als 20 Jahren hauptberuflich mit theologischen und philosophischen Fragen beschäftige, seit 10 Jahren auch als akademischer Lehrer. Auch verfüge ich über einen gewissen Überblick in den geschichtlichen und sozialwissenschaftlichen Fachgebieten. Der oben erwähnte Rundgang stellt demnach eine Zusammenfassung dessen dar, was mir im Lauf der Zeit an Einschlägigem bekannt geworden ist. Eine sehr persönliche Zusammenfassung sicherlich; aber eine andere Art der Darstellung war mir nicht möglich.

Vielleicht hat ein unbekannter indischer Meister vor vielen hundert Jahren Ihre Frage beantwortet, vielleicht ist diese Antwort in den Schriften eines vergessenen Mystikers aus dem deutschen Mittelalter zu finden, oder in den Belehrungen des Ordens vom Rosenkreuz. Offen gestanden glaube ich es nicht, obwohl meine Wissenslücken sicherlich groß sind.

Der Anlaß Ihres Schreibens war mein letztes Buch (über Jesus). Wie Sie bemerken, hat Ihnen mein Jesus gefallen. Dennoch haben Sie jene Frage gestellt, und jetzt sind wir beide so klug wie zuvor.

In der heutigen Zeitung fand ich eine (ganzseitige) Anzeige des Werbeunternehmens Ogilvy & Mather. Sie enthält 28 Leitlinien für alle, die Werbung machen oder beurteilen, aus der Feder von Mr. Ogilvy persönlich. Einen Satz daraus möchte ich Ihnen nicht vorenthalten; er lautet: Wissen ist besser als glauben.

Das ist ein ziemlich nichtssagender Satz, möchte ich meinen, und er wird keinesfalls besser wenn man ihn umdreht. Auch Mr. Ogilvy verwendet diese Phrase eher beiläufig, er will mit ihr die Notwendigkeit wissenschaftlicher Analysen in der Werbebranche unterstreichen. Mr. Ogilvy ist Sieger geblieben in dem jahrhundertelangen Streit zwischen Wissen und Glaube. Der Sieg ist vollständig, selbstverständlich und endgültig; er bedarf keiner besonderen Betonung, es genügt ihn beiläufig zu erwähnen.

Die Brutalität, mit der die moderne Wirtschaft, die moderne Wissenschaft, die moderne Technik über Ihr Problem hinweggeht, die damit verbundene Beiläufigkeit in der Behandlung letzter Fragen kennzeichnen die Lage, in der ich Ihnen die Antwort auf Ihre Frage schuldig bleibe. Es muß diese Ihre Frage unerledigt bleiben, und in dieser Feststellung liegt auch meine Antwort.

Ich habe damit vorgegriffen. So wenig ich mich nämlich in der Lage sehe, Ihnen eine bündige Antwort zu erteilen, so sehr will ich die Dringlichkeit Ihrer Frage beachten. Mein Privileg als Schriftsteller (wortgewaltig also, wie Sie schreiben) soll Ihnen nützlich werden zur Beförderung jenes Scharfblicks für die menschlichen Angelegenheiten, die eine Voraussetzung für eine wünschenswerte Unbefangenheit gegenüber dem Tod darstellt. Sicherlich ist es mir nicht möglich, schreibend einen Zustand herbeizuführen in dieser unserer Gesellschaft, der die Problematik des Sterbens verschwinden ließe. Ich kann jedoch versuchen so zu schreiben, daß die vollendete Negativität, einmal ganz ins Auge gefaßt, zur Spiegelschrift ihres Gegenteils zusammenschießt. (Diese Formulierung stammt von Theodor W. Adorno.)

Wie Sie wissen, bin ich keine Privatperson. Ich habe mich einer geschichtlichen Kraft angeschlossen, in der ich mich wiederfinden kann, weil sie die Kraft eines Prinzips der Negativität und Selbstkritik ist. Die wahrnehmbaren Gestalten dieser geschichtlichen Kraft sind heute dem Zerfall preisgegeben, als kirchliche Einrichtungen und als die sie begleitenden Überzeugungen. Dennoch ist jene Kraft selbst für mich keineswegs erschöpft, ich weiß mich von ihr angetrieben, ich gehöre zu den Beteiligten. Deshalb liegt mein Bestreben nicht darin, irgendwelche Einfälle zu Papier zu bringen in jener beliebigen und beiläufigen Weise, die unser sogenanntes geistiges Leben kennzeichnet. Vielmehr sehe ich mich dazu gedrängt, im Unerledigten der Todesfrage (siehe oben) die Spuren einer möglichen Zuversicht aufzuspüren. (Jesus hat solche Spuren hinterlassen.)

Eine biblische Geschichte scheint mir geeignet, das soeben Gesagte zu veranschaulichen. Ich möchte sie Ihnen deshalb erzählen.

Zweites Buch der Makkabäer: Als unsere Väter nach Persien geschleppt wurden, nahmen die frommen Priester etwas von dem Feuer des Brandopferaltares und verbargen es in einer Höhle, die einem ausgetrockneten Brunnen ähnlich sah. Dort sicherten sie es so gut, daß der Ort allen unbekannt blieb. Nach Ablauf vieler Jahre gefiel es Gott, Nehemia durch den König der Perser hinzusenden. Dieser schickte nun die Nachkommen jener Priester nach dem Feuer, die es verborgen hatten. Als sie nun meldeten, wirklich kein Feuer, sondern nur schlammiges Wasser gefunden zu haben, befahl er ihnen, es zu schöpfen und zu bringen. Als alles zum Opfer gerüstet war, gebot Nehemia den Priestern, das Holz und was darauf lag, mit dem Wasser zu begießen. Als dies geschehen war und nach einiger Zeit die Sonne aufleuchtete, die bisher von Wolken verborgen war, loderte ein gewaltiges Feuer auf, so daß alle erstaunt waren.

Diese Geschichte gefällt mir, und ich hoffe, daß auch Sie von ihr angesprochen werden.

In einem Ihrer letzten Briefe schreiben Sie: Sind wir erlöst? Von was wollen wir Menschen auf Erden erlöst werden? Von Not, Hunger, Krankheit, Elend und Tod. Sind wir das? Die Kirche sagt, von unseren Sünden hat uns Christus erlöst. Von welchen Sünden? Sünden haben doch eine Ursache, warum wurden wir nicht von diesen Ursachen erlöst? Vielleicht ist dies alles zu blöd, was ich Ihnen hier schreibe, weil ich beim Katechismus der Volksschule stehen geblieben bin. Mußte Bauer werden, der sich nicht fortbilden durfte, war stets auf mich selbst angewiesen zu denken und zu handeln.

Ein Klügerer als ich, Theodor W. Adorno (Philosoph, gest. 1970) hat folgende Zeilen geschrieben: Philosophie, wie sie im Angesicht der Verzweiflung einzig noch zu verantworten ist, wäre der Versuch, alle Dinge so zu betrachten, wie sie vom Standpunkt der Erlösung aus sich darstellten. Erkenntnis hat kein Licht, als das von der Erlösung her auf die Welt scheint: alles andere erschöpft sich in der Nachkonstruktion und bleibt ein Stück Technik. Perspektiven müßten hergestellt werden, in denen die Welt ähnlich sich versetzt, verfremdet, ihre Risse und Schründe offenbart, wie sie einmal als bedürftig und entstellt im Messianischen Lichte daliegen wird.

Soll ich sagen: Ja, wir sind erlöst – wo jede Sekunde ein Mensch auf dieser Welt verhungert?

Soll ich sagen: Nein, wir sind nicht erlöst – und damit jene geschichtliche Kraft verleugnen, von der ich vorhin gesprochen habe?

Mit Ja oder Nein läßt sich die Frage nach der Erlösung offenbar nicht beantworten, mithin auch nicht die Frage nach dem, was nach dem Tod ist. Wir bleiben der Erlösung bedürftig, und wir haben einen Antrieb, trotz aller Fehlschläge die Erlösung zu denken.

Mit anderen Worten: Das Reich Gottes wird nicht mit Ja oder Nein gesetzt oder verneint; es muß hergestellt werden. In der Bibel steht der schöne Satz: Heute noch wirst du mit mir im Paradiese sein.

Wir Leichenbestatter, Priester und Philosophen müssen mit unseren Sätzen vorsichtiger sein.

Ich begrüße Sie herzlich und bin mit ergebenen Grüßen...

Religionsunterricht (Fortsetzung)

Mit welchem Latein wir am Ende sind, darf nunmehr in Kürze referiert werden. Ich halte mich an den ›Grundriß der katholischen Dogmatik‹ von Prof. Ott, 1. Auflage 1952 (nach dieser habe ich studiert; neuere Auflagen bringen keine neuen Dogmen). Die hier interessierenden Fragen sind im 5. Hauptstück behandelt: Die Lehre von den Letzten Dingen oder von der Vollendung (Eschatologie). Erstes Kapitel: Die Eschatologie des Einzelmenschen (§ 1: Der Tod. § 2: Das besondere Gericht. § 3: Der Himmel. § 4: Die Hölle. § 5: Das Fegfeuer). Zweites Kapitel: Die Eschatologie der gesamten Menschheit (§ 6: Die Wiederkunft Christi. § 7: Die Auferstehung der Toten. § 8: Das allgemeine Gericht. § 9: Das Weltende).

Folgende Glaubenssätze gehören nach Prof. Ott zum Grundbestand des katholischen Dogmas: Der Tod ist in der gegenwärtigen Heilsordnung eine Straffolge der Sünde. – Alle erbsündigen Menschen sind dem Gesetz des Todes unterworfen. – Unmittelbar nach dem Hinscheiden findet das besondere Gericht statt, in welchem durch einen göttlichen Urteilsspruch über das ewige Schicksal des Verstorbenen entschieden wird. – Die Seelen der Gerechten, die im Augenblick des Todes von aller Sündenschuld und Sündenstrafe frei sind, gehen in den Himmel ein. – Die himmlische Seligkeit dauert in alle Ewigkeit. – Der Grad der himmlischen Seligkeit ist bei den einzelnen Seligen verschieden je nach dem Grad ihrer Verdienste. – Die Seelen derer, die im Zustand der persönlichen schweren Sünde sterben, gehen in die Hölle ein. – Die Höllenstrafe dauert in alle Ewigkeit. – Die Seelen der Gerechten, die im Augenblick des Todes noch mit läßlichen Sünden oder zeitlichen Sündenstrafen belastet sind, gehen in das Fegfeuer ein. – Am Ende der Welt wird Christus in Herrlichkeit wiederkommen zum Gericht. – Alle Toten werden am Jüngsten Tage mit ihren Leibern wieder auferstehen. – Die Toten werden mit demselben Leib auferstehen, den sie auf Erden getragen haben. – Christus wird nach seiner Wiederkunft alle Menschen richten. – Auf das allgemeine Gericht folgt der Untergang der gegenwärtigen Welt und ihre Neugestaltung.

Prof. Ott hält sich mit seiner Darstellungsweise an das allgemeine und herkömmliche Verfahren der katholischen Dogmatik. Zuerst wird der betreffende Glaubenssatz präsentiert (im Fettdruck) und werden die wichtigsten Entscheidungen der (20) Konzilien zitiert, auf die sich das Dogma stützt; dann folgt der »Schriftbeweis«, also die Anführung jener biblischen Texte, die einen Bezug zu dem betreffenden Dogma erkennen lassen; zuletzt folgt der »Traditionsbeweis«, welcher verschiedene Äußerungen von Kirchenvätern und Theologen zum Thema anführt.

Jesus ist einer unter vielen in dem Buch von Prof. Ott; zuerst kommt das Dogma (Fettdruck), dann die Konzilien, dann darf Jesus reden, häufig in Abkürzungen (gewöhnlicher Druck).

Zum Beispiel: Jesus droht den Sündern die Höllenstrafe an. Er nennt sie Gehenna (Mt 5,29 f; 10,28; 23,15.33; Mk 9,43.45.47; ursprünglich = Tal des Hinnom), Gehenna des Feuers (Mt 5,22; 18,9), Gehenna, wo der Wurm nicht stirbt und das Feuer nicht erlischt (Mk 9,46 f), unauslöschliches Feuer (Mt 3,12; Mk 9,42), Feuerofen (Mt 13,42.50), ewige Pein (Mt 25,46). Es wird dort Finsternis sein (Mt 8,12; 22,13; 25,30), Heulen und Zähneknirschen (Mt 13,42.50; 24,51; Lk 13,28).

Und so weiter (Mt = Matthäusevangelium, Mk = Markusevangelium, Lk = Lukasevangelium; im Johannesevangelium kommt die Gehenna nicht vor). Prof. Ott hat sorgsam gearbeitet, er beherrscht seinen Gegenstand. (Das Materialobjekt der Theologie ist primär Gott, sekundär die geschaffenen Dinge insoweit, als sie in Beziehung zu Gott stehen – Prof. Ott zitiert Thomas von Aquin.)

Bis vor einigen Jahrzehnten wurden die Vorlesungen in Dogmatik an den katholischen Universitäten und Fakultäten und Lehranstalten ausschließlich in lateinischer Sprache erteilt.

Für die breitere katholische Bevölkerung mußte die Belehrung auf schlichtere Art und Weise erteilt werden, in Gebeten und Liedern, durch Wallfahrten und Prozessionen, auf der Kanzel und in der Schule. (In Österreich erhalten derzeit nahezu alle Kinder im Pflichtschulalter insgesamt rund 640 Stunden Religionsunterricht.)

In Mariazell (siehe das fünfte Kapitel) kann die »Mechanische Krippe« besichtigt werden. Sie ist zu Fuß bequem in einer halben Stunde zu erreichen und liegt oberhalb des Ortes (schöne Aussicht). Die mechanische Krippe ist in einem größeren Raum aufgestellt. Viele kaum handgroße Figuren stellen die Geburt Christi dar, ferner die wichtigsten Begebenheiten aus dem Leben Jesu. Gegen Einwurf einer Münze beginnt sich die Mechanik in Bewegung zu setzen. Die heiligen drei Könige wandern zur Krippe, die Samariterin schöpft Wasser aus dem Jakobsbrunnen. Jesus fährt aus dem Grab, schnellt nach oben, wird von der Mechanik wiederum hinter das kleine Gemäuer geholt, taucht abermals auf. Meist lassen die Besucher die Mechanik mehrere Male laufen, um in Ruhe die verschiedenen bewegten Szenen betrachten zu können. Wenn nur wenige Besucher anwesend sind und keine Gespräche geführt werden, machen sich die Geräusche der Mechanik bemerkbar. Das klopft und knarrt und schabt wie die vielen Heinzelmännchen im Bergwerk, besonders Kinder zeigen sich beeindruckt. Die Türen des Grabes schlagen nach außen, Jesus taucht auf, die Türen klappen zu. Nach einer Weile haben auch die Kinder genug gesehen, sie wollen weiter.

Die Mechanik bleibt stehen, man geht Kaffee trinken.

Die Wette des Pascal

An der sogenannten Schwelle zur Neuzeit notiert ein katholischer Mathematiker seine Einfälle auf verschiedene Zettel: Blaise Pascal (1623–1662) wollte ein Buch über die Wahrheit und den Trost der christlichen Religion schreiben. Nach seinem Tod wurden die Fragmente gesammelt und unter dem Titel ›Pensées‹ (Gedanken) veröffentlicht. (Vorsicht! Durch Gedanken werden keine Probleme gelöst – siehe das vorige Kapitel.) Pascal hat eine Rechenmaschine gebaut, die Wahrscheinlichkeitsrechnung erfunden und über die Zykloide gearbeitet. (Zykloide sind ebene Kurven, die von einem Punkt auf dem Radius eines rollenden Kreises beschrieben werden.) Mit 16 Jahren entwickelte er in einer Schrift über die Kegelschnitte den nach ihm benannten Satz vom Pascalschen Sechseck. 1647 entdeckte er das Gesetz der kommunizierenden Röhren und den Luftdruck. Ein von ihm aufgestelltes Zahlenschema (das »Pascalsche Dreieck«) ist ebenfalls bekannt geworden.

Das Jahr 1654 brachte dem damals 31jährigen Pascal eine innere Wendung. Im Sommer dieses Jahres hatte er zwei mathematische Abhandlungen in einer der Pariser Akademien eingereicht. In einer Nacht des Spätherbstes wurde er von Gott ergriffen. Nicht vom Gott der Philosophen und Gelehrten, wie er auf dem später berühmt gewordenen Zettel notiert. Sondern vom Gott Abrahams, Isaaks, Jakobs, vom Gott Jesu Christi. (Pascal schreibt nieder, was ihn bewegt hat in dieser Nacht, er näht die wichtige Notiz in das Futter seines Rockes.) Entscheidend für ihn, den Zeitgenossen Montaignes und der beginnenden Aufklärung ist dies: Gewißheit, Gewißheit.

Gewißheit womöglich auch in jener Frage, die für Pascal die grundlegende ist: Ich finde es in Ordnung, daß man nicht die Lehre des Kopernikus ergründet; es ist vielmehr von entscheidender Wichtigkeit für das ganze Leben, zu wissen, ob die Seele sterblich oder unsterblich ist.

Pascal zieht ins Kloster Port Royal, er trägt ein Bußhemd auf seinem Leib, er greift in die theologischen Kontroversen seiner Epoche ein, sein Stil ist brillant. Bußhemd also und Gottesgewißheit und Streit mit den Jesuiten; aber auch die Zykloide interessieren Pascal in seinen letzten Lebensjahren; man sagt, daß seine dabei entwickelten Rechenmethoden die Integralrechnung vorweggenommen hätten. Pascal beschäftigt sich mit Gott und den Zykloiden, er trägt einen Zettel im Futter seines Rockes, als Erinnerung an jene Nacht des 23. November, er will seiner Epoche eine Gewißheit bringen hinsichtlich Gott und Unsterblichkeit der Seele mit Hilfe der Wahrscheinlichkeitsrechnung und dem Rechnen mit unendlichen Zahlen.

Es war Pascal nicht vergönnt, seine diesbezüglichen Gedanken in Buchform der Öffentlichkeit vorzulegen, seine Gedanken sind fragmentarisch geblieben, mittlerweile beherrscht Mr. Ogilvy (siehe oben) mit seinen Gedanken den Markt der Meinungen. Mr. Ogilvy verfügt über genügend Geld um eine ganzseitige Anzeige bezahlen zu können zwecks Mitteilung seiner Gedanken, Mr. Ogilvy ist Chef einer großen Werbeagentur, als solcher muß er über ein feines Organ für das verfügen was verkäuflich ist und was nicht. Mr. Ogilvy drückt eine allgemein verbreitete Ansicht aus mit dem Satz: Wissen ist besser als glauben. Die Aufklärung hat gesiegt, und Pascal wird als Vorkämpfer der Computer-Industrie angesehen. (Immerhin hat er eine Rechenmaschine gebaut.)

Über die nächtlichen Gewißheiten Pascals geht die moderne Industrie (Werbung, Großrechenanlagen) hinweg, für die Unsterblichkeit der Seele sind Philosophen und Theologen zuständig, diese dürfen ein paar Worte verlieren bei bestimmten Gelegenheiten, unter Umständen auch während der Festversammlung einer Industriellenvereinigung.

Der unerledigte Seelenrest unserer Epoche irrt wie ein Gespenst durch die Versammlungen der Industriellen, macht sich in Schlagern und anderen populären Musiken bemerkbar (freilich ohne Bußhemd), was ist nach dem Tod und was nicht. Pascal nimmt als unbefriedigter Mathematiker die moderne Gottessehnsucht vorweg. Damals gab es diese Seelenlage in den Salons von Paris, heute ist sie allgemein.

Pascal schlägt seinem skeptischen Gesprächspartner eine Wette vor in Gedanken. Diese Wette ist nicht nur ein brillanter Einfall eines gottsuchenden Mathematikers vor rund 300 Jahren, sie drückt nicht bloß einen Gedanken aus. Sondern sie kennzeichnet eine Lage, heute ist diese Lage allgemein. Pascal gibt uns Gelegenheit zu einer (verspäteten) Frühdiagnose, alle kollektiven Symptome von heute sind bei ihm bereits ausgebildet in individueller Weise. Man kann also von Pascal etwas lernen.

Die Wette: Gott ist oder er ist nicht. Wofür werden wir uns entscheiden? Die Vernunft kann hier nichts bestimmen, ein unendliches Chaos trennt uns. Am äußersten Rand dieser unendlichen Entfernung spielt man ein Spiel.

Dieses Spiel ist eben jenes, das auch in der Wahrscheinlichkeitsrechnung auftaucht: Das Werfen einer Münze. Je öfter die Münze geworfen wird, desto näher kommt das Resultat dem mathematischen Gesetz – die Chancen stehen dann gleich, wenn die Münze unendlichmal geworfen wird. In der Praxis ist dies allerdings nicht möglich, und so schließt man Wetten ab, Kopf oder Adler.

Pascal schlägt eine solche Wette vor, er räsonniert mit einem imaginären Skeptiker; es gibt nur zwei Möglichkeiten bei dieser Wette, Kopf oder Adler, Gott oder nichts: Wenn Sie gewinnen, gewinnen Sie alles, wenn Sie verlieren, verlieren Sie nichts. – Es gibt hier unendlich viele, unendlich glückliche Leben zu gewinnen, die Wahrscheinlichkeit des Gewinns steht einer endlichen Zahl der Wahrscheinlichkeit des Verlustes gegenüber. – Die Ungewißheit des Gewinns ist gemäß der Ziffer der Wahrscheinlichkeit für Gewinn und Verlust der Gewißheit dessen, was man wagt, angemessen. – Und so ist unsere Darlegung, bei gleicher Chance für Gewinn und Verlust, von unendlicher Überzeugungskraft, wenn Endliches in einem Spiel zu wagen und Unendliches zu gewinnen ist.

Der Skeptiker fragt nach weiteren Mitteln, hinter das Spiel zu schauen. Pascal verweist auf die Bibel. Der Skeptiker gesteht, trotzdem nicht glauben zu können: Ich bin aus einem solchen Stoff, daß ich nicht glauben kann. Was soll ich tun?

Pascal: Bemühen Sie sich, nicht etwa durch eine Vermehrung der Gottesbeweise sich zu bekehren, sondern durch eine Verminderung der Leidenschaften.

Wahrscheinlichkeitsrechnung und Bußhemd werden in die Wette eingebracht, die Vernunft wird bemüht, um das außerhalb der Vernunft Liegende plausibel zu machen. Die Ziffer der Wahrscheinlichkeit und die Infinitesimalrechnung können das Bußhemd nicht ersetzen, wir spielen um die Unendlichkeit, wollen wir wetten.

Das Denken Pascals oszilliert zwischen Gott und den Zykloiden, der aufgeklärte skeptische Gesprächspartner findet Geschmack an den Argumenten des frommen Mathematikers, er setzt auf Gott und die Unsterblichkeit der Seele. Ob er auch das Bußhemd anziehen wird, bleibt offen, auch der Ausgang der Wette bleibt offen. (Sonst wäre es keine Wette.)

Der exemplarische Wert des Einfalls von Pascal liegt nicht im Räsonnieren. Von einer vernünftigen Religion, mit vernunftgemäß gesicherter Existenz Gottes und rational etablierter Unsterblichkeit der Seele haben die Aufklärer 200 Jahre lang gelebt, die Professoren Morris & Bales (das vorige Kapitel) haben für diese Mentalität sicherlich einen Punkt im vierdimensionalen Überzeugungsraum reserviert, mit den liberalen Großbürgern als (späten) Vertretern dieser Weltanschauung. Epochal wirkt der Gedanke Pascals vielmehr wegen der Idee des Wettens um die Frage nach Sinn oder Unsinn, wegen der darin arbeitenden Unsicherheit, Neugier, Spannung, Bereitschaft zum Risiko. Im Scheitern der Vernunft an der Todesfrage spielt ein heiterer Mut zum Einsatz mit, die Wette soll gelten. Zum Fleiß (industria) des Unternehmers muß das Glück treten. Wer Wetten gewinnen will, hofft auf Unberechenbares, Faust wettet mit dem Teufel am Beginn der industriellen Ära.

Solange diese nicht zu Ende ist, sind wir alle von einem unternehmenden Geist bestimmt, dieser macht seine Einsätze und Investitionen und spielt trotz kaufmännischen Kalküls auch mit dem Glück.

Was dabei herauskommt ist ebenso offen wie die Frage nach dem Tod. Was François Rabelais (›Gargantua und Pantagruel‹, gest. 1553) auf dem Totenbett dem Erzbischof von Paris ausrichten ließ, charakterisiert heute die allgemeine Mentalität: Je m'en vais chercher un grand Peut-être. Dieses große (oder auch kleine) Vielleicht darf festgehalten werden in aller Bescheidenheit, trotz Mr. Ogilvy und Prof. Ott.

Wer eine verläßliche Antwort auf seine letzten Fragen erwartet, wird höflich gebeten, die Lektüre an dieser Stelle zu beenden.

Wir setzen uns mit Tränen nieder

Wie in der heutigen Lage zur Frage des alten Seibold angemessen zu schreiben ist, kann im ›Siebenkäs‹ von Jean Paul nachgelesen werden, in der Rede des toten Christus vom Weltgebäude herab, daß kein Gott sei:

Jetzo sank eine hohe edle Gestalt mit einem unvergänglichen Schmerz aus der Höhe auf den Altar hernieder, und alle Toten riefen: Christus! Ist kein Gott? Er antwortete: Es ist keiner. Die entfärbten Schatten zerflatterten, wie weißer Dunst, den der Frost gestaltet, im warmen Hauche zerrinnt; und alles wurde leer. Da kamen, schrecklich für das Herz, die gestorbenen Kinder, die im Gottesacker erwacht waren, in den Tempel und warfen sich vor die hohe Gestalt am Altare und sagten: Jesus! Haben wir keinen Vater? Und er antwortete mit strömenden Tränen: Wir sind alle Waisen, ich und ihr, wir sind ohne Vater.

Hierzu bemerkt Dr. Freud: Gewiß wird der Mensch sich dann in einer schwierigen Situation befinden, er wird sich seine ganze Hilflosigkeit, seine Geringfügigkeit im Getriebe der Welt eingestehen müssen, nicht mehr der Mittelpunkt der Schöpfung, nicht mehr das Objekt zärtlicher Fürsorge einer gütigen Vorsehung. Er wird in derselben Lage sein wie das Kind, welches das Vaterhaus verlassen hat, in dem es ihm so warm und behaglich war.

Dr. Freud spricht von denen, die nüchtern aufgezogen wurden, ohne Intoxikation durch illusionäre Religiosität, er fügt hinzu: Aber nicht wahr, der Infantilismus ist dazu bestimmt, überwunden zu werden? Der Mensch kann nicht ewig Kind bleiben.

Dr. Freud schüttet das Kind mit dem Bade aus, sein Auge ist tränenlos ärztlich, die Diagnose streng. Prof. Adorno ist mit einer solchen Haltung nicht einverstanden: In Freuds Werk reproduziert sich wider Willen die Doppelfeindschaft gegen Geist und Lust, deren gemeinsame Wurzel zu erkennen Psychoanalyse gerade das Mittel geliefert hat. Die Stelle aus der »Zukunft einer Illusion«, an der mit der nichtswürdigen Weisheit eines abgebrühten alten Herrn die Commis-voyageur-Sentenz vom Himmel zitiert wird, den wir den Engeln und den Spatzen überlassen, ist das Seitenstück zu jenem Passus aus den Vorlesungen, wo er die perversen Praktiken der Lebewelt schaudernd verdammt. Denen Lust und Himmel gleichermaßen verekelt wird, die taugen dann in der Tat am besten zu Objekten: das Leere und Mechanisierte, das an erfolgreich Analysierten so oft sich beobachten läßt, kommt nicht nur aufs Konto ihrer Krankheit, sondern auf das ihrer Heilung, die bricht, was sie befreit.

An dieser Stelle möchten wir Herrn Prof. Adorno unsern Dank aussprechen dafür, daß er unsere Tränen um den verlorenen Himmel gegen Dr. Freud verteidigt hat. Der tote Jesus widersetzt sich der Psychoanalyse, er redet mit strömenden Tränen zu den Seelen der Kinder.

Es stehen Gebäude zahlreich zur Verfügung, mit ausgebildetem Personal, wo dieser Vorgang stattfinden könnte als kollektive Trauerarbeit der Epoche, mit dem Ziel der Genesung von der industriellen Krankheit zum Tode, als notwendige Übung für eine Haltung, die außerhalb der Kirchen dann wirksam werden müßte.

Fassen wir also für die nächsten Kapitel den Karfreitag ins Auge. Der Tag steht im Kalender, er hat eine Bedeutung, die unerledigt ist. Die Matthäus-Passion von Johann Sebastian Bach ist allgemein bekannt, der Schluß-Chor darf als Aufforderung gelten: Wir setzen uns mit Tränen nieder.

Nach der Führung durchs menschheitliche Gedächtnis sind die Teilnehmer vielleicht ein wenig müde, es wird gebeten Platz zu nehmen, Tränen sind gestattet. Der tote Jesus predigt zur kranken Industriegesellschaft vom Weltgebäude herab, er muß gelegentlich selber weinen.

Das Gemüse ist frisch und auch das Obst dort wo ich einkaufe, es handelt sich um einen lebhaften Markt mit vielen Ständen, die Händler wickeln Gurken und Champignons in alte Zeitungen für den Kunden, auf diese Weise wird die Vergangenheit wieder lebendig; während die Schwämme auf kleiner Flamme dünsten kommt die alte Zeitung zu Ehren, ein Blick in das alte Zeitungsfragment kann unterhaltend sein bei der Zubereitung des Essens:

Der Tod Jo Sifferts wird wohl kaum jemals restlos aufgeklärt werden. Als die Flammen seines brennenden BRM in Brands Hatch endlich gelöscht waren, fand man nur noch verglühte Metallteile. Im Wagen lag der Helm Sifferts. Sein Leichnam war verbrannt. Das BRM-Team ist niedergeschlagen und verwirrt. Nach Pedro Rodriguez hat das britische Rennteam nun auch seinen zweiten hervorragenden Formel-I-Piloten verloren. Helmut Marko, ebenfalls BRM-Pilot, in Brands Hatch aber nicht am Start, hat seit dem Unfall noch keine Verbindung mit dem BRM-Rennstall bekommen. Marko erfuhr erst im Fernsehen vom Tod Sifferts. Marko: Ich fasse das Ganze gar nicht. Wieder ist jemand gestorben, den ich gut gekannt habe. Für mich ist das um so schwerwiegender, da Siffert meine Formel-I-Ambitionen unterstützte. Ich kannte ihn ja schon lang vom Porsche-Team. Er war immer sehr hilfsbereit und hat mir verschiedene Tips gegeben. Helmut Marko charakterisiert seinen älteren Freund als zähen Rennfahrertyp, der bis zur letzten Sekunde des Rennens kämpfte. Trotz seines Alters von 35 Jahren hatte er ausnehmend gute Kondition. Das Leben läßt Marko keine Zeit zur Trauer über den Tod des Freundes. Mittwoch fliegt er nach Rom, Montag eröffnet er seine Autoshow »PS 71« in Salzburg. Anschließend fliegt er nach Südafrika und kommt erst zu Jahresende nach Österreich zurück.

Inzwischen ist das Essen fertig, Jo Siffert ist immer noch tot, die alte Zeitung wird endgültig weggeworfen, das Leben läßt uns keine Zeit zur Trauer, wir fassen das Ganze nicht. Wieder ist jemand gestorben. Nach dem Essen reinigt die gewissenhafte Hausfrau das benutzte Geschirr.

Der Satz des Helmut Marko in der alten Zeitung könnte von einem Professor der Philosophie stammen: Ich fasse das Ganze nicht. (Manche Philosophen sagen, das Ganze sei das Wahre, andere wiederum behaupten, das Ganze sei das Unwahre.) Um die Wahrheit des Todes von Jo Siffert zu fassen würde Helmut Marko Zeit benötigen, die Trauerarbeit stellt nach Ansicht der Psychoanalyse einen längeren Prozeß dar. Die Bewältigung des Trauerfalles würde das Erinnern erforderlich machen, das Wiederholen, das Durcharbeiten. So aber läßt das Leben dem Helmut Marko keine Zeit zur Trauer über den Tod des Freundes, Marko muß seine Auto-Show eröffnen in Salzburg.

Auch die Anteilnahme des Lesers an der Nachricht vom Tod des Jo Siffert ist eine überaus flüchtige, es dient diese Nachricht späterhin dem Einwickeln von Gurken und Champignons. Es gibt zu viele Nachrichten, der Leser macht eine ähnliche Erfahrung wie Helmut Marko, der Leser findet keine Zeit zur Verarbeitung von Nachrichten.

Todesnachrichten von Autorennfahrern finden ein gewisses Interesse bei automobilistischen Lesern, die alte Zeitung hat diesem Interesse drucktechnisch dadurch entsprochen, daß sie die Überschrift des Artikels über den Tod von Jo Siffert in großen Blockbuchstaben setzte:

Helm blieb übrig!

Sofort danach setzt beim (automobilistischen) Leser ein psychischer Mechanismus ein, dieser ist fachwissenschaftlich durchaus bekannt. Unangenehme Nachrichten werden eher vergessen als angenehme. Der Tod Jo Sifferts bleibt folgenlos, die Auto-Show muß eröffnet werden, es gibt keine Zeit zur Trauer.

Das BRM-Team ist niedergeschlagen und verwirrt. Was ist nach dem Tod und was ist nicht.

Abgeschnitten in den Blüten meiner Sünde: So klagt der Geist des toten Königs zu Prinz Hamlet, sein gewaltsames Ende läßt ihn keine Ruhe finden. Ein plötzlicher unvorbereiteter Tod erregt besonderes Grauen, schon bei den Naturvölkern werden die Unfalltoten mit peinlicher Vorsicht behandelt. Der Unfall stellt eine Kulturerscheinung dar, das Tierreich kennt den Unfall nicht. Der tödliche Unfall, gar der Mord erinnert die Überlebenden in unangenehmer Weise an die Schattenseiten der Menschwerdung, an den Preis der gezahlt werden muß für eine jegliche Kulturleistung. Die Frauen der Fischer warten am Ufer, ob wohl alle Männer zurückkehren werden.

Der tödliche Unfall erzeugt kulturgeschichtlich gesehen eine Fassungslosigkeit besonderer Art. Da ist erstens der naturhafte Tod ohnehin, der durch keine gesellschaftliche Befreiung berührbare. Dann der zweite Tod, die Bitterkeit zum Quadrat seit dem Auftreten der sogenannten Hochkulturen, dieses Wissen um die Geringfügigkeit des Bruchteils an Erfüllung, den der einzelne Mensch im Lauf seines Lebens umspannen kann, dieses Gefühl etwas versäumt zu haben, der Hunger nach Gerechtigkeit. Drittens schließlich der gewaltsame Tod, als Unfall oder Hinrichtung oder Selbstmord oder Soldatenschicksal oder Gewaltverbrechen, immer durch Menschenhand also, durch Absicht oder Versehen, als statistische Zufallsgröße (Selbstmordrate, Unfallziffer). Der eine bleibt stehen, der andere fällt um, der eine rennt weiter, der andere liegt stumm, widebum, widebum. (Der Schluß der Geschichte vom Franz Biberkopf, ›Berlin Alexanderplatz‹ von Alfred Döblin ist lehrreich.)

Der gewaltsame Tod erzeugt die Fassungslosigkeit der dritten Potenz, das kleine Mädchen ist einem Sittlichkeitsverbrechen zum Opfer gefallen, die Selbstmordrate in Österreich zählt zu den höchsten auf der Welt. Am Sonntag, dem 24. Oktober 1971 geriet der Schweizer Jo Siffert beim Formel-I-Rennen in Brands Hatch mit seinem BRM in der 15. Runde von der Bahn, das Wrack ging Sekunden später in Flammen auf, für Siffert gab es keine Rettung mehr.

Im europäischen Durchschnitt werden sieben unter 100 männlichen Neugeborenen vom Unfalltod erwartet, bei weiblichen beläuft sich die statistische Zahl auf fünf potentielle Opfer. Der Anteil der Verkehrstoten stellt in den meisten Industrieländern alle übrigen Ursachen für gewaltsame Todesarten in den Schatten.

Jo Siffert ist einer unter Hunderttausenden Verkehrstoten, jedes Jahr werden es mehr, Freund Marko muß seine Auto-Show eröffnen fahren. Die Hälfte aller Männer, die im Alter von 15 bis 24 Jahren sterben, erleiden den Tod bei einem Verkehrsunfall.

In der Bundesrepublik Deutschland waschen neun von zehn Fahrern ihren Wagen selbst.

Der heilige Apostel Paulus kann Helmut Marko behilflich sein und den wagenwaschenden Automobilisten im Hinblick auf eine angemessene Haltung zum Tod der dritten Potenz, Sankt Paulus gibt ihnen einen Hinweis in seinem Brief an die Römer, er schreibt: Durch die Sünde kam der Tod.

Die Adressaten des Römerbriefs sind längst gestorben, der Satz des Paulus ist in den Katechismus gekommen, als entscheidender Beleg für die kirchliche Lehre von der Erbsünde. Der alte Seibold ist nicht fertiggeworden mit dem, was ihm vor 50 oder 60 Jahren erzählt worden ist im Religionsunterricht. Fangen wir also noch einmal von vorne an.

Bei den Agni (das vierte Kapitel) gibt es einen Brauch, der auch bei den alten Römern in Übung war: Bevor man trinkt, gießt man einige Tropfen des Getränks auf den Boden. Auf diese Weise erhält die Erde einen Teil von dem zurück was man ihr entzogen hat, es handelt sich sozusagen um eine versöhnliche Geste, die Erde soll nicht böse sein daß man sie aufgegraben und kultiviert hat. Eine ähnliche Vorsicht spricht aus einer Reihe von Bräuchen, die bei schriftlosen Jägervölkern in Übung sind. Es gibt unter diesen Menschen eine Reihe von Veranstaltungen, die alle den Zweck einer Versöhnung, Besänftigung haben. Vor, während und nach der Jagd wird dem Wild mit Hilfe beschwörender Formeln gut zugeredet, es soll Verständnis haben für die Bedürfnisse der Menschen. Strenge Regeln sorgen dafür, daß nicht mutwillig gejagt wird, die Idee der Waidgerechtigkeit ist umweltfreundlich in ihrem Ursprung, eine behutsame und achtsame Haltung ist hier merklich, die Ordnung der Dinge soll nicht allzu sehr gestört werden. Es ist also bei den Wilden eine gewisse Ängstlichkeit anzutreffen, das Kulturwesen sorgt sich um die mögliche Gefährlichkeit seiner Eingriffe in ein natürliches Gleichgewicht der Dinge, man kennt das Knappheitsprinzip, Bescheidenheit ist angebracht, der Boden ist nicht unerschöpflich.

Eine unter Menschen allgemein verbreitete Haltung läßt sich an diesen Beispielen erkennen, Dr. Freud hat dieser Haltung einen Namen gegeben, er weist darauf hin, daß die Kultur in hohem Maß auf Triebverzicht aufgebaut ist.

Inzestverbote bändigen das Liebesverlangen, die (kannibalistische) Mordlust wird durch heilige Gesetze in Schranken gehalten.

Je strenger das Verbot, desto gefährlicher der Antrieb, den es zügeln will.

Es zeigt sich also, daß in den vorwärtsdrängenden Energien der Menschwerdung etwas Widriges anwesend ist, gewalttätig und tödlich. Sankt Paulus nennt dies: Sünde.

Der gewaltsame Tod als Menschenwerk ist eine Kulturerscheinung, in diesem Punkt ist Dr. Freud unerbittlich, ein wirksames Medikament genereller Art ist trotz aller Aggressionstheorien noch nicht gefunden worden. Incipit lamentatio Jeremiae prophetae.

Die kollektive Klage als feierliche Veranstaltung kann in diesem Zusammenhang als Versuch betrachtet werden, die Gebrochenheit menschlichen Sinnens und Trachtens trauernd ins Auge zu fassen, Anlässe gibt es genug, bei Jeremias ist es das zerstörte Jerusalem beispielsweise, eine Schuld muß abgetragen werden. Für diese Arbeit ist eine gewisse Zeit erforderlich, ferner eine kollektive Achtsamkeit, und diese pflegt sich selten genug einzustellen, wie ersichtlich an der

Art und Weise der öffentlichen Behandlung von Autounfällen. Ralph Nader hatte diesbezüglich einen schweren Stand in den USA, wenige nur gehen in die Schule des Propheten Jeremias, Kassandra macht sich unbeliebt bei den wagenwaschenden Automobilisten, diese finden keine Zeit zur Trauer. (Es sei denn daß der Vater oder Bruder bei einem Unfall getötet wurde, dann gilt der Satz: Ich fasse das Ganze nicht.)

Sankt Paulus hat keineswegs einen erklärenden Satz geschrieben in seinem Brief an die Römer, eher ist dieser Satz als Hinweis zu verstehen, als Aufforderung zur Achtsamkeit.

Der Sachverhalt selbst, dieser Zusammenhang zwischen kulturellem Fortschritt und Gewalttätigkeit bleibt so dunkel und verhängnisvoll wie die Kurven des Office of Accident Investigation & Data Analysis (USA). Diese Kurven demonstrieren einen rätselhaften Zusammenhang zwischen Industrieproduktion und tödlichen Autounfällen. Wenn man nämlich zwei Kurven zeichnet, eine für die Indexzahlen der Industrieproduktion und eine andere für die Todesrate der Autounfälle, dann sinken und steigen die beiden Kurven in einem bemerkenswert gleichlautenden Rhythmus (seit 1948). Eine befriedigende Erklärung wurde bis jetzt für die Zunahme tödlicher Autounfälle in Zeiten stärkeren industriellen Wachstums nicht gefunden. So kommt etwas sündhaft Tödliches in das Wachstum der Industrie, das Ganze bleibt zwar rätselhaft und unfaßbar, aber es kann ins Auge gefaßt werden. Man weiß worüber man weinen kann. Weinen ist besser als Wagenwaschen, Tränen waschen das Herz.

Laut Statistik werden sieben Prozent der männlichen Neugeborenen vom Unfalltod erwartet, wie bereits erwähnt. Der Unerbittlichkeit dieses Vorgangs wird von den Zeitungen Rechnung getragen, in den einschlägigen Formulierungen der Unfallmeldungen: Wieder hat der Verkehr seine Opfer gefordert. So und so viele zu Pfingsten beispielsweise, voriges Jahr waren es mehr (oder weniger). Die Wahl der Worte ist geradezu religiös, das Sprachmuster weist ein hohes Alter auf.

Menschenopfer waren bei Griechen, Römern und Germanen ebenso verbreitet wie bei den Phönikiern und Aramäern, ferner im alten Mexiko und in Japan. Als Versöhnungsgeste mit der hochkulturellen Technik beispielsweise sind Menschenopfer anzutreffen, man spricht in diesem Zusammenhang von Bau-Opfern, eingemauert in Brückenpfeiler und unter Türschwellen, wobei man vorzugsweise Kinder nahm.

Heute werden vorzugsweise junge Männer dem Verkehr geopfert, statistisch gesehen im Alter zwischen 15 und 24 Jahren, meist waschen die Opfer ihr Fahrzeug selbst, man ist versucht, von freiwilligen Opfern zu sprechen. Die Verkehrsopfer legen jedenfalls eine tätige Haltung an den Tag, sie kaufen Automobile, tanken Kraftstoff, treten aufs Gas, interessieren sich für neue Automodelle. Keiner will sterben im Automobil, ein jeglicher Automobilist will an sein Ziel gelangen mit rennfahrerischer Schnelligkeit, langsam fahrende Automobilisten halten den Verkehr auf und werden beschimpft. Es steht diese tätige und leistungsorientierte, wettbewerbsorientierte Haltung in einem seltsamen Kontrast zur Monotonie der Todesmeldungen. Zwar gibt es Geschwindigkeitsbegrenzungen und Verkehrszeichen und Signale und Alkoholtests und Straßenkameradschaft und Verkehrsplanungen und Unfallpsychologie und Sicherheitsgurte und Nebelscheinwerfer und Führerscheinprüfungen und Straßenzustandsberichte; dennoch fordert der Verkehr weiterhin seine Opfer, es erhebt sich die Frage was das eigentlich ist: Verkehr.

Fast wäre man versucht in diesem Zusammenhang die Frage nach dem Verhältnis von Individuum und Gesellschaft aufzurollen, es ist diese Frage schon wiederholt aufgerollt worden von Soziologen und Sozialphilosophen. Offenbar hat sich diese Frage immer wieder eingerollt, warum sonst müßte man sie wieder aufrollen.

Wir denken (immer wieder) an ein Individuum, an ein statistisches Individuum (20 Jahre alt, ledig, männlichen Geschlechts, Führerscheinbesitzer, Raucher, kaufmännischer Angestellter usw.), dieses Individuum wäscht in abstrakter Weise und völlig unschuldig seinen Wagen am Samstag und fällt anschließend dem Verkehr zum Opfer, der Verkehr setzt sich aus anderen Individuen zusammen, ebenso statistischen, mathematisch gesehen erzielt der Autotod eine bestimmte Trefferquote, gleichzeitig muß an eine Erweiterung des Tankstellen-Netzes gedacht werden.

Oder man denkt an ein wirkliches Individuum, beispielsweise an Jo Siffert, der ragte automobilistisch hervor unter den übrigen Individuen, sein Risiko war höher als das der übrigen Automobilisten, es ist wie im Spielkasino, der Autotod hat bessere Chancen bei Jo Siffert. (Und auch bei Helmut Marko; dieser ist inzwischen aus dem Rennsport wegen einer Augenverletzung ausgeschieden, wie man erfährt.)

Leider ist es bis jetzt nicht gelungen, die statistische Wahrscheinlichkeit des Getötetwerdens in präziser und verläßlicher Weise auf das einzelne Individuum anzuwenden. Es ist bis jetzt nicht möglich, unter 100 neugeborenen Kindern männlichen Geschlechts jene sieben zu bezeichnen die einem Unfall zum Opfer fallen werden, jeder Statistiker würde einen solchen Versuch als absurd bezeichnen, die Statistik hat andere Dinge im Kopf.

Somit bleibt die Frage nach dem Verhältnis von Individuum und Gesellschaft weiterhin eingerollt, dasselbe muß leider auch gesagt werden hinsichtlich des Verhältnisses zwischen dem Verkehr und seinen Opfern. Der eine rennt weiter, der andere liegt stumm, widebum, widebum. Wir fassen das Ganze nicht und betreiben es dennoch wagenwaschend weiter, neue Ölquellen werden laufend erschlossen, die Sowjets engagieren sich am Persischen Golf, die Amerikaner in Alaska, gelegentlich gibt es politische Kämpfe wegen des Erdöls, Enteignungen und Preissteigerungen. Japan nimmt im Bau von Großtankern eine führende Stellung ein. Die Autobahn über den Brenner (Innsbruck–Bozen) stellt ein Meisterwerk der Technik dar, die Automobile der Urlauber gelangen nunmehr bequemer von Deutschland nach Italien.

Wir haben uns längst für das Automobil entschieden und den Urlaub in Italien, die Supertanker und die neuen Automodelle alle paar Jahre, in Europa fusionieren große Automobilkonzerne, General Motors darf als wirtschaftliche Großmacht bezeichnet werden, Fiat produziert in der Sowjetunion. Die Opfer werden in Kauf genommen wirtschaftlich gesehen, sieben unter 100 ist ökonomisch vertretbar.

Die Frage nach dem Tode der dritten Potenz stellt sich daher nur den trauernden Hinterbliebenen eines Verkehrsopfers wirklich, es bleibt diese Frage ebenso privat wie die Frage des alten Seibold. Die Öffentlichkeit vergißt ihre Verkehrsopfer schnell und leicht, es gibt in der automobilistischen Öffentlichkeit keinerlei Trauerveranstaltungen für jedermann, neue Automobile rollen von den Produktionsstätten auf die Straßen, niemand denkt daran, bei jedem 50. Wagen eine Totenglocke zu läuten.

Bei den Agni (siehe das vierte Kapitel) gibt es die Überzeugung, daß beinahe kein Todesfall im Land auf natürliche Ursachen zurückgeht (Alter, Krankheit). Man ist vielmehr geneigt, den Sterbefall dem arglistigen Tun eines Menschen zuzuschreiben, irgendeiner Hexerei also. Die beobachtenden Psychoanalytiker bezeichnen diesen Glauben als das normale Paranoid der Agni, es handelt sich um eine Art kollektiven Verfolgungswahn. (Wenn die angeklagte Hexe ein erdichtetes Geständnis ablegt und eine kleine Geldbuße zahlt, ist der Fall im übrigen erledigt.)

In den Industriegesellschaften ist der Hexenglaube so ziemlich erloschen, dafür liegt bei uns der reale Anteil der gewaltsam ums Leben Gekommenen beträchtlich höher als bei den Agni. Was bei den Agni den Hexen zugeschrieben wird, das besorgen bei uns der Verkehr, die Arbeitsunfälle, lange und umfassende Kriegshandlungen im Lauf eines halben Jahrhunderts (unter zunehmender Einbeziehung der Zivilbevölkerung) – keineswegs phantastisch, sondern in der Tat. Zwar gibt es keine vergleichende Statistik über den Anteil der gewaltsam Gestorbenen an allen Todesfällen innerhalb der letzten 200 oder 300 Jahre in den fortschrittlichen Ländern. Bis zum Beweis des Gegenteils darf jedoch ruhig behauptet werden, daß die entsprechende Rate langfristig weit über den oben angeführten sieben Prozent liegt. Der Tod der dritten Potenz stellt eine erhebliche Größe in den Industriegesellschaften dar, nach allgemeinem Sprachgebrauch wird dieser Sachverhalt ökonomisch ausgedrückt: Viele haben mit ihrem Leben bezahlt. Der Fortschritt hat seinen Preis.

Bei den Agni sind die Trauerfeiern das große, einschneidende Ritual. Bei uns wird die Trauer zunehmend privatisiert, Staatsbegräbnisse und Heldenehrungen stellen die Ausnahme der allgemeinen Regel dar, und diese gilt auch für die menschlich (gesellschaftlich) verschuldeten Sterbefälle. Je moderner die gewaltsame Todesart, desto wirksamer die kollektive Verleugnung – wie ersichtlich an den Verkehrsunfällen.

Die (zahlreichen) Opfer des Fortschritts werden in unseren Öffentlichkeiten eher geschäftsmäßig behandelt, mit unpersönlicher Kühle, sie haben bezahlt, man wartet auf neue Kundschaft. Die öffentliche Pietät begnügt sich mit einem Bild des Opfers in der Zeitung und im Fernsehen (wenn es prominent war), mitunter wird auch die Witwe abgebildet. Die meisten Opfer bleiben ohnehin namenlos, sie treten als Zahl auf.

(Zwar tragen Soldatendenkmäler meist die Namen der Gefallenen. Doch solche Denkmäler werden von kleineren Gemeinden nur errichtet und gepflegt, die Nation muß sich mit dem Unbekannten Soldaten zufrieden geben. Im Dorf und in der Kleinstadt leben alte Trauerbräuche noch fort, die Großstadt muß auf sie eher verzichten, ein Grabmal des Unbekannten Automobilisten gibt es nicht.)

Geweint wird also in moderner Weise nur vereinzelt über jene die bezahlt haben, gelegentlich gibt es einen Kongreß über das Selbstmordproblem. Eine dauernde öffentliche Aufmerksamkeit für den Tod der dritten Potenz kann nicht festgestellt werden, eine allgemein wirksame Trauerarbeit (Erinnern, Wiederholen, Durcharbeiten) zwecks öffentlicher Bewältigung der ebenso öffentlichen Gewalttätigkeit im Angesicht der Opfer gibt es nicht, der Verfasser ist froh und dankbar über jeden Leser, der bis hierher durchgehalten hat. Es gibt lediglich den Wiederholungszwang öffentlicher Art, diese Monotonie der Unfallmeldungen, immer wieder: Wieder hat der Verkehr seine Opfer gefordert, das Tankstellen-Netz muß erweitert werden, der diesjährige Automobilsalon in Genf verspricht interessant zu werden.

Die Frage nach dem was nach dem Tod ist und was nicht wurde öffentlich und automobilistisch im Fall des Josef Siffert bereits beantwortet, nach Maßgabe der heute allgemein verfügbaren Philosophie, kurz und bündig, journalistisch schlagend als Ausdruck eines normalen Paranoids:

Helm blieb übrig.

Und sie kamen zu einem Gehöft mit Namen Getsemani, und er sprach zu seinen Jüngern: Setzt euch hier nieder, während ich bete.

Und Petrus, Jakobus und Johannes nahm er mit sich und begann zu erschauern und verzagt zu sein und sprach zu ihnen: Meine Seele ist betrübt bis in den Tod. Bleibet hier und wachet.

Dann ging er ein wenig weiter, warf sich auf die Erde nieder und betete daß diese Stunde an ihm vorübergehen möge wenn es möglich wäre und sprach: Abba, alles ist dir möglich, laß diesen Kelch an mir vorübergehen. Doch nicht was ich will sondern was du willst.

Und er kam und fand sie schlafend.

Zurück zu den alten Frauen

Madame R. war als Bedienerin und Geschirrwäscherin in verschiedenen Restaurants berufstätig gewesen, mit 68 hatte sie aufgehört mit der Arbeit aufgrund der Tatsache daß ihre Körperkräfte nicht mehr ausreichten für ihre Tätigkeit. Leider hatten ihre verschiedenen Arbeitgeber sie nicht bei der Altersversicherung angemeldet, Madame R. erhielt deshalb nur viermal 180 Francs jährlich, wovon viermal 150 Francs jährlich für die Miete ihrer Wohnung bezahlt werden mußten. Madame R. verfügte jedoch über einige Ersparnisse, mit diesen hielt sie vier Jahre durch. Dann riet ihr eine Nachbarin, sich an die Fürsorgerin zu wenden, das tat sie auch, erhielt eine Rente von 870 Francs vierteljährlich, und 80 Francs Mietbeihilfe. Das Budget von Madame R. beträgt seither acht Francs pro Tag. Pro Woche verzehrt Madame R. drei Beefsteaks, zwei Kilo Kartoffeln, Käse, 1 Pfund Kaffee. Abends pflegt Madame R. meist nur einen Apfel mit etwas Zucker und Butter zu sich zu nehmen. Am Sonntag speist Madame R. bei einer Freundin, diese gibt ihr die Reste der Mahlzeit zum Aufwärmen am Montag. Madame R. verfügt leider nur über einen kleinen Petroleumofen als Heizgelegenheit und Kochgelegenheit. Im übrigen pflegt Madame R. kaum zu heizen; im Winter bleibt sie lange im Bett und verbringt ihre Tage in Kaufhäusern und Kirchen. Manchmal geht Madame R. auch ins Kino. In Paris gibt es einige Lichtspieltheater, die vor 13 Uhr billiger sind. Dort sieht sie sich den Film zwei- oder dreimal an und geht dann zu Fuß nach Hause. Überhaupt geht Madame R. viel spazieren, liest die Überschriften der Zeitungen am Kiosk und nimmt auf diese Weise am Weltgeschehen teil, auch erhält sie von Nachbarn Zeitungen vom Vortag. Zwei Neffen leben in der Provinz. Madame R. ist so weit mit ihrem Leben zufrieden, lediglich ihre Wohnverhältnisse stellen ein gewisses Problem dar. Ihr ziemlich kleines Zimmer in einem alten herrschaftlichen Haus befindet sich im vierten Stock, wobei die letzten beiden Halbetagen nur über schmale und hohe Stufen erreichbar sind. Die Toilette ist für Madame R. eher mühsam zu erreichen: Abstieg über eine Halbetage, Aufstieg über eine weitere Halbetage, weitere 15 steile Stufen. Wenn sich Madame R. nicht ganz wohl fühlt, lehnt sie sich an die Wand und blickt die 15 steilen Stufen hinunter gelegentlich des Rückwegs und fragt sich, wie sie den Abstieg wohl bewältigen werde. Ihre Nachbarn möchten gerne das Zimmer haben in dem

Madame R. wohnt, Madame R. fürchtet sich davor, daß ihre Nachbarn sie ins Altersheim abschieben könnten, lieber möchte sie sterben als ins Altersheim gehen, sagt Madame R. Wer die Verhältnisse in französischen (englischen, deutschen, italienischen, amerikanischen etc.) Altersheimen ein wenig studiert hat, kann den Standpunkt von Madame R. verstehen.

Wilhelm Seibold schreibt: Gewiß, ich kann von mir in aller Bescheidenheit sagen, daß ich so gelebt habe, um keine Hölle fürchten zu müssen. Wo liegt die Ruhe und Befriedigung? Die schönsten Hypothesen nützen nichts, sie bleiben eben nur Hypothesen. Könnten auf unserem Planeten die Menschen anders sein als sie sind? Gilt auf dieser Erde nicht die Selbstbehauptung jedes einzelnen Wesens? Warum müssen auf unserer Erde Tiere von Tieren und Pflanzen leben und wir Menschen von Tieren und Pflanzen?

Simone de Beauvoir schreibt: Und das ist der Grund, weshalb ich dieses Buch schreibe, um die Verschwörung des Schweigens zu brechen. Die Konsumgesellschaft, so schreibt Marcuse, hat das unglückliche Bewußtsein durch ein glückliches Bewußtsein ersetzt und verwirft jedes Schuldgefühl. Sie muß aus ihrer Ruhe gerissen werden. Denn gegenüber den alten Menschen ist sie nicht nur schuldig, sondern kriminell. Verschanzt hinter die Mythen des Wirtschaftswachstums und des Überflusses, behandelt sie die Alten wie Parias. In Frankreich, das den höchsten Prozentsatz an Alten auf der Welt hat, sind sie verurteilt zu Armut, Einsamkeit, Krankheit, Verzweiflung. In den USA ist ihr Los nicht besser. Um diese Barbarei mit der humanistischen Moral in Einklang zu bringen, die die herrschende Klasse im Munde führt, befleißigt sie sich der bequemen Haltung, die Alten nicht als Menschen anzusehen. Wenn man ihre Stimme hörte, müßte man erkennen, daß es eine menschliche Stimme ist. Ich werde meine Leser zwingen, sie zu hören. Ich werde beschreiben, in welcher Lage sie sich befinden und wie sie leben. Ich werde sagen, was wirklich in ihren Köpfen und Herzen vorgeht.

(Der alte Seibold schreibt. Simone de Beauvoir schreibt. Marcuse schreibt. Ich schreibe. Heute, da ich diese Zeilen schreibe, werde ich am Abend in die Kirche hinuntergehen und eine Messe lesen für etwa 30 Personen, wovon die Mehrzahl älter und weiblichen Geschlechts. Diese schreiben keine Bücher, leben unter ähnlichen Verhältnissen wie Madame R. und kommen jeden Abend in die Kirche, wo eine Messe gelesen wird. Nachher gehen sie nach Hause und sind allein in ihrer Wohnung. Morgen werde ich weiterschreiben.

Die alten Frauen werden aller Wahrscheinlichkeit nicht lesen was ich schreibe, es handelt sich bei den alten Frauen vornehmlich um Personen mit bescheidenem Bildungsgrad die wenige oder gar keine Bücher lesen, außerdem sind Bücher verhältnismäßig teuer.

Für die alten Frauen ist das Lesen der Messe besser als das Schreiben von Büchern. Zwischen meiner schriftstellerischen Tätigkeit und der Situation der alten Frauen in der Kirche besteht eine Unvereinbarkeit, diese vermag ich schreibend nicht zu lösen, vor Drucklegung des Manuskripts werden etliche alte Frauen bereits gestorben sein. Ich vermag lediglich, schreibend darauf aufmerksam zu machen, daß dies so ist wie es ist.)

Der alte Seibold stellt Fragen, die nach dem Stand unseres derzeitigen Wissens unbeantwortbar sind, Fragen nach der Grausamkeit der Ernährungsvorgänge, Fragen nach der Erlösung. Der alte Seibold teilt mir schreibend mit, daß er nachsinne darüber, wie man die Welt und ihre Menschen verbessern könnte. Die alte Beauvoir ist energischer und zorniger als der alte Seibold. (Sie ist ca. sieben Jahre jünger als der alte Seibold.) Sie will ihre Leser dazu zwingen, auf die (menschliche) Stimme der alten Leute zu hören. Die alte Beauvoir fordert ihre Leser schreibend zu einer bestimmten Haltung auf: Hören wir auf, uns selbst zu belügen; der Sinn unseres Lebens ist in Frage gestellt durch die Zukunft, die uns erwartet; wir wissen nicht, wer wir sind, wenn wir nicht wissen, wer wir sein werden; erkennen wir uns in diesem alten Mann, in jener alten Frau.

Die alte Beauvoir vertritt die Auffassung, daß unsere gegenwärtige kapitalistische Gesellschaft grausamer als jede frühere gegenüber ihren alten Leuten sich verhält, und daß dies generell verschwiegen, verdrängt, verleugnet wird. Die Analysen der alten Beauvoir sind geeignet, dem alten Seibold ein Licht aufzustecken. Zwar beantwortet die alte Beauvoir die Fragen des alten Seibold nicht, aber sie macht deutlich, warum ihm solche Fragen überhaupt in den Sinn kommen.

Die Fragen der um ihr Leben Geprellten sind so alt wie die sogenannten Hochkulturen, der alte Seibold (Beruf: Bauer im Ruhestand) hat einen Vorläufer in der Literatur des alten Ägypten. Vor rund 4000 Jahren entstand dort eine Schrift unter dem Titel: ›Die Klagen des Bauern‹. Ebenfalls aus Ägypten stammt das ›Gespräch des Lebensmüden mit seiner Seele‹, aus dem alten Mesopotamien wird das ›Gespräch zwischen Herrn und Sklaven‹, die ›Dichtung vom leidenden Gerechten‹ und die ›Klagen eines babylonischen Weisen über die göttliche Ungerechtigkeit‹ überliefert. In dieser sogenannten Weisheitsdichtung des alten Orients wird eine hilflose

Klage laut, eine Resignation, ein Pessimismus, eine Trauer. Eine hochkulturelle Klasse, nämlich die der Hofschreiber, machte sich auf diese Weise etwas Luft (wobei alles beim alten blieb). Der altorientalische Beamtenstand hat Sprüche verfaßt und Fragen formuliert, nach dem Bösen in der Welt und nach der göttlichen Ungerechtigkeit, seither sind diese Fragen nie wieder verstummt, und eine verbindliche Antwort wurde nicht gefunden. Im Winter bleibt Madame R. lang im Bett und verbringt ihre Tage in Kaufhäusern und Kirchen. Sie ist froh wenigstens 8 Francs pro Tag zu haben. Ins Altersheim will sie nicht, lieber würde sie sterben.

Zu den öffentlichen Trauerveranstaltungen für die kranke Industriegesellschaft sollten nicht nur die Alten über 65 eingeladen werden. Bereits mit 40 wird eine Schwelle überschritten in Richtung Krankheit, Einsamkeit, Untauglichkeit, Häßlichkeit, Schwäche, Überflüssigsein, Dürftigkeit, Bitterkeit. Für die USA hat Prof. Sheppard in dankenswerter Weise für die wissenschaftliche Feststellung dieser Schwelle gearbeitet, im Rahmen einer neuen Unterabteilung der angewandten Sozialwissenschaften, der Industrie-Gerontologie (industrial gerontology). Die Industrie-Gerontologie befaßt sich einerseits mit den Problemen des Ruhestandes in Industriegesellschaften, andererseits mit den Problemen derer, die aufgrund ihres Lebensalters gewisse Schwierigkeiten bei der Postensuche haben. Diese Schwierigkeiten setzen in einigen industriellen Branchen bereits mit 35 bis 40 ein und erreichen mit 45 beachtliche Dimensionen. Als Industrie-Soziologe hat sich Prof. Sheppard schon längere Zeit mit den Problemen älterer Arbeiter beschäftigt. Er leitete die Forschungsabteilung des Speziellen Komitees für Altersprobleme im US-Senat, gehörte dem Ausschuß des Nationalen Rates für Altersprobleme an, arbeitete für das Unterkomitee des Senats für Arbeitskraft, Beschäftigung und Armut, diente der Kennedy-Administration beim Programm der Städtesanierung.

Am 12. Juni 1968 trat in den USA das Gesetz gegen die Alters-Diskriminierung bei Arbeitnehmern in Kraft. Es soll die Arbeitnehmer zwischen 40 und 65 Jahren dagegen schützen, einzig und allein wegen ihres Lebensalters bei der Suche nach Beschäftigung benachteiligt zu werden.

Die Wirtschaft neigt anscheinend dazu, Arbeitnehmer über 40 eher zu entlassen und seltener anzustellen als solche unter 40. In der fortschrittlichsten Industriegesellschaft auf der Welt beginnen die Altersprobleme mit 40. (In Schweden ist etwas weniger als die Hälfte der Bevölkerung über 40.)

Die Jungen (bis 25) haben mit den Alten (ab 65) einige Merkmale gemeinsam: Eine hohe Rate an Beschäftigungslosigkeit, ein eher nach innen gerichtetes Denken, Neigung zur Depression, Schwierigkeiten beim Heiraten, seelische Veränderungsprozesse.

Wenn es wahr ist, daß man in den Industriegesellschaften mit rund 25 voll in den Arbeitsprozeß eingegliedert und ab 40 schon wieder langsam ausgegliedert wird, dann ist ein Märchen aus der Sammlung der Brüder Grimm lehrreich:

Als Gott die Welt geschaffen hatte und allen Kreaturen ihre Lebenszeit bestimmen wollte, kam der Esel und fragte, wie lange er leben solle. Dreißig Jahre, antwortete Gott. Dem Esel ist das zu lange, er verweist auf seine mühselige Tätigkeit beim Säckeschleppen, und so erläßt ihm Gott 18 Jahre. Auch dem Hund, der als nächster erscheint, sind 30 Jahre zuviel, ihm werden 12 erlassen. Dem Affen schließlich, der auch keine 30 Jahre leben will, werden zehn davon geschenkt. Endlich erschien der Mensch, war freudig, gesund und frisch und bat Gott, ihm seine Zeit zu bestimmen. Dreißig Jahre sollst du leben, sprach Gott. Da rief der Mensch: Welch eine kurze Zeit. Wenn ich mein Haus gebaut habe und das Feuer auf meinem eigenen Herde brennt, wenn ich Bäume gepflanzt habe die blühen und Früchte tragen, und ich meines Lebens froh zu werden gedenke, dann soll ich sterben. O Herr, verlängere meine Zeit. So handelt sich der Mensch nach und nach die Jahre des Esels, des Hundes und des Affen ein, und so lebt der Mensch 70 Jahre. Die ersten 30 sind seine menschlichen Jahre, die gehen schnell dahin. Da ist er gesund und heiter, arbeitet mit Lust und freut sich seines Daseins. Hierauf folgen die 18 Jahre des Esels, da wird ihm eine Last nach der anderen aufgelegt; er muß das Korn tragen, das andere nährt, und Schläge und Tritte sind der Lohn seiner treuen Dienste. Dann kommen die Jahre des Hundes, da liegt er in den Ecken, knurrt und hat keine Zähne zum Beißen. Wenn diese Zeit vorüber ist, dann machen die Jahre des Affen den Beschluß. Da ist der Mensch schwachköpfig und närrisch, treibt alberne Dinge und wird ein Spott der Kinder.

Im Märchen beginnen die Mißlichkeiten bereits mit 30, für den Age Discrimination in Employment Act (siehe oben) mit 40. Hinter dem US-Gesetz arbeitet ein Wille zur Besserung der grausamen Verhältnisse, im Märchen spricht ein trauerndes ironisches Wissen um den Preis der bezahlt werden muß für eine verlängerte Lebenserwartung.

Zwischen 25 und 40 leben wir im Durchschnitt passabel, vorher und nachher gibt es Probleme, werden unbeantwortbare Fragen gestellt, wird die vernichtende Sinnlosigkeit spürbar. Die Jungen sind dabei relativ besser daran, sie haben die Jahre des Menschen noch vor sich. Mit 40 setzt auch für sie die Frage ein ob das alles war, beginnt der stockende endlose Dialog zwischen Herren und Knechten mit seinen banalen Wiederholungen, gelegentlichen Wutausbrüchen und dem Zwischenresultat von acht Francs pro Tag für Madame R. in Paris und anderswo.

Ich arbeite bei keiner Regierungskommission mit wie Prof. Sheppard, ich bin u. a. mit dem Lesen der Messe für alte Frauen beschäftigt. Die Messe beginnt mit dem Geständnis einer Schuld, mit dem Aussprechen einer Schuld. Eine Schuld wird trauernd ausgesprochen und somit der Verdrängung, Verleugnung entrissen, zum Zwecke der Erinnerung, Wiederholung und endlichen Bewältigung kraft kollektiver Trauerarbeit und reinigender Tränen. Nicht als trockene verzweifelte endlose Reue entsprechend dem Wunsch und Willen der Mörder und des Gottes Jupiter, wie trefflich dargestellt in Sartres ›Die Fliegen‹. Sondern als Tribunal für die Herren seit altersher, die hochkulturellen und neuerdings industriellen jüngeren und älteren Herren in guter und unauffälliger Kleidung, die sollen sich vor den alten Frauen verantworten zu Beginn der Messe, aber sie haben leider keine Zeit dafür und müssen zu einer Sitzung über die Probleme des Alterns in den industrialisierten Gesellschaften. So daß ich mit den alten Frauen allein bleibe in der Kirche, mit den Opfern des Fortschritts allein bleibe und mit diesen das Schuldbekenntnis vollziehe anstelle anderer (dic haben keine Zeit zur Trauer).

Wir eröffnen unsere Erste Imaginäre Allgemeine Öffentliche Trauerfeier für Teilnehmer über 40 (Kinder und Jugendliche sind herzlich willkommen) mit einem Text aus dem 6. vorchristlichen Jahrhundert, entnommen dem 61. Kapitel des Buches Jesaja, Vers 7: Weil zweifach ihre Schande, weil Schmähung und Bespeiung ihr Anteil war, werden sie ein zweifaches Erbe in ihrem Land erhalten, ewige Freude wird ihnen zuteil. Es darf zwecks besseren Verständnisses dieses Textes darauf hingewiesen werden, daß in ihm welthistorisch erstmals die zweifache Schande der Armen insgesamt zum Gegenstand der Aufmerksamkeit erhoben wird (in bis dato unerledigter Weise).

Unter dem Ausdruck der zweifachen Schande möchten wir hier die Tatsache verstanden wissen, daß die Armen nicht nur arm (geprellt, alt etc.) sind (= einfache Schande), sondern daß sie außerdem dumm genug sind, ihre Befreier kreuzigen zu lassen (= zweifache Schande). An dieser Stelle möchte ich mich im übrigen jener theologischen Lehrmeinung anschließen, derzufolge verhältnismäßig wenige in die Hölle kommen sollen. Arm sind demnach die meisten, diese sollen wegen ihrer zweifachen Schande ein zweifaches Erbe erhalten und ewige Freude. Also erstens Einsicht in ihre Lage und zweitens die Beendigung der Bespeiung, für und für, ohne Ende, immerdar etc.

Hierbei handelt es sich selbstverständlich um einen frommen Wunsch in der Kirche, den Armen wird damit keineswegs reell geholfen, nicht einmal einen Age Discrimination in Employment Act kann man damit durchbringen, Madame R. bleibt bei ihren acht Francs. Lediglich eine Erkenntnis wird mit diesem Jesaja-Versprechen eingeleitet konträr zum hochkulturellen und neuerdings industriellen Pharaonentum, eine Erkenntnis über die Tatsache des Vorhandenseins einer zweifachen Schmach. Was schon viel ist an Weltverneinung bzw. rücksichtsloser Kritik am Bestehenden, gemessen an dem ziemlich generell vorhandenen pauschalen Einverständnis mit den Verhältnissen von seiten der Armen und ihrer (berechtigten) Erfahrung: Es kommt selten etwas Besseres nach.

Solange die Kinder in der Schule die Hochkulturen ohne Anführungszeichen lernen müssen, solange also kein Scharfblick vorhanden ist bei der Beurteilung der verschiedenen Errungenschaften menschlichen Sinnens und Trachtens – so lange ist der Jesaja-Text nicht veraltet. Er wurde deshalb zitiert, um das hohe Alter jener geschichtlich gewordenen schändlichen Bedingungen zu betonen, denen zufolge der alte Seibold so fragen muß wie er fragt und Madame R. mit acht Francs täglich das Auslangen finden muß, als ebenso wichtiges Ergebnis menschlicher Erfindungskraft wie die Zahnbehandlung.

Dem alten Seibold sagen wir damit nichts Neues bezüglich Lebenserfahrung, er stellt fest: Mußte Bauer werden der sich nicht fortbilden durfte.

Er braucht jetzt nur mehr zusammenzudenken: Dieses Muß (der zweifachen Schande) und sein Fragen nach der Erlösung.

Manche machen für diese traurigen Zusammenhänge Mr. Nixon verantwortlich, andere den lieben Gott, wiederum andere die herrschende Klasse (was in dieser Liste von Angriffszielen immer noch das Nützlichste ist).

Als Messeleser bin ich gerne bereit, im Bedarfsfalle meine bescheidenen Dienste bei der Veranstaltung allgemeiner öffentlicher Trauerfeiern für die kranke Industriegesellschaft zur Verfügung zu stellen. Einzuladen wären wie gesagt in erster Linie Personen beiderlei Geschlechts über 40, Kinder und Jugendliche sind herzlich willkommen.

Da es solche Trauerfeiern derzeit noch nicht gibt, muß ich mir beim Trösten unter anderem von Donald Duck helfen lassen. Donald Duck ist ebenso imaginär wie meine allgemeinen öffentlichen Trauerfeiern, aber er ist weitaus lustiger. Sein Unterhaltungswert ist beträchtlich, Donald Duck verkauft sich gut. Er wurde bekanntlich vom populärsten Theologen unseres Jahrhunderts erfunden, nämlich von Walt Disney (gest. 1966). Die theologische Position von Walt Disney soll hier nur angedeutet werden. Während Mickey Mouse eine unverdrossene und kompetente Aktivität im Kampf gegen das Böse erfolgreich vertritt, macht sich bei Donald Duck eine Erfahrung des Scheiterns bemerkbar. (Man vergleiche hierzu die Lehren der sog. Existenzphilosophie, insbesondere von M. Heidegger.) Donald Duck lebt in eher bescheidenen Verhältnissen und befindet sich beständig in Geldverlegenheit. Er wird von seinem reichen Onkel Dagobert häufig erpreßt und ausgenützt. (Man vergleiche hierzu die Lehren des sog. Marxismus.) Das theologische Genie Walt Disney erweist sich nun daran, daß Donald trotz dieser eher traurigen Voraussetzungen ein durchaus abwechslungsreiches und im Grunde vergnügtes Leben zu führen imstande ist. Donald verkörpert auf diese Weise eine sehr allgemeine Erfahrung, nämlich jene, daß unsere Lebenszeit zu kurz ist, um den Ausgleich zwischen arm und reich, oben und unten abzuwarten.

Eine andere ebenso allgemeine und reelle Erfahrung allerdings macht Donald nicht, woraus sich sein Marktwert an Trostspendung und Unterhaltung zumindest teilweise erklärt:

Donald Duck altert nicht.

Und während Petrus unten im Hof war, kam eine von den Mägden des Hohenpriesters. Und als sie den Petrus sich wärmen sah, faßte sie ihn ins Auge und sagte: Auch du warst bei dem Nazarener, dem Jesus.

Doch er leugnete und sprach: Ich weiß nicht und verstehe nicht was du meinst. Und ging hinaus in den vorderen Hof.

Als die Magd ihn sah fing sie wiederum an zu den Umstehenden zu sagen: Der gehört zu ihnen.

Er aber leugnete nochmals.

Bald darauf sagten die Umstehenden wiederum zu Petrus: Bestimmt bist du einer von ihnen. Du bist ja auch ein Galiläer. Da fing er an zu fluchen und zu schwören: Ich kenne diesen Menschen nicht von dem ihr redet.

Und sogleich krähte der Hahn zum zweitenmal.
Da erinnerte sich Petrus an das Wort das Jesus zu ihm gesagt hatte:
Ehe der Hahn zweimal kräht, wirst du mich dreimal verleugnen.
Und fing an zu weinen.

Wehe den Verschwiegenen.
Et vae tacentibus.
Wehe denen die über dich schweigen.
Et vae tacentibus de te.
Weil die Wortgewaltigen stumm sind.
Quoniam loquaces muti sunt.

Über Gott soll man unbedingt reden, meint Aurelius Augustinus. Weil nämlich ein jegliches Reden über Gott ohnehin einem Verstummen gleichkommt, ist Schweigen in diesem Fall verwerflich: et vae tacentibus de te, quoniam loquaces muti sunt.

Diese Maxime läßt sich auf jene übertragen, die professionell mit Kranken und Sterbenden befaßt sind, auf Ärzte und Krankenschwestern also, und auf die Angehörigen eines aufgegebenen Patienten. Sie alle verschweigen dem Sterbenden sein Los in der Regel, in den modernen Spitälern gerät die wortgewaltige Wissenschaftlichkeit der Medizin in dem Augenblick zur ärztlichen Verschwiegenheit, wenn die Diagnose hoffnungslos ist. Und auch die Angehörigen tun ganz selbstverständlich mit, bei diesem modernen Ritual das nirgendwo gesetzlich verankert ist und dennoch ohne nennenswerte Übertretungen funktioniert, als stillschweigende Übereinkunft über ein Stillschweigen im Angesicht des aufgegebenen Patienten, dieser befindet sich nach Auskunft seiner Umgebung ununterbrochen auf dem Wege der Besserung bis er schließlich stirbt. Daß die modernen Ärzte in Industrieländern ihre todkranken Patienten lieber im unklaren lassen, darf als ausgemacht gelten, aufgrund einschlägiger Untersuchungen und der Alltagserfahrung. Besonders eindringlich sind die betreffenden Verhaltensmuster von einer Gruppe von Soziologen beschrieben worden, im Rahmen einer sechsjährigen Studie in den USA über die Art der Betreuung aufgegebener Patienten (terminal patients) in Spitälern.

Die Autoren unterscheiden vier hauptsächliche Situationen: Der Patient ist ahnungslos, das Personal wahrt das Geheimnis. – Der Patient wird mißtrauisch, das Personal läßt ihn weiterhin im unklaren. – Der Patient hat eine Gewißheit über seinen Zustand erlangt, aber er verheimlicht sein Wissen; das Personal verhält sich ebenso. – Patient und Personal verzichten auf die Geheimhaltung des herannahenden Todes.

In den USA vertreten im Durchschnitt rund 85 Prozent der Ärzte die Auffassung, man solle aufgegebene Patienten über ihren Zustand im unklaren lassen. In Europa ist die Lage ähnlich. Man kann sagen, daß in der überwiegenden Zahl der Fälle eine Offenheit zwischen Patient, Personal und Angehörigen nicht erreicht wird. Alle Beteiligten respektieren ein mächtiges Tabu, der völlige Verzicht auf Geheimhaltung (die letzte Phase im oben angeführten Schema) gelingt nur in seltenen Fällen. Dieses Tabu ist kulturgeschichtlich ein Novum, in vorindustriellen Gesellschaften ist die Einstellung zum naturhaften Tod unbefangener. In den Spitälern asiatischer Länder kann beobachtet werden, wie sich die Angehörigen mehrere Tage vor dem vermuteten Ende um das Sterbebett des Patienten versammeln. Dieser weiß nun, woran er ist. In den fortschrittlichen Ländern ist der Sachverhalt sozusagen komplizierter. Wir zitieren aus dem Interview eines Soziologen mit einer Krankenschwester:

Frage: Hat der Patient über seinen Krebs oder seinen Tod gesprochen?

Antwort: Nein, darüber hat er nie gesprochen. Ich habe ihn nie das Wort Krebs aussprechen gehört.

Frage: Hat er sonstwie angedeutet daß er wußte daß er sterben wird?

Antwort: Den Eindruck hatte ich schon, ja. An dem Tag als sein Zimmernachbar zu ihm sagte er solle doch aufstehen und zu gehen versuchen, da hatte ich den Eindruck daß er ein wenig feindselig (antagonistic) wurde. Er sagte daß er sich sehr sehr krank fühle in diesem Augenblick.

Frage: Hat er nie darüber gesprochen daß er das Spital verlassen werde?

Antwort: Niemals.

Frage: Hat er über seine Zukunft gesprochen?

Antwort: Keine Spur. Habe ich nie gehört.

Frage: Sie haben gestern gesagt daß er ziemlich isoliert war, weil die Schwestern ihn für feindselig (hostile) hielten. Sie haben gesagt daß die Schwestern sich von ihm fernhielten.

Antwort: Nun ja, gegen Ende schon. Sehen Sie, das ist es was ich mit Isolierung gemeint habe, daß wir uns mit ihnen nicht abgeben (we don't communicate with them). Ich auch nicht, außer ich hatte etwas bei ihm zu tun. Also diese Isolierung. Vielleicht hätte ich mich mit ihm abgeben sollen.

Frage: Seitdem Sie wußten daß er sterben wird und halb und halb vermuteten daß er das auch wußte, glauben Sie daß es da eine Art stillschweigendes Einverständnis zwischen Ihnen beiden gab?

Antwort: Ich glaube schon. Also man kann das schwer ausdrükken. Aber wenn ich ins Zimmer kam, auch wenn es ihm sehr schlecht ging hat er mich angeschaut und zu lächeln versucht und den Eindruck erweckt, daß er sich fügte (that he accepted). Das ist ein Grund dafür warum ich glaube daß ich mich mit ihm hätte abgeben sollen. Und warum ich glaube daß er ziemlich isoliert gewesen ist.

Wehe denen die über den Tod schweigen.
Da doch unser Reden über ihn ein Verstummen ist.

Die Soziologen: Worauf kann sich der Patient sonst noch stützen außer auf das Wort des Arztes, wenn der Patient eine Kenntnis über sein Los erlangen will? Wollte man eine Liste von Direktiven für einen solchen Patienten aufstellen, sie würde folgendermaßen aussehen: Versuche deinen Arzt dazu zu bringen, dir die Wahrheit zu sagen. Außerdem höre genau auf das was das Pflegepersonal über dich sagt. Auch achte sorgfältig auf das was Ärzte oder Schwestern dir indirekt (obliquely) über deinen Zustand mitteilen könnten; denn manchmal geben sie dir Fingerzeige (they flash cues) über dich selbst, absichtlich oder unabsichtlich. Wenn du vorsichtig und schlau bist, kannst du sie unversehens ertappen.

Die Soziologen machen den Patienten darauf aufmerksam daß er keine Verbündeten hat. Durch Zufall und mit Absicht sind die Spitäler dafür eingerichtet, dem Patienten medizinische Informationen vorzuenthalten. Das Personal besitzt große Erfahrung darin. Krankengeschichten werden dem Zugriff der Patienten entzogen. Medizinische Diskussionen über Patienten finden gewöhnlich an entfernten Örtlichkeiten statt; wenn sie sich in Hörweite des Patienten ereignen, dann im Fachjargon. Das Personal ist angewiesen mit dem Patienten nur die oberflächlichen Aspekte seiner Erkrankung zu erörtern. Es besteht eine geheimgehaltene Verabredung von seiten des Personals den Patienten zu täuschen, um keine medizinischen Geheimnisse preiszugeben. Auch die Angehörigen bewahren das Geheimnis, auch die übrigen Patienten verraten nichts, sind taktvoll, wenn es ans Sterben geht.

Die meisten Patienten haben ohnehin keine Erfahrung beim Erkennen der Zeichen des herannahenden Todes. Sie sind Anfänger beim Sterben. Sie bleiben allein im zwiespältigen Kampf um die Wahrheit, ihre liebevollen Gegner sind alle anderen.

Über 50 Prozent der Patienten sterben derzeit in den USA in Spitälern. Der Anteil derer, die zu Hause sterben, ist im Abnehmen begriffen, nicht nur in den Vereinigten Staaten.

Es besteht eine Tendenz zur klinischen Behandlung des Sterbens.

Man ist von seiten der Angehörigen mehr und mehr geneigt, das Sterben in die Spitäler zu verlegen. Dort stehen kompetente Fachkräfte zur Verfügung (und diese können schweigen).

Für die Fachkräfte – so die Soziologen – stellt der Umgang mit aufgegebenen Patienten eine starke seelische Belastung dar. Manche Ärzte spezialisieren sich für solche Fachgebiete der Medizin, wo ihnen das Zusammentreffen mit Sterbenden erspart bleibt. Da die Mehrzahl der Ärzte es ohnehin vorzieht, todkranke Patienten über ihr Los im unklaren zu lassen, fällt die Hauptlast im Umgang mit ihnen auf das Pflegepersonal. Viele Schwestern geben offen zu, daß sie lieber auf Stationen arbeiten, wo es wenig Todesfälle gibt. Wenn sie es dennoch tun müssen, neigen sie zu einer fatalistischen Beurteilung ihrer Arbeit; manche halten sie aus, manche nicht. Die am meisten verbreitete Taktik im Umgang mit (ahnungslosen) Todkranken ist die der Beschränkung der Kontakte auf das Notwendigste. Das mit aufgegebenen Patienten befaßte Pflegepersonal besitzt im übrigen ein Wissen um sein Versagen. Die Schwestern fühlen, daß sie für den Umgang mit Sterbenden nicht gerüstet sind, daß ihre Ausbildung in diesem Punkt versagt. Die dienstliche Rechenschaftspflicht des Pflegepersonals erstreckt sich lediglich auf die technische Seite ihrer Arbeit; ob und worüber sie mit Sterbenden gesprochen haben, ist nicht Gegenstand der von Schwestern verlangten routinemäßigen Berichterstattung.

Moderne Arbeitsteiligkeit und Technik prägen die Vorgänge im Spital ganz selbstverständlich, müssen sie prägen. Was bei den Schwestern sonst noch zurückbleibt ist ein trauriges Gefühl der Unzulänglichkeit im Umgang mit Sterbenden. Dieses Gefühl ist folgenlos. Es wird dann manifest, wenn Soziologen Fragen stellen. Die Fachliteratur über den Umgang mit Schwerkranken bzw. Sterbenden (hauptsächlich aus den USA kommend) ist im übrigen bescheiden geblieben. Die Hilflosigkeit des wissenschaftlich-technischen Zeitalters bei der Bewältigung der letzten Frist ist offenkundig. Eine öffentliche, andauernde, eindringliche und allgemeine Erörterung dieser Hilflosigkeit findet nicht statt, sie würde die herrschenden Überzeugungen der Epoche in Frage stellen. Diese Hilflosigkeit unser aller wird vielmehr verdrängt, vergessen, verschwiegen, wie das Los der Alten und die Unfallstatistik.

Das Schweigen des Personals in den Spitälern, das Schweigen der Angehörigen im Angesicht eines bevorstehenden Todes ist also lediglich ein Symptom für die allgemeine Pathologie der gegenwärtigen Verhältnisse.

Ein jegliches Trostwort literarischer, psychologischer, philosophischer, theologischer etc. Art muß so lange partikulär und somit unverbindlich bleiben, als die pathologischen Bedingungen der derzeitigen Zustände nicht zum Gegenstand einer allgemeinen Kritik erhoben werden. Eine solche allgemeine Kritik setzt offenbar erst dann ein, wenn gesellschaftliche Krankheitszustände allgemein unerträglich werden. Dies ist derzeit (noch) nicht der Fall.

Somit stellt die soeben skizzierte Art und Weise des Sterbens in Spitälern einen notwendigen Preis für ein sonst vorhandenes prinzipielles Einverständnis mit dem Bestehenden dar.

In welcher seelischen Verfassung dieser Preis von den jeweils Betroffenen dann bezahlt wird, ist für die Gesamtheit der jeweils Überlebenden prinzipiell gleichgültig. Diese betrauern zwar eintretendenfalls den erlittenen Verlust mehr oder weniger heftig. Gelernt aber wird kollektiv nicht aus der Art und Weise der heute notwendig vorhandenen Bedingungen des Sterbens.

Der Weheruf über die Verschwiegenen trifft die Gesamtheit der Überlebenden.

Und von der sechsten Stunde an kam eine Finsternis über das ganze Land bis zur neunten Stunde.

Und in der neunten Stunde rief Jesus mit lauter Stimme: Eloi Eloi lama sabachtani.

Das heißt übersetzt: Mein Gott mein Gott warum hast du mich verlassen.

Als einige der Zuschauer das hörten sagten sie: Sieh er ruft den Elija.

Und einer lief, füllte einen Schwamm mit Essig, steckte ihn auf ein Rohr und gab ihm zu trinken, indem er sprach: Laßt, wir wollen doch sehen ob Elija kommt ihn herunterzuholen.

Jesus aber stieß einen lauten Schrei aus und verschied.

Die Rate ist kaum höher als jährlich 100 pro 100000, statistisch berechnet, also maximal 1 Promille. Es sind relativ wenige, die ihrem Leben selbst ein Ende bereiten, und doch geht von ihnen eine starke Wirkung aus. Auch dort, wo man ihren Entschluß respektiert (wie in Japan) kann nicht von Gleichgültigkeit gegenüber denen gesprochen werden die Schluß gemacht haben. Nirgendwo wird die konsequenteste Form der Weltablehnung allgemein empfohlen oder gar verlangt, wenngleich – immer als Ausnahme – der Märtyrer oder der Held zum Gegenstand einer Verehrung werden können. Die Reaktion des Kollektivs ist generell gesprochen die des Abscheus, der Furcht und des Grausens, schon die Bezeichnung führt (im Deutschen) einen Schimpf mit sich: Selbstmord. Als Verbrechen galt Selbstmord in Frankreich bis 1790, in Preußen bis 1796, in Österreich bis 1850, in England bis 1961. (Noch im Jahre 1955 wurde in England ein Mann, der im Gefängnis einen Selbstmordversuch unternommen hatte, zu zwei weiteren Jahren Gefängnis verurteilt. Das Urteil ging in die Berufung und wurde in eine einmonatige Strafe umgewandelt.) Selbst im kühlen Ton der Fachliteratur läßt sich nicht selten eine abweisende Haltung detektieren: dort nämlich, wo der Selbstmörder ohne Ausnahme als (seelisch) Kranker gekennzeichnet wird. Die Selbstmörder stellen eine abweichende Minderheit von einer menschheitlich allgemeinen Auffassung dar, die Befehlskraft hat: Das Leben ist lebenswert.

In der Christenheit gab wie in so vielem Aurelius Augustinus bezüglich Selbstmord den Ton an, und sofort mit großer Schärfe: Deshalb ist auch, wer sich selbst umbringt, unweigerlich ein Mörder.

Und das erste Drohbild, das dem Kirchenvater in den Sinn kommt bei seiner Polemik gegen den Selbstmord ist das des Judas Iskariot, mit Andeutung unwiderruflicher Verworfenheit: Wir verabscheuen mit Recht die Tat des Judas, und die Wahrheit hat über ihn das Urteil gesprochen. Er hat, als er sich erhängte, das Verbrechen seines ruchlosen Verrats nur noch gesteigert, statt es zu sühnen; er hat in seiner unheilvollen Reue an der Barmherzigkeit Gottes gezweifelt und sich so der letzten Möglichkeit für eine heilsame Reue begeben. Um wieviel mehr muß der von seinem Selbstmord abstehen, der nichts begangen hat, was durch eine solche selbst vollzogene Strafe zu sühnen wäre? Für Augustinus ist selbst die Reue des Judas unheilvoll, der verräterische Apostel gerät zum Prototyp des Selbstmörders, beschworen werden die Schrecken vom endgültig mißglückten Leben. Für Selbstmörder gibt es ebenso wenig Verzeihung wie für jenen Sohn des Verderbens; die Hölle ist ihnen gewiß.

Der kollektiv wirksame Schrecken bildet sich die Gestalt des Judas ein, legendär wie sie ist von allem Anfang an, mit dem Strick in der Hand anstelle des weggeworfenen Beutels mit den Silberlingen, später kommen rote Haare dazu. In den Judasgeschichten der Bibel ist von einem Acker die Rede, erworben vom Verräterlohn und als Friedhof für Fremde bestimmt. Hieronymus (gest. 420) bereits sucht dieses Grundstück im Hinnomtal Jerusalems. Mehrere Topoi des biblischen Grauens lassen sich im Hinnomtal lokalisieren mit Hilfe einer sozusagen geographischen Methode. (Der Tourist kann das Hinnomtal gelegentlich eines Spazierganges in die Gegend des Hauptbahnhofes überblicken; empfehlenswert ist der Aussichtspunkt Abu Tor.)

Das Hinnomtal bietet dem Touristen kaum Sehenswürdigkeiten. Es wird berichtet, daß vor langer Zeit hier Kinder dem Gott Moloch geopfert worden seien, daß König Josia später den Ort der Schande preisgab, durch Verbrennung von Totengebeinen. Schutt und Abfall brachte man ins Hinnomtal, und ein ständig brennendes Feuer sorgte für die Vernichtung des Unrats. Gegen Ende des 2. Jahrhunderts v. Chr. taucht das Hinnomtal in der damaligen jüdischen Literatur auf, als Strafort südlich von Jerusalem. Von einer tiefen und finsteren Kluft ist die Rede, dort brennt ein Feuer, in diesem werden abtrünnige Juden bis zum Endgericht gefoltert. Im Schlußsatz des Jesaja-Buches wird die Sache bereits vorweggenommen: Denn ihr Wurm stirbt nicht und ihr Feuer verlischt nicht. Sie werden zum Abscheu sein für jedes Fleisch.

Um 50 n. Chr. ist das Hinnomtal (als Gehinnom) der Strafort der Verdammten vor dem Endgericht, in der rabbinischen Literatur. Das alte Totenreich fällt mit Gehinnom zusammen, in undeutlicher Weise. Jedenfalls mit Strafe und Qual verbunden, nicht mehr als primitives Schattenland. So auch in den Evangelien, und im Munde Jesu: Besser ist es für dich daß eins deiner Glieder verlorengehe, als daß dein ganzer Leib nach Gehinnom kommt.

Der Kirchenvater Hieronymus lauscht später den in Jerusalem umlaufenden Geschichten, und stößt auf den Blutacker des Judas im Hinnomtal. Verworfenheit und Höllenpein lokalisieren sich in der Gestalt des selbstmörderischen Judas, die Geographie des Grauens hat ihren Ort, woselbst Heulen und Zähneknirschen sind.

Man kann verstehen, daß angesichts solcher Drohungen eine Einfühlung in den Selbstmörder kollektiv unmöglich war, für lange Zeit. In Arles wurde er 452 von einer Synode als vom Teufel besessen erklärt (wie Judas), noch heute wird ihm von der römischen Kirche prinzipiell das christliche Begräbnis verweigert.

Ein erstes Licht der Vernunft hat der Schotte David Hume (gest. 1776) aufgesteckt, in seinem posthum erschienenen Essay on Suicide. Hier wird dem Menschen ein Recht der Verfügung über sein Leben zugesprochen; und der gleichzeitig auftretende junge Werther macht (literarisch) von diesem Recht auch Gebrauch: Zuletzt stand er da, fest, ganz, der letzte, einzige Gedanke – Ich will sterben.

Ich will sterben: Eine schärfere, radikalere und allgemeinere Form der Weltablehnung (inklusive Gesellschaftskritik) läßt sich nicht denken. So gesehen erweist sich der Selbstmord, Selbstmordversuch als Sonderfall einer Haltung, die als Sterbenswille dem üblichen Lebenswillen entgegengesetzt ist. Jesus und Judas geraten in eine befremdliche Nachbarschaft; beide wollen sterben (wenn auch aus verschiedenen Beweggründen).

Gelegentlich scheint der Sterbenswille viele Menschen zugleich zu erfassen. Sie stehen unter einem Kommando, es handelt sich um Soldaten die in den Krieg ziehen, sie sind bereit zu sterben, meist wird ein Ziel genannt, irgendeine Große Sache. Doch darf man sich nicht täuschen lassen. Die treibende Kraft hinter einem Kriegstaumel ist nicht der Sterbenswille sondern der Tötungswille, und das eigene Umkommen dabei wird in Kauf genommen. Wobei die gemeinsam gegen den Feind stürmende Gruppe wichtig ist; als Truppe und gemeinsames Los mildert sie die Sterbensangst des einzelnen Kämpfers.

Ein klar ausgesprochener Sterbenswille pflegt die Umgebung zu verstören. Wenn er in die Tat umgesetzt wird, erzeugt er Fassungslosigkeit (als erste Instanz des Gefühls). Einen Grund für diese Reaktion hat Elias Canetti beschrieben: Die lebende Seite gibt ihren Angehörigen nicht gern her. Sein Verlust schwächt sie, und wenn es um einen Mann in der Kraft seiner Jahre geht, wird er von seinen Leuten besonders schmerzlich empfunden. Sie wehren sich dagegen, so gut sie es vermögen, aber sie wissen, daß ihr Widerstand nicht viel nützt. Jene Masse drüben ist größer und stärker, und zu ihr wird er hinübergezogen. Was immer man unternimmt, es geschieht im Bewußtsein jener Übermacht drüben.

Selten genug ist eine Unbefangenheit kollektiver Art erreicht worden angesichts des Sterbenswillens. In der Stadt Massalia gab es in der Antike eine Regelung für solche, denen am Leben nichts mehr lag. Sie trugen ihren Wunsch dem Rat der 600 vor und mußten ihn begründen. Wenn der Rat zustimmte, erhielt der Betreffende den Schierlingsbecher. Es wirkt überraschend, daß damals der Entschluß eines Menschen gebilligt wurde, dessen Lebensumstände beharrlich glücklich blieben und der einen Umschlag der Gunst des Schicksals befürchtete; auch ein solcher durfte sich töten.

Es gibt verhüllte Formen des Sterbenswillens, ohne Schierlingsbecher, aber mit entschiedener Weltablehnung. Ein Beispiel für diese asketische Haltung ist Francisco de Borja, Marques von Lombay und 4. Herzog von Gandia (Spanien), dann 3. General des Jesuitenordens, geboren 1510, gestorben 1572. Sein Geschlecht (italienisch Borgia) ist bekannt. (Die römische Kirche verehrt ihn als Heiligen.)

Francisco reitet als spanischer Grande im Gefolge des Leichenzugs der verstorbenen Kaiserin Isabel von Toledo nach Granada übers Land, zur Grabkapelle der katholischen Könige. Dort angekommen, fällt es ihm zu, nach einem alten Brauch die Identität der Toten zu beeiden. Die war jugendlich gestorben, und die Verwesung stark. Die Züge der Toten sind unkenntlich, Francisco vermag lediglich zu versichern, daß in Anbetracht der erwiesenen Sorgfalt beim Transport die Identität des Leichnams gesichert sei. Das Gefolge verschwindet rasch, Francisco bleibt in der Gruft, fasziniert von der Leiche, er spricht sie an: Wo sind, heilige Majestät, der Glanz und die Freude Eueres Gesichts? Wo jener Anstand und jene Schönheit, die nicht ihresgleichen hatten? Seid Ihr jene Donna Isabel? Seid Ihr meine Kaiserin und Herrin?

Und dann die Umkehr: Was tun wir, meine Seele? Was suchen wir? Welchen Dingen gehen wir nach? Wenn der Tod auf solche Weise mit der Majestät verfährt und den Höchsten der Erde – welche Heere werden sich ihm stellen, welche Macht bietet ihm die Stirn? Wäre es nicht gut, im Leben der Welt zu sterben, um Gott zu leben im Tod?

So spricht der Grande mit 29 Jahren, fortan meidet er seine Frau. Nach deren Tod wird er Jesuit zur höheren Ehre Gottes, verzichtet auf seine Ämter und Würden und läßt sich zum Priester weihen.

Der Antrieb des Borgia läßt sich – historisch faßbar – von Buddha bis heute erkennen, eine starke Wirkung geht von ihm aus. Der Blick auf den Tod bestimmt den Stil der Lebensführung, die Triebe werden abgetötet schon bei Lebzeiten, insbesondere der des Geschlechts, man darf von einer Art beharrlicher Vorwegnahme des Sterbens sprechen. Die dadurch gewonnene Gelassenheit verleiht dem Asketen eine starke Überlegenheit über die am Leben Hängenden, sein schließliches Sterben überrascht ihn nicht.

Der alternde krebskranke Dr. Freud erkennt: Der alte Mann aber hascht vergebens nach der Liebe des Weibes, wie er sie zuerst von der Mutter empfangen; nur die dritte der Schicksalsfrauen, die schweigsame Todesgöttin, wird ihn in ihre Arme nehmen.

Das Alterswerk Freuds wird von der Hypothese des Todestriebs beherrscht, womit der Antrieb des jungen Borgia in dunkler Weise verallgemeinert wird; der Tod gerät zum letzten Streben jeden Lebens: Aufgrund theoretischer, durch die Biologie gestützter Überlegungen supponierten wir einen Todestrieb, dem die Aufgabe gestellt ist, das organische Lebende in den leblosen Zustand zurückzuführen.

Weltablehnung bereits bei Hiob, in Form der Verfluchung der eigenen Geburt; als verscharrte Fehlgeburt wäre es ihm besser ergangen, dann läge er still und hätte Ruhe.

Im Übermaß des Leidens entsteht der Wunsch, nie geboren zu sein, mit einer Tendenz zurück zum Mutterleib, dort war Geborgenheit, und das Leben einigermaßen erträglich. So klagen die Geprellten, die von Natur (durch Krankheit) und Gesellschaft (durch Not) Geprellten, mit und ohne Neurosen, und manche ziehen die Konsequenz. Warum nur ein kleiner Teil Schluß macht, das weiß die moderne Forschung nicht bündig zu sagen; die Höhe der Selbstmordraten (und Selbstmordversuchsraten) läßt sich durch eine einzige Ursache oder auch Ursachenbündel nicht erklären. Warum in West-Berlin die Selbstmordrate so hoch ist (über 40) und in Spanien so niedrig (unter 10), darüber können lediglich Vermutungen angestellt werden. Und warum gerade dieser eine Selbstmordhandlung gesetzt hat und jener nicht, unter sonst ähnlichen Voraussetzungen, das bleibt oftmals ein Rätsel.

Immerhin fällt auf, daß die im Sterbenswillen anwesende Weltablehnung allgemeiner ist als die Selbstmordhandlung; letztere ist sozusagen die letzte Konsequenz einer Verfassung, für die Hiob ein frühes Beispiel ist.

Die Antwort des Hiob auf ein unerträglich gewordenes Leben ist – als radikale Weltablehnung – keineswegs so selten wie der Selbstmord. Madame R. (siehe weiter oben bei den alten Frauen) möchte lieber sterben als ins Altersheim kommen. Madame R. formuliert ihre Weltablehnung hypothetisch, ihr Todeswille äußert sich in der Möglichkeitsform, noch ist sie nicht im Altersheim. Man kann, wie schon gesagt, ihren Standpunkt verstehen.

Die Weltablehnung hat ihre Richtungen, Stufen und Formen, nach der Auffassung von Max Weber. Weltablehnung, Weltverneinung stellen nach dieser Theorie den kollektiv wirksamen Versuch dar, einen Sinn zu stiften durch Abwendung von der bösen Wirklichkeit und so das Heil zu erlangen, also: die Erlösung.

Generell geht die Richtung der Bewegung von draußen nach drinnen, weg vom Geschrei des Marktes, dem Kampf der Parteien, der Aufmerksamkeit für gelungene Gestaltungen, der Liebeslust, dem forschenden Geist; die historischen Heilandsreligionen lebten in einem ständigen Spannungsverhältnis zur Welt und ihren Ordnungen, ihren ökonomischen, politischen, ästhetischen, erotischen, intellektuellen Sphären, hier wird ein Alles-ist-Nichtig gesprochen, von den Mönchen zuerst (in Indien), später von den Massen, als Seufzer der bedrängten Kreatur. Negativität also in den Heilandsreligionen, Erlösungsreligionen nach Auffassung Webers, Weltablehnung, Weltverneinung, rücksichtslose Kritik des Bestehenden zumindest im Ansatz. Wobei der Umschlag von gottergebener Duldsamkeit zum Aufbegehren gelegentlich sehr schnell erfolgen kann, wie beispielsweise im Chor der Gefangenen in der Oper ›Fidelio‹, und manchmal auch auf der Straße, beispielsweise in Paris, anno 1789.

Wo dieser Umschlag nicht erfolgt, nicht erfolgen kann (wie bei Madame R.), dort wird der Tod zur heimlich anwesenden Lockung, der Sterbenswille mischt sich ins Lebensgefühl, und oft mit guten Gründen, also ohne endogene Depression. Hiob führt einen durchaus gesunden Chor an, die Weltablehnung gehört keineswegs ins Irrenhaus, sie ist berechtigt.

Zwischen berechtigter Kritik und selbstzerstörender Verzweiflung werden moralische Grenzen gezogen, meist mit Erbitterung wie bei Augustinus, wiewohl die Gemeinsamkeit beider eklatant ist, als Weltablehnung nämlich. Moralischen (und nicht empirischen) Ursprungs ist die Annahme, daß jede Selbstmordhandlung auf psychische Störungen zurückgehen müsse. Die Behandlung gescheiterter Selbstmörder in den fortgeschrittenen Gesellschaften geht von dieser Annahme aus: sie werden (auch gegen ihren Willen) in eine psychiatrische Anstalt gewiesen. Daß ihr Lebenswille dort oft gekräftigt wird, ist eine Tatsache. Die Beweislast jedoch liegt von vornherein beim Patienten; es liegt bei ihm, seine seelische Gesundheit gegen den ärztlichen (und polizeilichen) Verdacht zu behaupten.

Plötzlich wird die Umgebung aufmerksam und tätig. Ihre Gleichgültigkeit schlägt angesichts des röchelnd und bewußtlos Aufgefundenen in Betriebsamkeit um, man pumpt ihm den Magen aus. Die lebende Seite gibt ihren Angehörigen nicht gern her.

Man weiß, daß bei vielen Selbstmordhandlungen der Wunsch nach eben dieser Aufmerksamkeit beteiligt ist, deutlich oder uneingestanden, in einer schwer zu scheidenden Mischung von Weltablehnung und Lebenswille. (Die Osterglocken läuten, Faust setzt die Schale mit dem Auszug aller tödlich-feinen Kräfte ab: Die Träne quillt, die Erde hat mich wieder.)

Besonders im Hotelgewerbe sind Selbstmorde unerwünscht. Die Holiday-Inn-Kette beschäftigt unter anderem einen Kaplan (full time), der die Tätigkeit einer Gruppe freiwillig arbeitender Geistlicher koordiniert; diese betreuen 820 Holiday Inns in den USA und haben insgesamt 235 Gäste davon abgehalten Selbstmord zu verüben. Im Jahresdurchschnitt wird alle drei Tage irgendwo in der Welt eine neue Holiday Inn fertiggestellt. Derzeit verfügt Holiday Inns über 300000 Doppelbetten und beherbergt pro Jahr mehr als 70 Millionen Gäste.

Die Gäste werden gebeten, sich vor einem allenfalls beabsichtigten Selbstmord an den Kaplan zu wenden.

Als es nun schon Abend wurde kam Josef von Arimatäa, ein angesehener Ratsherr, der auch auf das Reich Gottes wartete.

Er wagte es zu Pilatus zu gehen und bat um den Leichnam Jesu. Pilatus aber wunderte sich daß er schon gestorben sein sollte, ließ den Hauptmann kommen und fragte ihn ob Jesus schon tot sei. Als er dies vom Hauptmann erfahren hatte, schenkte er den Leichnam dem Josef.

Da kaufte dieser Leinwand, nahm ihn herab und hüllte ihn in die Leinwand, legte ihn in ein Felsengrab und wälzte einen Stein vor den Eingang.

Wir alle sind Hinterbliebene, die ganz kleinen Kinder ausgenommen. Wir haben unsere Toten bestattet, mehr oder weniger feierlich. Wir haben getrauert, so gut oder schlecht als es uns eben möglich war. Wir haben geweint und wir haben erkannt, daß gegen den Tod kein Kraut gewachsen ist. (Sogar Gott hat sterben müssen am Karfreitag, so haben wir es im Religionsunterricht gelernt.)

Als Hinterbliebene wissen wir daß unserem Leben eine Frist gesetzt ist (meist unbekannter Dauer), und daß es keine Instanz gibt im Himmel und auf Erden die uns das Sterbenmüssen erspart.

Soweit die Tatsachen des Karfreitag.

Die Hinterbliebenen haben geweint, Tränen schmecken bitter. Nach einer Weile hören die Hinterbliebenen allmählich zu weinen auf, im günstigen Fall haben sie den Verlust bewältigt. Die Welt dreht sich weiter, in Ruinen wohnt man schlecht. Die Hinterbliebenen greifen nach ihren Werkzeugen, es gibt einiges zu tun.

Am Karsamstag beginnen sich die hinterbliebenen Apostel zu fragen, was denn nun geschehen solle. Einfach sich so zu verhalten als ob nichts gewesen wäre, dazu will sich keiner verstehen. Ob man nicht einfach und fürs erste dort weiterarbeiten soll, wo man vor der Katastrophe aufgehört hat?

Zu tun gibt es immer noch genug: Heilet die Kranken, weckt Tote auf, macht Aussätzige rein, treibt Teufel aus.

An diese Aufforderung des Meisters können sich die hinterbliebenen Apostel erinnern, und erledigt ist der Auftrag mitnichten. Kranke, Aussätzige und Besessene gibt es die Menge, auch Tote selbstverständlich. Jeder wird gebraucht, niemand ist entbehrlich. Wir wollen etwas unternehmen, noch sind wir da.

Es soll also nunmehr von der Zahnheilkunde die Rede sein und von der gelungenen Abschaffung der Folter, von der Tapferkeit des Kampfes gegen den Tod und Teufel, als erste Ermunterung für den alten Seibold und mit besten Empfehlungen an eine bestimmte Dame in Prag, deren Name hier nicht erwähnt werden soll, sie hätte sonst Schwierigkeiten mit der Polizei.

Ja, ja, sagen die Neandertaler, ein saftiges Stück Fleisch zwischen den Zähnen schmeckt gut. Seit eh und je haben wir es geschätzt ein saftiges Stück Fleisch zwischen den Zähnen zu haben, seit unvordenklichen Zeiten haben wir uns das Fleisch der Tiere schmecken lassen. Ja, ja, sagen die Neandertaler, so war es immer und so wird es auch bleiben daß uns das frische Fleisch der erlegten Tiere schmeckt das wir saftig und blutig mit unseren Zähnen bearbeiten.

Es ist unvorstellbar sagen die Neandertaler daß es jetzt Menschen geben soll die das Feuer dazu benutzen um das gute frische Fleisch hineinzuhalten. Man habe gehört sagen die Neandertaler daß diese Menschen sogar irgendwelche ungenießbare Pflanzen ins Feuer stecken und dann verzehren.

Es ist unerhört sagen die Neandertaler was sich diese Menschen herausnehmen im Hinblick auf unsere seit unvordenklichen Zeiten bewährten Eßgewohnheiten, wo kommen wir denn hin wenn wir anfangen die Nahrung mit Feuer zu behandeln. Das Feuer ist zur Erwärmung da und zum Abschrecken der wilden Tiere von den Lagerplätzen, sagen die Neandertaler, aber mit dem Essen hat das Feuer nie etwas zu tun gehabt seit ewigen Zeiten.

So sprechen die Neandertaler mit großer Empörung, denn um etwa 40000 v. Chr. kam eine neue Erfindung auf, die des Kochens nämlich, und diese wurde nicht von den Neandertalern gemacht sondern von den Menschen des Typs Homo sapiens, der war neueren Datums und erfindungsreich und hat die Neandertaler schließlich verdrängt und überlebt mit Hilfe des Kochens.

Die Neandertaler betrachten ihre Eßgewohnheiten als etwas ebenso Unabänderliches wie den Sonnenaufgang und das Sterbenmüssen. Für den Sonnenaufgang, das Sterben, die jahreszeitlichen Wetterverhältnisse und sonstige konstant bleibende Lebensbedingungen hat sich seit den Tagen der alten Römer eine Sammelbezeichnung eingebürgert: Natur. Das was immer so war und (voraussichtlich) immer so sein wird, das nennen wir natürlich im Sinn von selbstverständlich, von vornherein gegeben wie das Sonnensystem, daran gibt es nichts zu rütteln. Wir neigen dazu, den Namen des Natürlichen auch dann zur Verwendung gelangen zu lassen, wenn es um bestimmte Höflichkeitsformen geht wie beispielsweise das Verbot des Mordes oder das Essen mit Messer und Gabel. Natürlich und selbstverständlich ist für uns auch daß man arbeiten muß um etwas zwischen die Zähne zu bekommen, daß Kinder den Eltern gehorchen müssen und Respektspersonen zu grüßen sind, daß man sich die Zähne putzt und sich in der Öffentlichkeit nur in angekleidetem Zustand zeigt.

Vielleicht wirkt es irritierend, daß der Abscheu vor dem Mörder soeben in einen Zusammenhang gebracht worden ist mit dem Befremden, das uns angesichts eines Menschen befällt der seine Suppe aus dem Teller schlürft, ohne Zuhilfenahme eines Löffels. Jedoch darf bis zum Beweis des Gegenteils ruhig behauptet werden, daß zwischen Empörung und Befremden eben nur graduelle Unterschiede bestehen; man erinnere sich an das weiter oben über opinions, attitudes und beliefs Gesagte (das sechste Kapitel).

Die Erfindung des Kochens wirkt auf die Neandertaler ebenso schockierend wie ein ausgebliebener Sonnenaufgang oder die Auffassungen des Galileo Galilei auf die Kurienkardinäle, womit wir bereits bei der Sache sind, nämlich beim wissenschaftlich-technischen Fortschritt der letzten Jahrhunderte.

Die Neandertaler sträubten sich gegen das Kochen aus eben jenen Beweggründen, aus denen heraus sich die Menschen vor ein paar hundert Jahren gegen das Sezieren von Leichen gesträubt haben und sich heute gegen die Arbeiterselbstverwaltung sträuben. Ein neuer Griff wird vom Handwerksmeister zunächst einmal mit Mißtrauen beobachtet, das alte Bewährte verteidigt sich gegen irgendwelche Neuerungen durchaus mit Recht, vielversprechende Ideen haben sich nicht selten als Narreteien herausgestellt.

Aber eben nicht immer ist das Neue unsinnig wie sich ebenfalls herausgestellt hat, wenn anders man gesonnen ist, Schmerzzustände als unangenehm zu bewerten. Zahnschmerzen beispielsweise können sehr unangenehm sein, heute gibt es die Zahnheilkunde, diese hilft wirksamer als die herkömmlichen Kräuter und religiösen Bräuche.

Wie man sieht gibt es keinerlei Maßstab für eine Entscheidung darüber, ob etwas Neues nützlich oder schädlich sei, von vornherein nämlich. Es gibt vielmehr einen Kampf zwischen den Erfindern und ihren Gegnern, es ist dieser Kampf leider nicht zu vermeiden, und in seinem Verlauf stellt sich heraus wer Recht hat. Im Fall der Neandertaler, der Monarchie, der Zahnheilkunde und der allgemeinen Schulpflicht ist der Kampf bereits entschieden, die Naturvölker sterben aus und der Verkehr fordert seine Opfer. Es ist eine Entscheidung gefallen zugunsten eines rationellen Verhaltens ganz allgemein, wie ersichtlich am Vorhandensein des Turbinenbohrers in der Zahnheilkunde. (Auch Oswald Spengler dürfte gelegentlich den Zahnarzt aufgesucht haben, trotz bevorstehendem Untergang des Abendlandes.)

Den Beharrungswillen um jeden Preis, diese Unbeweglichkeit der Neandertaler hinsichtlich Kochen, diese Neigung zur Verklärung des Bestehenden, diesen Glauben an die Natürlichkeit der Zustände, diese Fügsamkeit gegenüber der Macht der Verhältnisse – diese Haltung wollen wir nennen: Befangenheit.

Und es wird hiermit empfohlen, sich auf die Seite der Unbefangenen zu schlagen, der Erfinder und Rebellen, also der freien Geister (und der Schüler Jesu), zum Zweck einer angemessenen Haltung zum Tod nämlich, diese ist immer noch der Gegenstand der Betrachtung.

In Prag geben derzeit die Neandertaler den Ton an, die bereits erwähnte Dame ist traurig, sie hatte anderes im Sinn mit ihren Freunden und ist damit gescheitert. Zwischen den Problemen der Dame in Prag und der Frage des alten Seibold besteht ein Zusammenhang; vielleicht ist es möglich diesen Zusammenhang etwas aufzuhellen.

Abschied vom Mittelalter

Es mag in diesem Zusammenhang nicht unwichtig sein zu verstehen, warum in Rußland vor einigen Jahrzehnten viele Kirchen angezündet worden sind und bis heute nicht wiederum aufgebaut wurden. Wohl war (und ist) die Reaktion auf diese Vorgänge in Rußland von seiten der westlich von Rußland gelegenen Bevölkerungen vornehmlich die des Abscheus und der Empörung. Jedoch wird selten genug erkannt, daß die Demütigung der Religion in Rußland eben jene Gedanken und Haltungen beim Wort genommen hat, die in den westlich von Rußland gelegenen Ländern lange schon sich vorbereitet hatten und schlußendlich ganz allgemein sich durchsetzten (siehe Bochum, im zweiten Kapitel). Aufklärung und Kommunismus stellen hinsichtlich Religion die mildere und die schärfere Variante ein und derselben Auffassung dar, derzufolge die etablierte Religion ein Hindernis darstellt beim Kampf gegen Krankheit und Elend und Unterdrückung. Und dies deshalb, weil die Religion durch Jenseitsvertröstung und Duldsamkeitspredigt die Gläubigen daran hindere, ihre diesseitige erbärmliche Lage ins Auge zu fassen und diese zu ändern, nämlich zum Besseren hin.

Formuliert wurden diese Gedanken bereits vor mehr als 200 Jahren; durchgesetzt haben sie sich im Verlauf der industriellen Ära.

Heute kennzeichnen sie die Stimmung der Epoche, mit und ohne verbrannte Kirchen, also in der Sowjetunion wie in Schweden.

Dem alten Seibold wird also ein Abschied nahegelegt von seiten des Weltgeistes, ein Abschied von bestimmten jenseitigen Fluchtpunkten aus vergangenen Zeiten. (Der alte Himmel verträgt sich offenbar nur schwer mit der modernen Zahnbehandlung.)

Wovon Abschied zu nehmen ist, das soll der Einfachheit halber genannt werden: Das Mittelalter.

Dieses Mittelalter stellt einen der verständlichen Kerne der Geschichte dar nach dem Merksatz:

☛ *Die verständlichen Kerne der Geschichte sind typische Weisen, das natürliche Sein zu behandeln, auf andere und auf den Tod zu reagieren (Merleau-Ponty).*

In den vorangegangenen Kapiteln wurden drei solcher verständlicher Kerne diskutiert: Bei der Betrachtung des wilden Denkens, der sogenannten Hochkulturen und der Industriegesellschaft.

Jene Phase, die erstmals im alten Mesopotamien und in Ägypten aufgetreten ist und meist die hochkulturelle genannt wird, diese wollen wir der Einfachheit halber das Mittelalter nennen. Heute ist dieses Mittelalter nur mehr in gewissen Scheichtümern des Nahen Ostens einigermaßen deutlich erkennbar vorhanden, es geht zu Ende und sein Ablauf ist lehrreich.

Dieses Mittelalter hat den Menschen die Schrift gebracht, hat Städte gebaut und Bewässerungsgräben gezogen, hat eine Arbeitsteiligkeit erfunden und eine Unterschiedenheit in gesellschaftliche Schichten und Klassen; fernerhin ist die Tatsache zu erwähnen, daß diese mittelalterliche Ordnung der Dinge nur mit einer sanktionierten Gewalt aufrechtzuerhalten war, wie bereits erwähnt. Dieses hochkulturelle Mittelalter hat ca. 6000 Jahre gedauert.

Der hochkulturelle mittelalterliche Fortschritt hat einen Kummer erzeugt, ein Gefühl der Sinnlosigkeit in vorher nicht dagewesener Weise, dieses hat Zeit gebraucht um sich allgemein festzusetzen in den Köpfen der Menschen. Erste Spuren davon finden sich in der Literatur des alten Orients, in den Klagen einzelner Weiser über die göttliche Ungerechtigkeit, im Protest des Hiob auch.

Sodann ist eine Antwort formuliert worden die sich später ziemlich generell durchgesetzt hat: Der Jüngste Tag, das allgemeine Gericht, der Himmel und die Hölle – als Idee einer Gerechtigkeit, die es hienieden nicht gab und die angestrebt wurde zuerst von den Juden, später von den Christen und auch im Islam.

Es hat etwa 1000 Jahre gedauert, bis diese Idee zu einer universellen geworden war, getragen von dem, was wir Kirche nennen. Weitere 1000 Jahre hat sich diese Kirche behauptet in den Köpfen der Menschen des Abendlandes; als typische Weise das natürliche Sein zu behandeln, auf andere und auf den Tod zu reagieren. Es hat diese mittelalterliche Kirche das wilde Denken weiterhin mit sich geführt, als Seelenglaube und Ahnenverehrung nämlich und sonstige alte Bräuche, die später als Aberglaube bezeichnet wurden. Das Novum dieser Kirche aber hieß: Weltablehnung und Erlösung, und dieses Novum ist universell anzutreffen, also auch bei Buddha und Mohammed und den auf sie zurückgehenden Heilsmassenanstalten.

Was in seinem Ursprung frisch und neu wirkte als Protest gegen das Pharaonentum der sogenannten Hochkulturen, was einen neuen Scharfblick eröffnet hatte im Hinblick auf unerträgliche Verhältnisse und eine neue Zuversicht, das entließ seine besten Köpfe in die abermals neuen Laboratorien und Comptoirs der kapitalistischen Ära, in die Führungskader der Arbeiterbewegungen. Was in den Kirchen zurückblieb ließ zunehmend sektenhafte Züge erkennen, schloß sich ab, wurde gereizt und bitter, reformierte sich unablässig und konnte doch dem Stigma des Epigonentums nicht entrinnen.

In Rußland ist kurzer Prozeß gemacht worden mit dem Mittelalter, anderswo dauert der Prozeß länger und heißt Säkularisierung; der Gang der Handlung läßt sich überall erkennen, nur eben mit unterschiedlicher Deutlichkeit.

Die Voraussetzung für alles weitere lautet demnach: Wir haben eine Vergangenheit, eine wilde und eine mittelalterliche. Diese Vergangenheit dauert fort, nicht alle Kirchen sind verbrannt worden. Sich der Gegenwart zuwenden (am Karsamstag), das heißt dann: Sich höflich verabschieden von dem, was tot und begraben ist und als solches also endgültig vergangen und erledigt. Sich verabschieden von toten Gewässern (Aigues Mortes) und Keilschrifttafeln, von diesem ganzen unendlichen Friedhof für Touristen und Museumswärter und Professoren und Denkmalpfleger, sich höflich und bewundernd verabschieden unter Beachtung der Sterne im Reiseführer. (Zwei Sterne laden zu einem Umweg ein; ein Stern bedeutet: interessant.)

Es gibt Menschen die es nicht zuwege bringen sich der Gegenwart zuzuwenden munteren Blicks, nach der vorgesehenen Trauerarbeit. Sie lassen das Zimmer des Verstorbenen unverändert bis ins Detail, sie leben in der Vergangenheit auf diese Art und Weise, versäumen Gegenwart und Zukunft.

Hingegen lautet die Losung des Karsamstag: Ich muß wirken solange es Tag ist; es kommt die Nacht, da keiner mehr wirken kann.

Hoffnungslos aber nicht ernst

In der biblischen Apokalypse fliegt ein Adler hoch oben am Himmel und ruft mit mächtiger Stimme: Wehe wehe wehe den Bewohnern der Erde ob der übrigen Posaunenstöße der drei Engel die noch blasen werden. (Vier Engel haben bereits geblasen, und mit äußerst unangenehmen Konsequenzen: Hagel, Blut und Feuer fällt vom Himmel, ein feuerglühender Berg wird ins Meer geworfen, ein Stern namens Wermut fällt vom Himmel usw.)

Das Entsetzen angesichts zu erwartender Katastrophen muß nicht immer so groß sein. Es wird erzählt, daß deutsche Generalstäbler im Ersten Weltkrieg gesagt hätten, die Lage sei ernst aber nicht hoffnungslos; wohingegen seitens österreichischer Offiziere der Ausspruch gefallen sei: Die Lage ist hoffnungslos aber nicht ernst.

Das Exekutiv-Komitee des Club of Rome redet eher wie der apokalyptische Adler: Wenn also die Weltentwicklung, die im Modell vorweggenommen wird, wegen menschlicher Gleichgültigkeit und politischer Schwierigkeiten tatsächlich eintreten sollte, so wird sie sich ohne Zweifel zunächst in einer Reihe von begrenzten örtlichen Krisen und Katastrophen auswirken. Zweifellos aber ist es richtig, daß auch diese lokalen Ereignisse weltweite Rückwirkungen haben würden und dann viele Nationen und Völker durch rasch ergriffene Hilfsmaßnahmen oder auch durch einen Rückzug in die Isolation und Autarkie die im Gesamtsystem wirksamen Faktoren nur verschlimmern würden. Die gegenseitige Abhängigkeit der verschiedenen Komponenten im Weltsystem würde diese Maßnahmen auf lange Sicht nutzlos machen. Kriege, Epidemien, schwerwiegende Verknappung von Rohstoffen in Industriegesellschaften oder ein allgemeiner wirtschaftlicher Verfall würden zu gefährlicher Zersetzung des gesamten Sozialsystems führen.

Der Club of Rome ist ein informeller Zusammenschluß von derzeit rund 70 Wissenschaftlern der verschiedensten Richtungen aus 25 Ländern der Erde und wurde 1968 in Rom gegründet, zum Zweck der Unterrichtung der politischen Entscheidungsträger über die globale Problematik der Menschheit. Der Club of Rome hat eine

Studie über die Zukunft der Menschheit in Auftrag gegeben, diese wurde am Massachusetts Institute of Technology (USA) durchgeführt, von einem international zusammengesetzten Team von Forschern, und 1972 veröffentlicht.

Die Ergebnisse der Studie sind dermaßen deprimierend, daß das Exekutiv-Komitee in seiner abschließenden kritischen Würdigung fast wörtlich den (anekdotischen) Befund der deutschen Generalstäbler übernimmt: In jedem Fall ist unsere Lage sehr bedrohlich, aber nicht ohne Hoffnung. Weiterhin spricht das Komitee von einer geistigen Umwälzung kopernikanischen Ausmaßes die erforderlich sein dürfte, von einer grundsätzlichen Änderung der Wert- und Zielvorstellungen des einzelnen, der Völker und auf Weltebene. Wie man sieht, steht der alte Seibold mit seinen Fragen nicht allein da; vielleicht sollte man ihn in den Club of Rome aufnehmen.

Das Komitee sieht sich leider gezwungen, trotz Zuhilfenahme von Computern ein bedauerliches Handicap namhaft zu machen: Obwohl alle wichtigen Erscheinungen im Weltsystem grundsätzlich miteinander in Wechselwirkung stehen, wurde bis jetzt noch keine Methode entdeckt, wie sie wirksam als Ganzes beherrscht werden könnten.

Unter diesem Handicap leidet auch der alte Seibold (ohne Computer). Eine gewisse Bescheidenheit hinsichtlich theoretischer Bewältigung der Weltprobleme legt sich nahe.

Neben der bereits zitierten Aufforderung zur Bekehrung (biblisch gesprochen) appelliert das Komitee ausdrücklich an die Bereitschaft zum persönlichen Opfer. (Man meint einer Predigt des Papstes zu lauschen.) Wenn bereits die Wissenschaft solche Töne anschlägt, dann ist die Lage offenbar tatsächlich ernst (aber nicht hoffnungslos).

Das Problem liegt lediglich darin, wie man die Menschen vom Ernst der Lage generell überzeugen kann, vornehmlich in den hoch entwickelten Ländern. Dort liest man Donald Duck weiterhin und Bücher über die besorgniserregende Zukunft der Menschheit und geht ins Kino und anschließend essen: Die Lage ist hoffnungslos aber nicht ernst.

Der alte Bloch ist nach Salzburg gekommen zu einer Veranstaltung über die Zukunft der Religion auf Schloß Kleßheim im September 1970, dort gab es einige Tage lang illustre Persönlichkeiten des geistigen Lebens aus aller Welt und ein interessiertes Publikum. Ich habe der ehrenden Einladung zu dieser Veranstaltung Folge geleistet und als eingeladener Gesprächsteilnehmer das mir richtig Erscheinende getan, nämlich hauptsächlich den Mund gehalten. Wenn der alte Bloch redet soll man meiner Ansicht nach den Mund halten und zuhören in der Hauptsache, nach seiner Rede gab es im Grunde nicht mehr viel zu sagen, was allerdings nur von wenigen Teilnehmern bemerkt worden ist.

Weil der alte Bloch wegen seiner geschwächten Augen nicht mehr lesen konnte hat er seine Rede frei vorgetragen, sein Gesicht hat mich an einen Raubvogel erinnert mit scharfem Schnabel. In der Rede des alten Bloch war etwas anwesend was sonst kaum anwesend war bei der Veranstaltung über die Zukunft der Religion, nämlich der Ernst. Wobei der alte Bloch ein Thema behandelte das zu der Beflissenheit und Folgenlosigkeit anderer Themen dieser Veranstaltung paßte wie die Faust aufs Auge; er sprach nämlich über den Teufelsglauben und das Böse in der Welt. (Prof. Toynbee war nicht erschienen, sein Eröffnungsreferat lag den Teilnehmern lediglich in schriftlicher Form vor.) An dieser Stelle möchte ich dem alten Bloch meinen Dank aussprechen daß er nach Salzburg gekommen ist und seine Rede gehalten hat; ohne ihn und seine Rede hätte ich mir die Reise nach Salzburg ersparen können so ziemlich.

So hat also der alte Bloch in trefflicher Weise geredet über etwas worüber sonst hauptsächlich die Aggressionsforscher reden und schreiben, hat Fragen gestellt die wichtig und unbeantwortet sind, mit scharfem Schnabel und in ernsthafter Weise, schlicht und fassungslos und tapfer. (Die Lektüre wird hiermit empfohlen.)

Es folgt nunmehr ein Exzerpt der Rede des alten Bloch.

Die Voraussetzung: Es sieht weithin um uns herum nicht allzu menschlich aus, es sieht auch nicht allzu befreit aus.

Das Exempel: Unverständliche Vorgänge wie das aus Hunderttausenden herausgegriffene Beispiel von Auschwitz, daß ein SS-Mann, der sich gerade langweilt, sich einige Zigeuner- und Judenkinder holt, sie an den Füßen packt, so lange mit dem Kopf an die Wand schlägt, bis die Schädeldecke bricht und das Gehirn herausspritzt; dann schmeißt er die Kadaver weg, wischt sich von den

Händen das Blut ab und schreibt, weil er weiter nicht genau weiß, was er tun soll, einen Brief an seine Frau, in dem er sich nach dem Ergehen seiner Kinder erkundigt, die so alt sind und so ähnlich aussehen wie die, die er eben an die Wand geschleudert hat. (Erklärend: Wir haben Auschwitz gehabt, das ist noch nicht ausgestorben, auch wenn die Opfer sich verändert haben; wir haben die Vorgänge in Vietnam, in Brasilien und vieles andere mehr. Wohin man blickt, in Stadt- und Weltchronik, sieht es ja ziemlich ähnlich aus, und zum großen Teil steht man etwas fassungslos vor diesen sonderbaren und entsetzlichen Erscheinungen.)

Die These: Das Böse ist doch da!

Der Befund: Dadurch, daß man gegen das Dämonische als Entität, besser als Wesenheit, als Essenz, überhaupt nicht gekämpft hat, steht man fassungslos vor dem Hintergrund, in dem solches geschieht, und zwar nicht nur bei uns Menschen, sondern auch in der Welt geschieht; in einer Welt, die Krebs kennt, nicht nur Auschwitz, Krebs und die grauenhafte Beziehungslosigkeit des Kosmos zu uns. Der Kosmos ist nicht einmal konträr zu uns, sondern disparat, er hat mit uns überhaupt nichts zu tun. Der Mond ist genau wie die Seite, die er uns zuwendet, nämlich tot und leer. Mit anderen Worten: Er und wir gehen uns überhaupt nichts an. Auch das ist eine grauenhafte Wendung, für die wir keinen Begriff haben, falls nicht noch ein Stichwort gefunden wird, daß doch noch eine Humanisierung der Natur stattfindet, wie ausgerechnet Karl Marx sagt.

Die Fragen: Wie es zum Faschismus kam und zum Stalinismus, sind ebenfalls Fragen, die in diesen Topos hineingehören mit der Erweiterung des Merkwürdigen, daß etwas, das gut anfängt, verdächtig wird, daß es nicht dabei bleibt, daß es entartet. Aus der Bergpredigt wurde die konstantinische Schenkung, aus dem Marxismus-Leninismus wurde der Stalinismus, aus dem Citoyen wurde der Bourgeois. Überall steckt der Wurm drin; man weiß noch nicht recht, was es außer den Machenschaften der herrschenden Klasse ist, das gerade die Korruption der Besten so oft bewirkt.

Die Sentenz zum Abschluß: Sorgen wir dafür, daß durch unserer Hände Arbeit und durch unsere Begriffe, die das Licht vor unseren Fuß werfen, dieses Mögliche, das vor uns liegt, dieses Meer des Möglichen, das ja unendlich größer ist als das Meer des Vorhandenen, zum Glück und Heil geraten möge, und nicht zum Unheil.

In der heutigen Stunde wollen wir einmal nachdenken darüber liebe Kinder warum ihr eigentlich immer so stillsitzen müßt in der Kirche. Ihr wißt ja liebe Kinder daß ihr in der Kirche nicht schwätzen oder herumlaufen oder Kaugummi lutschen dürft oder lachen oder in den Beichtstühlen Verstecken spielen. Ihr habt bereits öfter angedeutet daß euch in der Kirche mitunter langweilig ist liebe Kinder und daß ihr froh seid wenn ihr wieder hinaus dürft aus der Kirche. Es muß euch klar sein liebe Kinder daß es großer Anstrengungen bedurft hat von seiten eurer Eltern und Lehrer und Vorgesetzten und Katecheten euch zum Stillsitzen anzuleiten, denn in Wirklichkeit habt ihr einen starken Hang zur Bewegung und zur Abwechslung, zur Faulheit und zur Unpünktlichkeit. Ihr wißt auch liebe Kinder daß die Erwachsenen in ihren Anstrengungen keineswegs nachlassen dürfen, und daß ihr immer noch versucht, gelegentlich auf euren Plätzen in der Kirche ein wenig herumzurutschen oder ein wenig zu schwätzen. Ebenso wie ihr nur schwer und unter großen Anstrengungen dazu zu bringen seid, nicht unablässig eure Kleidung schmutzig zu machen und einen Pullover anzuziehen wenn es kalt ist draußen und eure Aufgaben zu schreiben und überhaupt an die Zukunft zu denken.

Ihr erinnert euch vielleicht daran liebe Kinder daß Jesus zu den Erwachsenen gesagt hat: Wenn ihr nicht werdet wie die Kinder, so werdet ihr nicht in das Himmelreich eingehen.

Ihr könnt euch gewiß vorstellen liebe Kinder was für ein Durcheinander auf der Welt anzutreffen wäre wenn sich die Erwachsenen an diese Ermahnung gehalten hätten in buchstäblicher Weise und wie schön dieses Durcheinander wäre und wie aufregend und abwechslungsreich und erfinderisch. So aber haben sich die Erwachsenen lieber nicht an diese Ermahnung gehalten und den wilden Jesus vorsichtshalber in die Kirche gesperrt. Dafür bekommt ihr aber regelmäßige Mahlzeiten verabreicht, und wenn ihr groß seid werdet ihr selber Kinder haben und ihnen regelmäßige Mahlzeiten verabreichen. Ihr werdet vergessen haben daß ihr selber einmal jung wart und keine Ordnungsliebe hattet und werdet dann eine Ordnungsliebe haben und eure eigenen Kinder zur Ordnungsliebe anhalten. Ihr werdet zwar nicht genau wissen warum man regelmäßig essen muß und nicht einfach dann wenn man Hunger hat, ihr werdet auch nicht genau wissen warum ihr Angst habt vor der Unordentlichkeit, aber ihr werdet glücklich und zufrieden sein und euren Militärdienst leisten und gelegentlich ein Glas über den Durst trinken wie auch euer Papa es tut, auch euer Papa hat seinen Militärdienst ableisten müssen und darf dafür jetzt gelegentlich ein Glas über den Durst trinken. Vielleicht ist eurem Papa gelegentlich ein wenig langweilig und er muß deshalb mitunter ein Glas über den Durst trinken.

Ihr dürft eurem Papa nicht böse sein wenn er ab und zu ein Glas über den Durst trinkt liebe Kinder. Ihr müßt wissen daß die Ordnungsliebe etwas sehr Anstrengendes ist für euren Papa, da ist es schon verständlich wenn euer Papa gelegentlich ein wenig mehr trinkt als er eigentlich verträgt, daß euer Papa vielleicht sogar manchmal eure Mama schlägt wenn er ein wenig mehr Wein getrunken hat als er eigentlich verträgt und dann zornig ist.

Wenn es euch nicht recht ist liebe Kinder daß euer Papa gelegentlich zuviel Wein trinkt, daß euer Papa manchmal gar nicht nach Hause kommt und vielleicht bei einer fremden Frau übernachtet die ihr nicht kennt, dann müßt ihr beginnen gründlich nachzudenken. Wenn ihr einmal begonnen habt gründlich nachzudenken und euch entschlossen habt nicht mehr so schnell aufzuhören mit dem Nachdenken, dann werdet ihr auf etwas Hartes Kaltes stoßen, vielleicht so ähnlich wie ein Krokodil, das liegt still und gefährlich da und rührt sich nicht und ist doch überaus gefräßig. Seinetwegen müßt ihr still sitzen in der Kirche.

Ihr werdet schon beobachtet haben liebe Kinder daß der Kasperl häufig in Kämpfe mit dem Krokodil verwickelt wird, und daß er nach dem Krokodil schlägt bis es tot ist. Ihr werdet bemerkt haben liebe Kinder daß das Krokodil beim nächsten Kasperltheater wiederum da ist, obwohl es doch erschlagen wurde früher. Ihr seht also liebe Kinder daß man das Krokodil nicht so schnell töten kann wie man möchte.

Seid also listig und wachsam liebe Kinder, das Krokodil ist nicht immer leicht zu erkennen, es nimmt die verschiedensten Gestalten an und hat viele Gehilfen. Schlagt zu, wenn ihr es treffen könnt, seid geduldig beim Zuschlagen, aber schlagt zu.

Gesunde Verrückte

Der Zusammenhang zwischen den Problemen der Dame in Prag und den Fragen des alten Seibold ist derzeit theoretisch nicht angemessen aufzuklären, dies wollen wir dem alten Bloch schon glauben. Tod und Teufel hängen zusammen wie Totenerweckung und Teufelsaustreibung, die Apostel entschließen sich an die Arbeit zu gehen zunächst einmal, eine allgemeine Theorie des Bösen gibt es nicht.

Was wir allerdings brauchen, das ist ein Licht vor unseren Fuß (darüber später), und dann noch etwas, nennen wir es das Diagnostische. Also ein Wissen wogegen man sich wenden soll in sich selbst und in den anderen, ob nun in heilender oder in kämpferischer Absicht. Es geht um eine Wahl die man zu treffen hat bezüglich eines genauen und überlegten Abscheus in ganz bestimmten Fällen, hier müssen wir noch einmal auf den UNF-Typ des Prof. Bales zurückkommen (das sechste Kapitel), aber eben nicht in pragmatischer Weise.

An dieser Stelle wird es zum erstenmal nötig, auf das im ersten Kapitel Gesagte hinzuweisen.

Ich habe bestimmte Erfahrungen gemacht hinsichtlich Geigenspiel und Fotoapparat und Geschlechtsliebe (alles verboten), ich habe bestimmte Menschen kennengelernt in diesem Zusammenhang, ich habe gelernt diese Menschen für gefährlich zu halten (auch wenn ich sie nach wie vor höflich zu behandeln versuche). Ich habe mich diesen Menschen unterworfen früher und mich ihnen angeglichen, jetzt möchte ich mich ihnen nicht mehr angleichen und suche meine Freunde anderswo.

Die Geschichte des nötigen Scharfblicks für UNF beginnt vor ca. 40 Jahren in Deutschland (Frankfurt am Main), führt in die USA und endigt (vorläufig) in Prag. In dieser Geschichte haben Juden eine wichtige aufklärende Rolle, so daß also diese Geschichte in Wirklichkeit eine sehr alte Geschichte ist, viel älter als 40 Jahre in Wirklichkeit, ihre Voraussetzungen sind so alt wie bestimmte Teile der Bibel. (Aber nur bestimmte Teile der Bibel wohlgemerkt.) Es ist eine Geschichte von Büchern die geschrieben wurden von Menschen die nichts zu reden hatten in der Weltpolitik, weshalb unter anderem die Weltpolitik eben so gelaufen ist und nicht andersherum, weshalb also eben UNF weltpolitisch bedeutsam wurde und nicht der bereits mehrfach erwähnte Theodor W. Adorno, mit ihm fängt unsere Geschichte an.

Im Jahre 1930 wurde Adorno als Philosophieprofessor Mitarbeiter am Institut für Sozialforschung in Frankfurt am Main, dessen Direktor Max Horkheimer war. Die beiden Freunde hatten ein Interesse am Faschismus bzw. Nationalsozialismus, ein sehr kritisches Interesse, und so mußten sie beide emigrieren nachdem Adolf Hitler (1889–1945) Reichskanzler geworden war. Horkheimer landete schließlich in New York an der Columbia University, dort konnte sein Institut weiterarbeiten, 1938 kam Adorno zu Horkheimer nach Amerika.

Die Jahre Adornos in Amerika haben (u. a.) ein Buch bewerkstelligt das in der empirischen Sozialforschung einen großen Einfluß ausgeübt hat und dessen Gegenstand der Faschismus war. Es erschien 1950 unter dem Titel: ›The Authoritarian Personality‹. Das Buch enthält eine Skala zum Messen bestimmter Einstellungen gefährlicher Art, diese Skala wurde unter dem Namen F-Skala bekannt. (F wie Faschismus.)

Das F in UNF stammt also von Theodor W. Adorno und seinen Mitarbeitern in den USA, dort wurde in der Folge weiterhin empirisch geforscht über Faschismus und Vorurteil und Autoritarianismus in möglichst exakter Weise. (Adorno und Horkheimer waren inzwischen nach Frankfurt zurückgekehrt.) Aus der nach 1950 erschienenen Fülle von Arbeiten über das von Adorno angeschnittene Thema darf hervorgehoben werden jene von Prof. Rokeach, unter dem Titel: ›The Open and Closed Mind‹ (1960). Rokeach konstruierte u. a. eine Skala zur Erforschung des Dogmatismus. Er fand einen Zusammenhang zwischen autoritären Kommunisten bzw. Katholiken und dem Dogmatismus. Prof. Rokeach hat also der Engstirnigkeit sein wissenschaftliches Augenmerk zugewendet im Zusammenhang mit Autoritarianismus und Dogmatismus und Vorurteil und Intoleranz und Faschismus und Frömmigkeit und Überzeugungstreue links und rechts, 15 Jahre nach dem Tod Hitlers und sieben Jahre nach dem Tod des Jossif Wissarionowitsch Dschugaschwili (genannt Stalin).

Im Jahre 1968 sind die Russen in Prag einmarschiert.

Im Jahre 1969 schrieben Horkheimer und Adorno: In der Periode der politischen Spaltung in übergroße Blöcke, die objektiv dazu gedrängt werden, aufeinander zu prallen, hat das Grauen sich fortgesetzt. Kritisches Denken, das auch vor dem Fortschritt nicht innehält, verlangt heute Parteinahme für die Residuen von Freiheit.

1970 ist Adorno gestorben, Prof. Bales veröffentlichte sein Buch über ›Personality and Interpersonal Behavior‹ (worin UNF vorkommt), der alte Bloch und der alte Horkheimer begrüßten einander in Salzburg auf der Veranstaltung über die Zukunft der Religion (siehe oben). Die Dame in Prag arbeitete als Hilfsarbeiterin.

Es wird nunmehr gestattet sein einen kritischen Blick auf UNF zu werfen anhand von drei Fragen welche Prof. Bales ausgearbeitet hat zwecks Feststellung bestimmter Typen im Umgang von Menschen miteinander. Die Fragen lauten:

Erstens. Besteht der Eindruck, daß die beobachtete Person in der Gruppe dominieren will? Wenn ja, dann: U.

Zweitens. Besteht der Eindruck, daß die beobachtete Person für die meisten anderen Personen in der Gruppe freundschaftliche Gefühle hegt? Wenn nein, dann: N.

Drittens. Besteht der Eindruck, daß die beobachtete Person sich im Einklang mit der herkömmlichen legitimen Autorität befindet? Wenn ja, dann: F.

(Merkvers für die Kinder, als Nachtrag zum Religionsunterricht: Zweimal Ja und einmal Nein, jetzt kommt das Krokodil herein.)

Es folgt nunmehr die Diskussion der Persönlichkeitsmerkmale von UNF aus dem Buch von Prof. Bales (auszugsweise): UNF weist wahrscheinlich einen hohen Grad von Vorurteilsgewißheit auf. Die nach den Autoren von ›The Authoritarian Personality‹ so genannte F-Skala mißt nach herkömmlicher Ansicht eben diese Dimension. Es muß jedoch gesagt werden, daß UNF eher dazu neigt, die entsprechenden Werturteile auszusprechen als ihnen beizupflichten. Bei der Verwendung der F-Skala als Fragebogen wird eher PF diagnostiziert. Es ist eine ironische und wichtige Tatsache, daß der Vorkämpfer autokratischer Autorität (UNF) und der Vertreter selbstloser Liebe (PF) auf diese Art und Weise zusammenarbeiten. UNF neigt ferner zur Dickhäutigkeit, Herrschsucht und Liebe zum Abenteuer, ferner zum Neurotizismus, zur Psychopathologie und Manie. Verhältnismäßig hoch ist sein Grad an Mißtrauen und Eifersucht, sowie seine Neigung zum sogenannten weiblichen Masochismus. Niedrig hingegen ist die Ichstärke von UNF, niedrig auch seine Zugänglichkeit und Vertrauenswürdigkeit.

UNF läuft meist frei umher, sitzt mitunter in Zeitungsredaktionen oder Parteisekretariaten, wird gelegentlich Bischof oder Bankdirektor, hält Reden oder schreibt Leserbriefe. Wenn UNF etwas zu reden hat, dann rollen die Panzer, lange Haare bei jungen Männern werden abgeschnitten, aufsässige Dichter und Intellektuelle sind eingesperrt. UNF befürwortet Ruhe und Ordnung und energisches Durchgreifen gegen das zahlreich vorhandene Gesindel. UNF hält die Würde der Nation für ein hohes Gut und liebt die Juden nicht, diese sind seiner Meinung nach Atheisten und zersetzende Elemente denen nichts heilig ist.

Es ist bislang noch nicht erforscht worden, wieviel UNF zur Machtübernahme von Adolf Hitler im Jahre 1933 nötig war statistisch, wie groß die Gehorsamsbereitschaft gegenüber UNF sein muß in bestimmten Bevölkerungen, um einen UNF-Putsch erfolgreich zu gestalten bzw. UNF-Wahlen bzw. UNF-Kriege.

UNF ist überhaupt noch viel zu wenig erforscht.

Aus diesem Grund werden die UNF-Überzeugungen häufig als gesund bezeichnet oder auch als natürlich und selbstverständlich.

Nach dem Gesagten dürfte wohl kein Zweifel mehr darüber bestehen, daß im Zusammenhang mit dem Thema dieses Buches UNF als gesunder Verrückter bezeichnet werden muß.

Denn UNF ist ein Totmacher, er hat eine starke Beziehung zum Tod (der übrigen Menschen), er möchte eigentlich als Letzter übrigbleiben nach dem Gemetzel. (Als Geheimpolizist bzw. Folterknecht ist UNF gut geeignet.)

Die letzteren Feststellungen gehen über das erfahrungswissenschaftlich vorliegende Material ein wenig hinaus, wir müssen uns diesbezüglich auf Elias Canetti berufen und Dr. Freud, denen zufolge Ordnungsliebe, Wut und Todesbeziehung etwas miteinander zu tun haben. Oder man merkt sich den bereits zitierten Ausspruch des General Stumm im Roman ›Der Mann ohne Eigenschaften‹ von Robert Musil: Irgendwie geht Ordnung in das Bedürfnis nach Totschlag über.

Am schwierigsten zu erkennen aber ist dies: UNF bin ich selbst.

Fischsuppe und Glaubensernst

Die Fastenzeit war eher eintönig ohne ein einziges verlängertes Wochenende, allenfalls ist man Schilaufen gegangen. Zu Ostern aber kann man mit einigem Geschick eine Urlaubswoche einschieben und beispielsweise nach Spanien fahren. (Der Tourist schwankt bei der Vorbereitung seiner Reise zwischen den verschiedensten Angeboten, er informiert sich unter anderem durch die Lektüre von Reiseartikeln in seiner Zeitung.)

Ich zitiere aus einem Reiseartikel, dieser gibt einen guten Einblick in die moderne Seelenlage und lockt uns nach Barcelona: Man wird sich vielleicht im Stadtteil der Fischer, Barceloneta, mit eßbaren Extravaganzen befreunden, unter denen möglichst auch die herzhafte »Zarzuela« sein sollte, ein Fischgericht, dem man nachrühmt, daß es sogar die Marseiller Bouillabaisse aussticht. Und man erlebt nach einer Durchquerung des Gotischen Viertels die im Zwielicht des scheidenden Tages doppelt einprägsame Melancholie der Kathedrale, Stätte ergreifenden Glaubensernstes.

Der alte Seibold ist viel herumgekommen inzwischen, ich habe ihn nach Salzburg und Zürich geführt, ins Hinnomtal und nach Aigues Mortes, Millstatt und Kirchberg und Paris, warum soll er nicht den Abend des Karsamstag in Barcelona verbringen bei einer herzhaften Zarzuela und dem ergreifenden Glaubensernst der Kathedrale im gotischen Viertel. Vielleicht kräftigt ihn beides, ich will mein möglichstes tun.

Tröstet mein Volk

Das Oratorium ›Der Messias‹ von G. F. Händel (gest. 1759) ist nach den Worten von H. Kralik eines jener Gipfelwerke, die in die höchste, menschlichem Geiste noch erreichbare Sphäre aufragen. Nach der Ouvertüre schließt sofort ein Rezitativ an: Die Violinen breiten ein liebliches Larghetto-Thema vor dem Hörer aus, das sich tröstend und beruhigend – so Kralik – auf Herz und Gemüt legt; immer wieder löst diese wunderselige Wendung die Gesangsstimme ab und teilt ihren balsamischen Segen aus.

Der Text des Rezitativs (in E-Dur) ist dem Buch des Propheten Jesaja entnommen, 40. Kapitel, Vers 1-3. (Die Kapitel 40–55 des Jesaja-Buches sind später als die vorangehenden entstanden, im 6. Jahrhundert v. Chr., und werden daher »Deutero-Jesaja« genannt.) Es ergeht darin die Aufforderung, das Volk zu trösten und ihm zuzurufen, daß seine Knechtschaft ein Ende hat.

Dr. Freud ist nicht gesonnen, dieser Aufforderung Folge zu leisten: So sinkt mir der Mut, vor meinen Mitmenschen als Prophet aufzustehen, und ich beuge mich ihrem Vorwurf, daß ich ihnen keinen Trost zu bringen weiß; denn das verlangen sie im Grunde alle, die wildesten Revolutionäre nicht weniger leidenschaftlich als die bravsten Frommgläubigen.

Dr. Freud spricht von einem ewigen Hader zwischen Liebe und Todesstreben, also zwischen Lebenstrieb und Destruktionstrieb. Er bemerkt hierzu: Und diesen Streit der Giganten wollen unsere Kinderfrauen beschwichtigen mit dem Eiapopeia vom Himmel.

Nun ist allerdings der Zuspruch des Deutero-Jesaja im Original kein Eiapopeia gewesen, sondern der Hinweis auf die reelle Chance, aus dem babylonischen Exil wiederum heim nach Jerusalem zu kommen – was auch tatsächlich geschehen ist, unter Kyros, ab 538 v. Chr. (Später noch einmal, nämlich ab 1948 n. Chr.).

Ob der Abend des Karsamstag (mit touristischer Fischsuppe und dazugehörigem gotischen Glaubensernst) heutzutage nur einen billigen Trost zu bieten vermag im Sinn des beschwichtigenden Eiapopeia nach Dr. Freud, das läßt sich prüfen anhand des Kriteriums der reellen Chance von seiten des Deutero-Jesaja, ohne Wunderseligkeit und Balsam im Konzertsaal.

Man kann also sehr wohl angeben, was sich ein zeitgenössischer Ostertourist beispielsweise in Barcelona erwarten darf bei einem Spaziergang durchs mittelalterliche Viertel in Richtung Kathedrale, nach Genuß der industriellen Fischsuppe. (Diese könnte er ohne die Errungenschaften des wissenschaftlich-technischen Zeitalters keineswegs zu sich nehmen in touristischer Weise.) Es darf der moderne Tourist von dem mittelalterlichen Glaubensernst die Eröffnung einer reellen Chance erwarten in bezug auf den Kampf der beiden Giganten des Dr. Freud, ansonsten begibt er sich eventuell gleich zur Plaza Real – es gibt dort ein Lokal, wo ausgezeichnet Flamenco getanzt wird.

Der erwähnte Zeitungsartikel sagt: Glaubensernst, ergreifend, Melancholie. Und nicht: Vergangene Schönheit, künstlerisch, Harmonie. Selbstverständlich könnte der Zeitungsartikel auch die letzteren Signale wählen, dieses geschieht oftmals in bezug auf gotische Kathedralen. Es ist jedoch kein Zufall, daß in einem Reiseartikel gelegentlich auch eine Melancholie arbeitet und ein Zwielicht (des scheidenden Tages) hinsichtlich mittelalterlicher Kathedrale. Denn der industrielle Tourist sucht nach der Fischsuppe eben noch etwas anderes als vergangene Schönheit, etwas ganz anderes vielleicht in unbenennbarer Weise wie der reiche Jüngling im Evangelium, der die betreffende Sache negativ formuliert: Was fehlt mir noch.

Und als er sich auf den Weg machte, lief einer auf ihn zu, fiel vor ihm auf die Knie und fragte ihn:

Guter Meister, was muß ich tun, um ewiges Leben zu erlangen?

Jesus sprach zu ihm: Was nennst du mich gut? Nur einer ist gut, Gott allein. Die Gebote kennst du – du sollst nicht morden, nicht ehebrechen, nicht stehlen, kein falsches Zeugnis geben, Vater und Mutter ehren.

Jener antwortete: Meister, das alles habe ich von meiner Jugend an befolgt. Was fehlt mir noch?

Da blickte ihn Jesus an, gewann ihn lieb und sprach zu ihm: Eines fehlt dir. Geh, verkaufe alles was du hast, und gib es den Armen, und du wirst einen Schatz im Himmel haben, und komm und folge mir nach.

Zweierlei verdient in dieser Geschichte eine gewisse Beachtung. Erstens der Wunsch des jungen Mannes. Als Wunsch und Antrieb ist sein Begehren durchaus reell, ist weder Opium noch Illusion (im Sinn von Marx und Freud).

Zweitens die Antwort des Meisters. Sie macht eine praktische Bedingung für alles weitere namhaft, ist also nicht theoretisch sondern auffordernd, und trifft ins Schwarze:

Bei diesem Wort überschatteten sich dessen Züge, und er ging traurig davon, denn er hatte viele Güter.

Beim touristischen Besuch der mittelalterlichen Kathedrale im Zwielicht des scheidenden Tages (nach der Fischsuppe) fällt also ein Doppeltes auf. Nämlich ein möglicherweise mitarbeitender Wunsch nach dem Fehlenden, nie Erreichten, Unerledigten. Und die touristische Folgenlosigkeit dieses Wünschens.

Denn nach der Besichtigung der gotischen Kathedrale ändert sich für den Touristen normalerweise nichts, er bummelt weiter, geht davon, eventuell zur Plaza Real, zum Flamenco.

(Zwei Drittel der Menschheit können sich nach wie vor weder Fischsuppe noch Flamenco leisten in touristischer Weise, hierbei handelt es sich um die Armen. Traurig geht der junge Mann davon.)

Der alte Seibold und seinesgleichen sehen sich außerstande, den Armen wirksam zu helfen – weil sie nämlich selber arm sind, oder politisch ohnmächtig, oder einfach zeitweilig müde von der Arbeit an der besseren Zukunft. Für diese Kreise der Bevölkerung (und also nicht für UNF und die gelangweilten Mörder) ist es erlaubt, den industriellen touristischen Antrieb zum Besuch gotischer Kathedralen im Zwielicht des scheidenden Tages näher ins Auge zu fassen, nämlich wegen des ewigen Lebens.

☛ *Es ist doch bemerkenswert, daß der Niedergang der Religion fast synchron verläuft mit dem Beginn sozialer Revolutionen, mit dem Wunsch nach einer besseren Gestaltung des Lebens. Ich glaube, indem die Ideen der Auferstehung von den Toten, des Jüngsten Gerichts, des ewigen Lebens als dogmatische Setzungen negiert werden, wird das Bedürfnis des Menschen nach unendlicher Seligkeit ganz offenbar und tritt zu den schlechten irdischen Verhältnissen in Gegensatz (Horkheimer).*

(Orthodoxe Psychoanalytiker, Anhänger von Billy Graham, linientreue Marxisten und Kurienkardinäle sowie Mr. Ogilvy werden gebeten, dieses Zitat zweimal zu lesen.)

Für jüngere Zeitgenossen (denen der alte Horkheimer vielleicht zu alt ist) sei ein weiteres Zitat angefügt, das ebenfalls hierher paßt und von P. Handke stammt. Es drückt Gefühle beim Besuch einer Kirche aus:

Die Religion war mir seit langem zuwider, und trotzdem spürte ich auf einmal eine Sehnsucht, mich auf etwas beziehen zu können. Es war unerträglich, einzeln und mit sich allein zu sein. Es mußte eine Beziehung zu jemand anderem geben, die nicht nur persönlich, zufällig und einmalig war, in der man nicht nur durch eine immer wieder erpreßte und erlogene Liebe zueinander gehörte, sondern durch einen notwendigen, unpersönlichen Zusammenhang. Warum hatte ich zu Judith nie so bedenkenlos freundlich sein können wie jetzt beim Anblick dieser Kirchenkuppel oder dieser Wachstropfen auf dem Steinboden? Es war scheußlich, mit einem solchen Gefühl nicht aus sich heraus zu können. So mußte man dastehen, in nichts als Gegenstände und Vorgänge vertieft, mit einer stumpfsinnigen Frömmigkeit.

Das touristische industrielle Kathedralengefühl ist in diesem Zitat zutreffend beschrieben. Man mag den Eindruck gewinnen, daß hier wenig Tröstliches ausgesprochen ist. Jedoch: Der Spatz in der Hand ist besser als die Taube auf dem Dach.

Religionsunterricht (Fortsetzung)

Kathedralen erinnern den Touristen in einer dunklen Weise an Jesus Christus. Irgendwo hängt oder steht in Kathedralen immer ein Kreuz, das erinnert den Touristen an den Tod Jesu, in flüchtiger Weise. Es erhebt sich die Frage was an diesem Tod so Besonderes war, wie dieser Tod deutbar ist. Der Tourist wendet sich an die Professoren um Auskunft.

Wir sind in der Lage, uns zur Beantwortung dieser Frage auf eine Dissertation berufen zu können, diese wurde 1969 von der Katholisch-Theologischen Fakultät Münster (BRD) angenommen und ist ein Jahr später im Druck erschienen. Sie ist ausschließlich mit der theologischen Bedeutung des Todes Jesu befaßt.

Zusammenfassend läßt sich sagen:

Jesus ging nicht ahnungslos in den Tod. Er hat mit der Möglichkeit und zuletzt vermutlich auch mit der Gewißheit eines gewaltsamen Todes gerechnet. – Nichts berechtigt zu sagen, Jesus habe diesen gewaltsamen Tod direkt gewollt. – Wir wissen nicht sicher, ob oder wie Jesus in seinem Tod einen besonderen Sinn gesehen hat. – Es ist wenig wahrscheinlich, daß Jesus mit seinem Tod Opfer- und Sühnegedanken verband und daß es in seiner Absicht lag, durch seinen Tod die Welt zu erlösen.

Folgende unterschiedliche Versuche einer Deutung des Todes Jesu unter den Christen der ersten Jahrzehnte lassen sich rekonstruieren:

Erstens. Das gewaltsame Ende Jesu war das gewohnte Los aller Propheten. Wichtig ist, daß Jesus in allernächster Zeit wiederkehren wird, nämlich zum Jüngsten Gericht.

Zweitens. Der Tod Jesu entsprach dem Willen Gottes, er war vorgeschrieben in den heiligen Büchern der Juden.

Drittens. Der Tod Jesu war eine Sühne für die Sünden der Vergangenheit.

Viertens. Mit Jesus ist das Alte gestorben, es beginnt das Reich der Freiheit und Liebe (so Paulus).

Im Mittelalter taucht folgende Deutung auf:

Durch die Sünde hat der Mensch die göttliche Ordnung der Welt gestört. Als endliches Wesen vermag der Mensch dem unendlichen Gott die geschuldete Genugtuung nicht zu leisten. Aus diesem Grund muß ein Gottmensch freiwillig sterben, was mit Jesus auch geschehen ist; Gottes Ehre ist wieder hergestellt (Anselm von Canterbury, gest. 1109).

Soweit die wichtigsten Deutungen des Todes Jesu in zusammenfassender Weise (Thomas von Aquin wurde wegen der gebotenen Knappheit ausgelassen), nach Auskunft der erwähnten Dissertation.

Dr. Freud kommentiert alle diese Deutungen mit der Bemerkung, daß nicht bloß das Individuum sondern auch die Gemeinschaft ein Über-Ich ausbildet, und daß ein solches kulturelles Über-Ich auf dem Eindruck beruhe, den große Führerpersönlichkeiten hinterlassen haben. Er weist darauf hin, daß solche Personen häufig genug zu ihrer Lebenszeit von den anderen verspottet, mißhandelt oder auf grausame Art beseitigt wurden. Für diese Schicksalsverknüpfung sei gerade die Person Jesu Christi das ergreifendste Beispiel (wenn sie nicht etwa dem Mythus angehöre).

Als solches Über-Ich dürfte Jesus den modernen Touristen nicht mehr sonderlich beeindrucken, nicht einmal im Zwielicht des scheidenden Tages; die Erinnerung an den mittelalterlichen Glaubensernst gerät diesfalls zur Melancholie, die Frömmigkeit wird gedankenlos.

Jene 13jährigen Hauptschüler in Wien X die ich vor fast 20 Jahren in Religion unterrichtet habe und die nunmehr erwachsene Touristen geworden sind, ich habe sie nicht vergessen. Sie haben geschwätzt während des Religionsunterrichts, sie haben sich gelangweilt während ich ihnen von Jesus erzählte, auf ihre Art und Weise praktizierten sie Religionskritik (ohne Marx und Freud gelesen zu haben) und stammten aus dem Arbeitermilieu bzw. Kleinbürgertum. An sie denke ich bei Veranstaltungen des geistigen Lebens wie z. B. Podiumsdiskussionen über die Zukunft der Religion (Salzburg, siehe oben), von den Schülern habe ich eine Lektion gelernt im Religionsunterricht. Ein später Dank für diese Lektion soll hiermit zum Ausdruck gebracht werden.

Eine mögliche Kräftigung (nicht nur des alten Seibold) durch den Besuch mittelalterlicher Kathedralen hat an sehr strengen Kriterien sich zu messen, nicht nur an Dr. Freud und Karl Marx und am alten Horkheimer und am jungen Handke und all deren Büchern; sondern eben auch an den erwähnten Hauptschülern: Wonach die sich sehnen sollte man wissen, möglicherweise wissen sie es selber nicht bzw. können nicht ausdrücken was ihnen fehlt. Wir wollen hoffen daß ihnen etwas fehlt, wir wollen hoffen.

Kathedrale von innen

Was Dr. Freud von der geringschätzigen Miene eines seiner Kinder berichtet im Hinblick auf die religiösen Märchen (siehe oben, das zweite Kapitel), das findet seine Bestätigung in der Haltung der soeben erwähnten Hauptschüler.

Das Personal in den verschiedenen Kathedralen, Kirchen und Kapellen kennt diese Geringschätzigkeit ziemlich genau, es setzt sich gegen die Touristen zur Wehr, gegen die Respektlosigkeit der Touristen. Das Personal bringt in den touristisch bedeutsamen Kirchen Hinweise in mehreren Sprachen an, das Personal ersucht die Touristen sich an bestimmte Regeln zu halten im Inneren des Gotteshauses. Es wird gebeten sich in dezenter Kleidung zu bewegen im Inneren der Kathedrale. Während der Gottesdienste ist das Herumgehen und Fotografieren verboten. Lautes Sprechen und Lachen widerspricht der Würde des Ortes und ist daher zu unterlassen.

Unter den mindestens 100 Millionen christlich abendländischer Touristen ist also von seiten des Personals eine gewisse Respektlosigkeit festgestellt worden hinsichtlich des herkömmlichen Benehmens in mittelalterlichen Kathedralen. Es hat sich herausgestellt daß die Touristen kaum zum Beten aufgelegt sind beim Besuch der Kathedralen, sie haben Reiseführer in der Hand und keine Gebetbücher.

Widerwillig überläßt das Personal tagsüber die Kathedrale den Touristen. Das Personal ist der Meinung daß Kathedralen zum Beten bestimmt sind, die Touristen teilen diese Meinung allerdings nicht wie sich zeigt, für sie ist der Glaubensernst ein Gegenstand der Betrachtung und nicht der Verrichtung.

Andererseits haben die Touristen nichts dagegen einzuwenden daß das Personal den Glaubensernst bewahren möchte; die Umwandlung der Kathedralen in Museen würde die Touristen peinlich berühren, so weit möchten die Touristen doch nicht gehen in ihrer Respektlosigkeit bzw. Geringschätzung der religiösen Märchen.

Im Inneren der Kathedralen findet während der Reise-Saison sozusagen ein stillschweigender Kampf zwischen den Gläubigen und den Touristen statt. Morgens und abends finden (zumindest an Sonntagen und Feiertagen) Gottesdienste statt, dazwischen beherrschen die Touristen die Kathedralen und betrachten den Glaubensernst.

Was in den Köpfen der Touristen vor sich geht nach dem Betreten der Kathedrale wäre wichtig zu wissen im Hinblick auf den alten Seibold und den Gegenstand unseres Buches. Wäre die Haltung der Touristen eine nur geringschätzige und respektlose, dann würden die Kathedralen wohl leer bleiben. Wäre sie eine frommgläubige, dann gäbe es möglicherweise gar keinen Tourismus. Vielleicht geht es den Touristen ähnlich wie dem alten Seibold, sie sind nicht ganz fertig geworden mit dem was ihnen im Religionsunterricht erzählt worden ist, sie befinden sich (reisend, häufig im Automobil) auf der Suche nach etwas, dieses finden sie offenbar weder beim Genuß der Fischsuppe noch beim Flamenco. Der alte Horkheimer und der junge Handke nennen diese touristische Regung: Sehnsucht.

Wenn diese Sehnsucht (bei vorausgesetztem Mißvergnügen an der herkömmlichen Religion) wirklich da ist, kollektiv da ist in allerdings sehr unbestimmter Weise, in einer sozusagen ein wenig lächerlichen Weise (mit Fotoapparat und Reiseführer), dann ist das zwar kein Gottesbeweis, aber immerhin der Ansatz zu einer Kritik an der sogenannten Wirklichkeit inklusive Sterbenmüssen (!) und endgültiger Trennung der Liebenden (durch Todesfall) und Beziehungslosigkeit der Liebenden bei Lebzeiten. Also Denkansatz in Richtung Unerfülltheit, Unerfüllbarkeit durchs Bestehende, Anzweiflung der Wirklichkeit inklusive Sterbenmüssen. (Zweifeln heißt denken, sagt Wittgenstein.)

Wenn diese Sehnsucht da ist im Zwielicht des scheidenden Tages, dann vermag der vergangene mittelalterliche Glaubensernst den Touristen wirklich und nicht bloß melancholisch zu ergreifen, nämlich als unerledigter Verhandlungsgegenstand im Prozeß der Menschwerdung, im Inneren der Kathedrale, nach Genuß der technisch wissenschaftlichen Fischsuppe.

Es versteht sich von selbst, daß das Automobil vor Betreten der Kathedrale zu verlassen ist. Kathedralen betritt man zu Fuß.

Vergleiche die beiden folgenden Texte:

(1) Als es nun Abend war an jenem ersten Wochentage und dort, wo die Jünger sich befanden, die Türen aus Furcht vor den Juden verschlossen waren, kam Jesus und trat in ihre Mitte und sagte zu ihnen: Friede sei mit euch.

Und als er dies gesagt hatte, zeigte er ihnen die Hände und die Seite. Da freuten sich die Jünger, als sie den Herrn sahen. Wiederum sagte er zu ihnen: Friede sei mit euch. Wie mich der Vater gesandt hat, so sende ich euch.

Und als er dies gesagt hatte, hauchte er sie an und sagte zu ihnen: Empfanget den heiligen Geist. Welchen ihr die Sünden nachlasset, denen sind sie nachgelassen. Welchen ihr sie behaltet, denen sind sie behalten.

Thomas aber, einer von den Zwölfen, Zwilling genannt, war nicht unter ihnen, als Jesus kam. Die Jünger sagten ihm nun: Wir haben den Herrn gesehen.

Er aber sprach zu ihnen: Wenn ich nicht an seinen Händen das Mal der Nägel sehe und meinen Finger in das Mal der Nägel lege und meine Hand in seine Seite lege, so werde ich nimmermehr glauben.

Und nach acht Tagen waren seine Jünger wiederum drinnen und Thomas unter ihnen. Da kam Jesus bei verschlossenen Türen, trat in ihre Mitte und sprach: Friede sei mit euch.

Dann sagte er zu Thomas: Tu deinen Finger hierher und sieh meine Hände an, und tu deine Hand her und lege sie in meine Seite, und sei nicht mehr ungläubig sondern gläubig.

Thomas antwortete: Mein Herr und mein Gott.

Jesus sagte zu ihm: Weil du gesehen hast, hast du geglaubt. Selig die nicht sehen und doch glauben.

(Dieser Text stammt aus der Bibel.)

(2) Der junge Soldat Jean-Pierre Longchamp hatte seinen ersten Urlaub und ging auf einen Ball. Dort fiel ihm ein junges Mädchen in weißem Abendkleid auf, das keinen Platz fand. Er bat es an seinen Tisch. Die beiden waren vergnügt. Es war schon weit nach Mitternacht, als Jean-Pierre seine hübsche Tänzerin namens Monique fragte, woher sie die große Narbe an der rechten Schläfe habe.

Ein Autounfall vor zwei Jahren, sagte sie und legte ihre Wange gegen seine. Als der Soldat Monique nach Hause brachte, begann es schon Tag zu werden. Sie zeigte große Eile und Jean-Pierre legte seine Jacke über ihre Schultern, um sie in der frischen Morgenluft zu wärmen. Vor der Haustür noch ein flüchtiger Kuß, dann verschwand das Mädchen.

Zu spät bemerkte Jean-Pierre, daß Monique seine Jacke auf ihren Schultern behalten hatte. Doch das war ein guter Grund, sie am nächsten Tag zu besuchen. Ein Mann in den Sechzigern öffnete und war sehr ungehalten, als Jean-Pierre nach Monique fragte. Das kann nur ein schlechter Witz sein, sagte er und wollte die Tür zuwerfen. Doch als er das ehrlich überraschte Gesicht des jungen Mannes sah, fügte er hinzu: Sie ist vor zwei Jahren bei einem Autounfall ums Leben gekommen, als ich sie zum erstenmal zu einem Ball begleiten wollte.

Jetzt erzählte Jean-Pierre dem Vater das Erlebnis der vergangenen Nacht. Der Alte hörte sich alles an und sagte dann: Der Friedhof ist ganz in der Nähe.

Die beiden gingen zu einem Grab, auf dem zu lesen stand: Monique Maluint, 1954–1970. Und auf der Grabplatte lag Jean-Pierres Jacke.

(Dieser Text stammt aus einer Tageszeitung.)

Gib an, worin die beiden Texte einander ähnlich sind!

Gib an, wodurch die beiden Texte sich voneinander unterscheiden! Überlege, ob ein Text glaubwürdiger ist als der andere, und warum!

Sprich: Jesus dir leb ich, Jesus dir sterb ich, Jesus dein bin ich, im Leben und im Tod!

Lies jetzt die beiden folgenden Texte:

(3) Innana, die Königin des Himmels und die Göttin der Liebe, um die der Hirtengott Dumuzi geworben und die er geheiratet hatte, ist entschlossen, in die Unterwelt hinabzusteigen um auch dort die Herrschaft anzutreten und die Toten aufzuwecken. Die Königin der Unterwelt ist ihre ältere Schwester und bittere Feindin Ereschkigal, die sumerische Göttin des Todes und des Dunkels.

Innana gelangt zwar bis vor den Thron ihrer Schwester; dort jedoch richten die Totenrichter ihre Augen auf sie, und sie wird zu einer Leiche.

Nach drei Tagen und drei Nächten macht sich ihr Diener Ninschubur auftragsgemäß auf den Weg, um Hilfe für seine Herrin zu holen. Nach zwei vergeblichen Versuchen findet er diese bei Enki, dem Gott der Weisheit. Dieser stellt zwei Gehilfen mit der Nahrung und dem Wasser des Lebens zur Verfügung, wodurch Innana tatsächlich wiederum lebendig wird. Zwar wird ihr die Rückkehr zur Oberwelt gestattet, aber nach den Regeln der Unterwelt muß sie einen Ersatz bereitstellen. Die sie begleitenden Dämonen erhalten schließlich ihren Gatten Dumuzi zum Opfer, welcher trotz Intervention des Sonnengottes Utu in die Unterwelt gebracht wird und auch dort bleibt.

(Dieser Text ist eine gekürzte Fassung der sumerischen Mythe vom Abstieg Innanas in die Unterwelt, aus dem 2. Jahrtausend v. Chr.).

(4) Ausgehend von Spekulationen über den Anfang des Lebens und von biologischen Parallelen zog ich den Schluß, es müsse außer dem Trieb, die lebende Substanz zu erhalten und zu immer größeren Einheiten zusammenzufassen, einen anderen, ihm gegensätzlichen, geben, der diese Einheiten aufzulösen und in den uranfänglichen, anorganischen Zustand zurückzuführen strebe. Also außer dem Eros einen Todestrieb; aus dem Zusammen- und Gegeneinanderwirken dieser beiden ließen sich die Phänomene des Lebens erklären.

Nun war es nicht leicht, die Tätigkeit dieses angenommenen Todestriebes aufzuzeigen. Die Äußerungen des Eros waren auffällig und geräuschvoll genug; man konnte annehmen, daß der Todestrieb stumm im Inneren des Lebewesens an dessen Auflösung arbeite, aber das war natürlich kein Nachweis. Weiter führte die Idee, daß sich ein Anteil des Triebes gegen die Außenwelt wende und dann als Trieb zur Aggression und Destruktion zum Vorschein komme. Der Trieb würde so selbst in den Dienst des Eros gezwängt, indem das Lebewesen anderes, Belebtes wie Unbelebtes, anstatt seines eigenen Selbst vernichtete. Umgekehrt würde die Einschränkung dieser Aggression nach außen die ohnehin immer vor sich gehende Selbstzerstörung steigern müssen. Gleichzeitig konnte man aus diesem Beispiel erraten, daß die beiden Triebarten selten – vielleicht niemals – voneinander isoliert auftreten, sondern sich in verschiedenen, sehr wechselnden Mengungsverhältnissen miteinander legieren und dadurch unserem Urteil unkenntlich machen.

(Dieser Text ist ein Zitat aus der Schrift ›Das Unbehagen in der Kultur‹ von Sigmund Freud.)

Prüfe, inwieweit die beiden Texte ähnliche Aussagen machen! Gib an, ob die Gleichung Innana = Eros bzw. Ereschkigal = Todestrieb zulässig ist!

Überlege, warum Innana und Ereschkigal nach der Auffassung S. Freuds zwar Schwestern, aber einander feindlich gesinnt sein müssen! Prüfe, ob der vierte gegenüber dem dritten Text einen Zuwachs an Erkenntnis darstellt! (Die richtige Antwort ist bei den Anmerkungen zu finden.)

Frage dich jetzt, ob du beim Aussprechen der Worte »Jesus dir leb ich« etc. etwas empfunden hast, und wenn ja, was (z. B. Zärtlichkeit, Widerwillen), und wenn nein, ob du dies bedauerst! Denk nach, ob es dir möglich ist, die vier Texte dieser Lektion in eine Rangordnung zu bringen, je nachdem, ob sie für dein Leben sehr wichtig, weniger wichtig, ziemlich unwichtig, belanglos sind! (Z. B.: 4, 1, 2, 3; oder 1, 3, 4, 2.)

Wenn dir die Aufstellung einer solchen Rangordnung möglich war, dann frage dich jetzt, warum!

Wenn dir alle vier Texte gleich wichtig oder gleich unwichtig sind, dann frage dich jetzt, warum!

Gib an, ob es für dich einen Text gibt, der für dein Leben wichtiger ist als alle anderen Texte die du kennst!

Wenn es einen solchen Text gibt, dann schreibe ihn hier auf:

____

____

____

Wenn es einen solchen Text nicht gibt, dann frage dich, warum nicht!

☛ *Merke: Texte sind beliebig.*

Es wird gebeten, nicht gleich von vornherein zu sagen: Ach diese kleine Hysterikerin vor 550 Jahren.

Unsere Ermittlungen in Sachen Ostern führen uns nämlich zu Jeanne d'Arc, dite la Pucelle (genannt die Jungfrau), geboren 1412 in Domremy (Frankreich), gestorben 1431 in Rouen (ebendort), am Mittwoch vor Fronleichnam, auf dem Scheiterhaufen.

Es wird auch gebeten, nicht gleich an den Heiligenschein Johannas zu denken. (Sie wurde 1920 katholischerseits kanonisiert.)

Denn wir wollen Ermittlungen anstellen, dazu braucht man eine detektivische Haltung, eine gewisse Nüchternheit also. Eine Genauigkeit auch, wie sie beim Studium von Prozeßakten erforderlich ist. Die Akten des Verurteilungsprozesses und des Rechtfertigungsverfahrens sind im Fall der Johanna in Originalschriften vorhanden, diese wurden veröffentlicht, wissenschaftlich kommentiert und auch übersetzt.

Warum ausgerechnet Johanna, bei der Suche nach dem Licht vor unserem Fuß, warum nicht z. B. Angela Davis oder Jesus? Was Jesus anlangt: Über ihn gibt es ohnehin viel Geschriebenes (auch von seiten des Verfassers), und außerdem kommt er im Prozeß der Johanna durchaus und in angemessener Weise zum Vorschein, nämlich als Todesschrei auf den Lippen der Delinquentin, nach dem Anzünden der Reisigbündel.

Die Sache der Angela Davis aber ist derzeit zu prekär, um hier viele Worte über sie zu verlieren, ähnlich wie bei der Dame aus Prag.

Jedenfalls wurde mit Absicht eine Person des weiblichen Geschlechts zum Gegenstand der österlichen Ermittlungen gemacht, damit nur ja nicht wiederum eine große Führerpersönlichkeit herauskommt. (Daß Johanna zur Nationalheldin wurde, ließ sich offenbar nicht vermeiden, ist aber hier belanglos.)

Auch ein gewisser sportlicher Gesichtspunkt kommt bei Johanna ins Spiel, hinsichtlich der Kürze und Schnelligkeit ihres öffentlichen Wirkens (ähnlich wie im Fall Jesus): Im Januar 1429 verließ Johanna ihr Vaterhaus, im Februar kam sie zum Dauphin nach Chinon, im Mai und Juni vertrieb sie in einem Feldzug die Engländer aus dem Loire-Gebiet, im Juli führte sie den Dauphin zur Krönung nach Reims; dann gab es eine unfreiwillige Pause für Johanna, die am liebsten Paris angegriffen hätte (aber der König zögerte), im April

1430 ging sie nach Compiègne, im Mai wurde sie verraten, gefangen und an die Engländer verkauft, im Dezember nach Rouen gebracht. Im Februar 1431 begann der Inquisitionsprozeß gegen sie, Ende Mai war sie tot.

Johanna hat etwas bewirkt, sie hat die Wende gebracht im sogenannten hundertjährigen Krieg zwischen Engländern und Franzosen (zugunsten letzterer), in ihrem Fall handelt es sich keineswegs um das erwähnte Eiapopeia des Dr. Freud. Wir können an Johanna eine reelle geschichtliche Kraft entdecken, und weil diese österliche Kraft noch keineswegs gesiegt hat gegen Tod und Teufel (aber doch da ist ebenso reell wie UNF), deshalb machen die inzwischen verstrichenen 550 Jahre gar nicht sonderlich viel aus in diesem Zusammenhang. Es bringen diese Jahre sogar einen gewissen Vorteil bei der Ermittlungstätigkeit. Denn die Tarnung der Gegenspieler Johannas (hinter staatsmännischer Räson etc.) hat sich mit den Jahren abgenützt, man sieht heute klarer als damals. Bischofsmützen und Magistertitel verleihen heute dem verfinsterten Denken von damals keinen falschen Schein mehr, und nur Johanna steht im Licht.

Oster-Liturgie

Johannas Prozeß hat liturgischen Charakter. Er beginnt mit dem Mittwoch nach dem 1. Fastensonntag und endigt mit dem Mittwoch vor Fronleichnam. Er wird von Priestern geführt. In die Mitte des Prozesses fällt Ostern. Während der Zeit des Prozesses verlangt Johanna oft und dringlich nach einem Beichtvater und nach der Hostie, besonders zu Ostern. Beides wird ihr erst am Morgen ihrer Hinrichtung gewährt. Der Genauigkeit halber und für liturgisch weniger Bewanderte darf hier der Ablauf festgehalten werden (links liturgisch, rechts juristisch):

Das Jahr: 1431

17. 2.	1. Fastensonntag		
		21. 2.	1. öffentliches Verhör
		22. 2.	2. öffentliches Verhör
		24. 2.	3. öffentliches Verhör

25. 2.	2. Fastensonntag		
		27. 2.	4. öffentliches Verhör
		1. 3.	5. öffentliches Verhör
		3. 3.	6. öffentliches Verhör
4. 3.	3. Fastensonntag		
		10. 3.	1. Sonderverhör
11. 3.	4. Fastensonntag		
		12. 3.	2. und 3. Sonderverhör
		13. 3.	4. Sonderverhör
		14. 3.	5. und 6. Sonderverhör
		15. 3.	7. Sonderverhör
		17. 3.	8. und 9. Sonderverhör
18. 3.	Passionssonntag		Prozeß-Beratungen
25. 3.	Palmsonntag		Ermahnung der Angeklagten
		27. 3.	Vorlage der Anklageakte
		28. 3.	Verlesung der Anklage
	Karsamstag	31. 3.	Nachverhör
1. 4.	Ostersonntag		
2. 4.	Ostermontag		Beratungen
8. 4.	Sonntag Quasimodo		
15. 4.	2. Sonntag nach Ostern		
		18. 4.	1. Mahnrede an die Angeklagte

22. 4.	3. Sonntag nach Ostern		
29. 4.	4. Sonntag nach Ostern		
		2. 5.	2. Mahnrede an die Angeklagte
6. 5.	5. Sonntag nach Ostern		
		9. 5.	Androhung der Folter
10. 5.	Christi Himmelfahrt		
13. 5.	6. Sonntag nach Ostern		
		19. 5.	Verlesung der Gutachten der Pariser Universität
20. 5.	Pfingstsonntag		
		23. 5.	Abermalige Ermahnung, Verlesung der zwölf Schuldartikel, weitere Ermahnung
		24. 5.	1. Urteilsverkündigung, Widerruf der Angeklagten, 2. Urteilsverkündigung (lebenslänglich Kerker)
27. 5.	Fest der allerheiligsten Dreifaltigkeit		

		28. 5.	Feststellung des Rückfalls der Angeklagten und einziges Verhör
		29. 5.	Beratung und Urteil über die Rückfälligkeit der Angeklagten
		30. 5.	Vollstreckung des Urteils
31. 5.	Fronleichnam		

(Die liturgische Ordnung ist – auch nach der Reformation – bis heute dieselbe; die Prozeß-Ordnung gibt es in der damaligen Form nicht mehr.)

Die schönen Antworten die sie gab

Im Februar 1450 richtet König Charles VII. ein Schreiben an Guillaume Bouillé, einen seiner Ratgeber und seit 1439 Rektor der Universität Paris. Mit diesem Schreiben gibt der König den ersten offiziellen Anstoß zur Wiederaufnahme des Verfahrens gegen Johanna, zum Zweck ihrer Rehabilitierung. Der Papst wird angerufen und befiehlt den Rechtfertigungsprozeß, in dessen Verlauf rund 150 Zeugen einvernommen werden.

Unter ihnen befinden sich auch solche, die 1431 über Johanna zu Gericht gesessen sind und ihrer Verurteilung zugestimmt haben, etwa der ehrwürdige Jean Tiphaine, Priester, Magister der Künste und der Medizin, Kanonikus der königlichen Kapelle in Paris, vernommen am 2. April 1456 in Paris, im Alter von 60 Jahren. Tiphaine gibt an, daß er sich nicht entsinnen könne, jemals die geringste Meinung über den Prozeß geäußert zu haben, außer über eine Erkrankung Johannas während der Haft. (Allerdings findet sich seine Unterschrift unter dem Todesurteil, im Original.)

Tiphaine sagt aus: Ich kannte Johanna erst, seit man sie nach Rouen geführt, um ihr dort den Prozeß zu machen. Ich wurde aufgefordert, daran teilzunehmen. Das erstemal lehnte ich ab. Das zweitemal nahm ich an. Ich war bei einem Verhör dabei. Die schönen Antworten, die sie gab!

Tiphaine beruft sich – und nicht als einziger Beteiligter – auf seine Angst vor den Engländern: Wie ich eben sagte, verweigerte ich meine Teilnahme am Prozeß, als ich zum erstenmal aufgefordert wurde. Das zweitemal aber ging ich hin. Ich hatte Angst vor den Engländern. Ich hatte Angst, sie würden merken, daß ich nicht gehen wollte.

Nicht nur Tiphaine bewundert (nachträglich) die Intelligenz Johannas, die weder lesen noch schreiben konnte und sich allein dem illustren Tribunal gegenüber fand. (Den Vorsitz führt Monseigneur Pierre Cauchon, Bischof von Beauvais, Doktor der heiligen Theologie, Magister der schönen Künste etc., ihm zur Seite befindet sich seine Hochwürden, der geistliche Rat Jean d'Estivet, Domherr von Beauvais und Bayeux, Promotor des Prozesses. Unter den 43 Beisitzern sind viele Äbte und Prioren berühmter Klöster, Doktoren und Professoren der Theologie, Doktoren beider Rechte, Domherren, Weltpriester, Mönche.) Es gab Fangfragen, die Verhöre dauerten jeweils mehrere Stunden, die Protokolle gerieten (zum Teil durch Absicht) fehlerhaft. Johanna erinnert sich genau an ihre Aussagen, sie korrigiert die Schreiber, sie kämpft beharrlich und aufmerksam, gibt manchmal taktisch nach, verrät sich nie, erst der Anblick des Henkers ängstigt sie, weshalb sie am 24. Mai widerruft (siehe oben), aber immer noch amüsiert – denn mehrere Zeugenaussagen erwähnen, daß sie dabei gelacht habe.

Ihre Intelligenz hat in der Tat etwas Strahlendes, sie kontrastiert zur durchschnittlichen Denkschwäche ihrer Richter. (Man erinnert sich an die diesbezügliche Bemerkung von Dr. Freud, siehe oben das fünfte Kapitel.) Monseigneur Cauchon führt das erste öffentliche Verhör in eigener Person. Er fordert Johanna auf, das Vaterunser zu sprechen.

Johanna: Nehmt mir die Beichte ab, und ich will es euch gerne aufsagen.

(Sie appelliert damit an den Priester im Richter, und sie will ihren Fall in der Verschwiegenheit des Gewissens belassen; das Vaterunser gehört nicht zum Prozeß.)

Cauchon: Ihr habt schon mehrere Male aus anderen Gefängnissen zu fliehen versucht; so haben wir Euch Eisenfesseln angelegt, um Euch in sicherem Gewahrsam zu halten.

Johanna: Es ist wahr, ich habe anderswo zu entkommen versucht, und jetzt noch täte ich es wohl. Jeder Gefangene hat ein Recht zu fliehen.

(Diese Maxime hat sich bis heute nicht durchgesetzt.)

Zur Verhandlung stehen die Stimmen, die Johanna leiten, ab der zweiten öffentlichen Sitzung.

Johanna: Als ich 13 Jahre alt war, hatte ich eine Stimme, die von Gott kam, um mich zu leiten. Das erstemal hatte ich große Furcht. Die Stimme kam zur Mittagsstunde; es war im Sommer, im Garten meines Vaters. Ich hatte den Tag zuvor gefastet. Ich habe die Stimme gehört mir zur Rechten, von der Seite der Kirche her.

Der Richter: Erscheint Euch ein Glanz, wenn Ihr die Stimme hört?

Johanna: Fast immer begleitet sie eine große Helligkeit. Dieses Licht kommt von derselben Seite, von der man die Stimme vernimmt. Dort zeigt sich meist ein heller Schein.

Richter: War die Stimme die eines Engels? Oder die eines Heiligen oder einer Heiligen, oder auch die Stimme Gottes selbst, ohne einen Mittler? (In der vierten öffentlichen Sitzung ist man noch immer bei der erwähnten Stimme; die Richter wollen alles genau wissen.)

Johanna: Es waren die Stimmen der heiligen Katharina und der heiligen Margareta. Ihre Häupter waren gekrönt mit schönen, reichen und kostbaren Kronen. Gott hat mir erlaubt, das zu sagen.

(Erst nach und nach gibt Johanna detailliertere Auskünfte. Sie äußert wiederholt ihre Ansicht, daß diese Dinge mit dem Prozeß nichts zu tun hätten.)

Der Richter: Habt Ihr die heilige Katharina und die heilige Margareta nie umschlungen?

Johanna: Ich habe sie beide umarmt.

Der Richter: Rochen sie gut?

Johanna: Ja, sicher rochen sie gut. Ich konnte sie nicht umfassen, ohne sie zu riechen und sie zu berühren.

Der Richter: Als Ihr diese Stimme saht, die zu Euch kam, war da ein Licht?

Johanna: Sicher, es war viel Licht, überall. So ziemt es sich auch. Das ganze Licht ist nicht für Euch allein da.

Nach ihrem Widerruf äußert Johanna eine Bitte: Wohlan, Ihr geistlichen Herren, führt mich in Euer Gefängnis, damit ich nicht mehr in den Händen der Engländer sei.

Monseigneur Cauchon darauf: Führt sie dahin zurück, wo ihr sie hergebracht habt.

So berichtet der Notar Guillaume Manchon im Rehabilitationsverfahren, einer der wichtigsten Zeugen. (Mit zwei anderen war er verantwortlich für das Protokoll des Prozesses; in den uns hier interessierenden Punkten werden seine Aussagen durch weitere Zeugen bestätigt.) Manchon präzisiert den Grund für den Wunsch Johannas: Als man während des Prozesses wissen wollte, warum Johanna keine Frauenkleider trüge, und bemerkte, daß es unanständig für eine Frau sei, einen Waffenrock und Beinkleider zu tragen, habe ich gehört, wie Johanna sich beim Bischof und beim Grafen Warwick beklagte. Sie erklärte, daß sie es nicht wagen würde, die Beinkleider auszulassen, noch sie anders als fest zugeknöpft zu tragen, weil sie wohl wüßten, der Bischof und der Graf, daß ihre Wachen mehrmals versucht hätten, sie zu schänden. Eines Tages war ihr der Graf auf ihre Schreie hin zu Hilfe gekommen. Wäre er nicht gekommen, die Wachen hätten sie vergewaltigt.

Der Zeuge Jean Massieu (Magister, Priester, Schreiber beim Prozeß) sagt folgendes über die Vorgänge nach dem Widerruf aus: Am gleichen Tag nach der Mahlzeit legte Johanna die Männerkleider ab und zog Frauenkleider an, wie ihr vorgeschrieben war. Die Männerkleidung wurde in einem Sack in ihrer Zelle verstaut. Und sie blieb dort in der Bewachung von fünf Engländern, von denen drei auch die Nacht in dem Raum verbrachten, während draußen die beiden anderen Wache standen. Ich weiß von anderen, daß Johanna mit gefesselten Füßen schlief. Sie war an eine kurze Kette angebunden, die unter dem Bettpfosten herlief und an einen großen, fünf oder sechs Fuß langen Holzklotz mit einem Schloß befestigt war. Darum konnte sie sich nicht rühren. Und als der Sonntagmorgen – es war das Fest der Allerheiligsten Dreifaltigkeit – herbeikam und sie aufstehen mußte, sagte sie den englischen Wachen: Entfernt euch, wenn ich aufstehe. Da nahm ihr einer der Engländer die Frauenkleider weg, die sie trug und sie leerten den Sack mit den Männerkleidern, warfen sie ihr hin und riefen: Steht auf! Und stopften die Frauenkleider in den Sack. Sie zog die Männerkleider an und sagte: Ihr wißt, daß es mir verboten ist, und ich ziehe sie nie wieder an. Trotzdem wollten sie ihr keine anderen Kleider geben, und der Streit dauerte bis zur Mittagsstunde. Zuletzt zwang sie ein menschliches Bedürfnis hinauszugehen, sie war in Männerkleidern. Nach ihrer Rückkehr verweigerten sie Johanna die Frauenkleider, so sehr sie auch bat und flehte.

Endlich die Wahrheit, die ordinäre Wahrheit. Am darauffolgenden Montag erscheint das Gericht im Gefängnis, stellt fest, daß Johanna wieder Männerkleider trägt, erklärt sie daraufhin am Dienstag als rückfällig und überantwortet sie am Mittwoch dem Henker. Zeugen berichten, daß Monseigneur Cauchon an jenem Montag nach Schluß der Sitzung lachend zum Grafen Warwick und anderen Engländern gesagt habe: Seid guten Mutes, es ist geschafft.

Der schwache Punkt, der theologisch schwache Punkt Johannas liegt zwischen ihren Schenkeln.

Solange es jenes Männerlachen gibt wie das soeben erwähnte, solange steht es mit dem ewigen Leben nicht zum besten. (Auch Johanna hat gelacht, nämlich beim Widerruf, wie berichtet. Aber eben anders gelacht, eben anders.)

Das Männerlachen ist aus dem Es herauf gelangt (Dr. Freud!), Monseigneur Cauchon fühlt sich zum Lachen gereizt. Es reizt ihn zum Lachen.

Etwas wäre heraufzuholen und zu verarbeiten von Monseigneur Cauchon, was ist es nur. Liebe und Tod sind feindliche Schwestern, die streiten miteinander in der Unterwelt ohne Ende. Übermorgen wird das Mädchen brennen, Cauchon fühlt sich zum Lachen gereizt. (Es wird berichtet daß Cauchon zugesehen habe bei der Hinrichtung, während andere Richter weggingen.)

Aus den Seelen-Kavernen der Cauchons (oder auch: cochons, man sehe in einem französischen Wörterbuch nach) meldet sich dunkel etwas, das nicht sterben will, das überleben will, die anderen überleben. Cauchon will übrig bleiben, er handelt aus Furcht vor den Engländern, und Johanna muß brennen.

Das Cochonische in uns findet in dem von der psychoanalytischen Schule beigebrachten Material eine Bestätigung; das Unbewußte als Repräsentanz des Lustprinzips kennt die Kategorie der Zeitlichkeit nicht, es schätzt sich selbst als ewig ein. Es ist überzeugt von seiner Unsterblichkeit. Es lacht, und solange es so lacht, heißt es vorsichtig sein im Umgang mit der Unsterblichkeit.

Johanna, als unschuldiges Opfer des Überlebenswillens ihrer Richter bzw. der Engländer und des Grafen Warwick, spricht zu den Mördern von der heiligen Katharina und der heiligen Margareta, die zu ihr kommen. Sie spricht zögernd und widerwillig, denn sie spricht mit ihren Mördern. (Es wird gebeten, diesen Bericht nicht einfachhin als Kirchenkritik zu behandeln; die Mörder müssen nicht unbedingt eine Bischofsmütze tragen.) Johanna ist also befangen lediglich wegen der Mörder; wegen der heiligen Katharina und der heiligen Margareta ist sie keineswegs befangen, der Umgang mit ihnen ist ihr selbstverständlich.

Ob die heilige Katharina und die heilige Margareta von daher kommen woher das Lachen Cauchons kommt, diese theologische Frage ist hier zu stellen und auch zu beantworten, nämlich mit Nein.

Und es ist daran zu erinnern, daß die Mörder eben nur kurzfristig über das unschuldige Opfer triumphiert haben mit Hilfe der Ausnützung des schwachen Punktes der Johanna. Johanna hat sich reell gegen ihre Mörder durchgesetzt posthum, und nach den Mördern kräht kein Hahn mehr.

Die sinnlichen Wahrnehmungen der Johanna (sehen hören riechen) sind ebenso reell wie das von Johanna politisch und militärisch Bewirkte, ebenso reell wie ihr posthum erfolgter Sieg über die Mörder. Die Stimmen der Johanna (inklusive schöner Kronen und eines guten Geruches) versichern ihr, daß sie am Ende in das Paradies eingehen werde.

Johanna: Ich glaube fest, was meine Stimmen mir gesagt haben, daß ich gerettet werde. Ich glaube es so fest, als ob ich schon dort sei.

Der Richter: Das ist eine Antwort von großem Gewicht.

In diesem Fall darf man dem Richter vorbehaltlos zustimmen.

Glaubensgeständnisse

Es bleibt festzuhalten, daß die heilige Katharina und die heilige Margareta nicht zu Charles VII. gekommen sind sondern zu Johanna, die war ein Bauernkind und konnte weder lesen noch schreiben. Es bleibt festzuhalten, daß die Zuversicht hinsichtlich Paradies inklusive Licht (viel Licht), Geruch (guter Geruch) – alles bei Lebzeiten – der kleinen Johanna geoffenbart worden ist und nicht ihren großmächtigen Richtern, diese wollten ihr keineswegs glauben. In Anbetracht dieses Sachverhalts erhebt sich der Verdacht, daß dem Paradies mit Großspurigkeit nicht beizukommen ist. Unsere Ermittlungen führen dergestalt zu einem Ergebnis, dieses wird dem alten Seibold gut tun.

Unser Verdacht geht dahin, daß UNF den Mund zu voll genommen hat in bezug auf Gott und das Paradies, daß UNF-Haltungen und UNF-Vokabeln ein Monopol erlangt haben auf dem Markt der theologischen Denk-Ökonomie, und wir haben dem pompösen Unsinn Glauben geschenkt.

Denn aus dem richterlichen Machtbereich leitet sich die Überzeugung ab, daß man sich über das Paradies ein Urteil bilden könne. Zu Urteilen gelangen Gerichtshöfe, Johanna hingegen schnuppert den guten Geruch der heiligen Katharina und der heiligen Margareta.

Ferner erhebt sich der Verdacht, daß Begriffe etwas mit der Polizei zu tun haben, also mit greifen, begreifen und ergreifen. Johanna will die heilige Katharina und die heilige Margareta nicht begreifen, sie umschlingt hingegen deren Knie (wie sie zu Protokoll gibt), in zärtlicher Weise.

Wobei Johanna vom Spiritismus weit entfernt ist, denn sie hat einen reellen Auftrag bekommen hic et nunc, im Interesse der Bevölkerung ihres Landes, und diesen Auftrag hat sie erfüllt, so gut wie möglich.

Von unten her, also von Johanna, ergeht mithin ein Gericht über die Richter, die Begreifer und Begriffe-Macher und Urteiler, die Wortschöpfer im Dienste der Könige und diversen Majestäten und Pyramidenbauer, mit ihren allmächtigen und majestätischen Göttern und großen Herren, all diese Bombastik und Theatralik für das Volk, dieses reißt die Augen auf und erschauert glücklich und ist zerknirscht und hebt flehend die Hände. Oder darf Auto fahren und drei Wochen Urlaub machen allenfalls in Barcelona, sich ein wenig Weltläufigkeit beilegen und damit eine gewisse Größe, während doch das Paradies nur andersherum gewährt wird mitsamt heiliger Katharina und heiliger Margareta (viel Licht, guter Geruch).

Somit darf eine neue Anrede vorgeschlagen werden für Gott, der heilige Augustinus wird uns diese Korrektur schon verzeihen. Aurelius Augustinus beginnt nämlich die 13 Bücher seiner Bekenntnisse mit den folgenden Worten: Groß bist du Herr.

Es empfiehlt sich, wie folgt anzufangen: Klein bist du Gott.

Apropos Bekenntnisse: In seiner frühchristlichen Form läßt sich das Glaubensbekenntnis wie bei Johanna in den Gerichtssaal zurückverfolgen, woselbst die römischen Richter die beschuldigten Christen verhörten. (Einige der überlieferten Martyrerakten sind authentisch.) Als die christliche Kirche später zur offiziellen Religion gediehen war, geriet das Glaubensbekenntnis seinerseits zur behördlich erfaßten Gesinnung, nicht ohne Triumphstimmung und Feierlichkeit, also mit Pauken und Trompeten. Die römischen Richter bekamen katholische Bischofsmützen und Magistertitel und saßen abermals über den Glauben zu Gericht, wie im Fall der Johanna, inklusive den Befehl das Vaterunser ordnungsgemäß (UNF!) aufzusagen. (Die Dame in Prag kennt dergleichen gut, wiederum haben die Richter die Kostüme gewechselt.)

Der arme kleine Glaube ist dabei von vornherein im Nachteil, muß Rede und Antwort stehen als Angeklagter. Der gute Geruch der heiligen Katharina und der heiligen Margareta soll behördlich erfaßt und beurteilt werden, Johannas Paradies wird aktenkundig. Das Parfüm der Hoffnung gegen Tod und Teufel vertrocknet bei diesem Vorgang wie die Tinte auf dem Papier, die reell und sinnlich erfahrene Schönheit der heiligen Katharina und der heiligen Margareta verduftet buchstäblich, übrig bleibt ein Glaubensgeständnis.

Die Fragen der Richter (war da ein Licht? rochen sie gut?) verraten eine ziemlich intime Kenntnis des heimlichen Glücks der Johanna. Diese Kenntnis wirkt überraschend, denn Johanna ist vorsichtig, sie verrät nicht mehr als sie unbedingt muß.

Gab es vielleicht einen Spitzel?

Der (bereits erwähnte) Notar Manchon sagt aus: Als Boisguillaume und ich mit dem Amt des Schreibers betraut wurden, sagten uns der Graf von Warwick, der Bischof von Beauvais und Magister Nicolas Loiseleur, daß Johanna Erstaunliches über ihre Erscheinungen berichte, und um hinter die Wahrheit zu kommen, hatten sie sich folgendes ausgedacht: Magister Nicolas sollte sich für einen Gefangenen aus dem Lothringischen ausgeben, wo auch Johanna her war, für einen Königstreuen. Er sollte im kurzen Gewand des Laien in ihr Gefängnis vordringen. Die Wachen ziehen sich zurück, er bleibt allein mit ihr. Doch im Nebengelaß des Gefängnisses ist eine Öffnung eigens für diesen Zweck angebracht. Wir werden dort versteckt, um zu hören, was Johanna sagt. Wir gingen tatsächlich dorthin, der Graf und ich, und Johanna konnte uns nicht sehen. Loiseleur unternahm es, Johanna allerlei Geschichten über den König und seine Offenbarungen zu erzählen. Und Johanna redete mit ihm wie mit einem königstreuen Landsmann. Der Bischof und der Graf hatten uns, Boisguillaume und mich, geheißen, die Antworten niederzuschreiben. Ich weigerte mich, denn ich fand es unanständig, einen Prozeß mit einer derartigen List zu beginnen. Vom ersten Augenblick an faßte Johanna großes Vertrauen zu Loiseleur.

(Diese Aussage wird von Boisguillaume, wie Manchon Protokollführer beim Prozeß, der Substanz nach bestätigt.)

Der Spitzel heißt also Nicolas Loiseleur, seine Unterschrift findet sich unter dem Todesurteil, er ist Priester und Magister, trägt auf beiden Schultern und will den hohen Herren dienlich sein. Gleichzeitig arbeitet in ihm (möglicherweise) etwas anderes, ein Wille vielleicht zugunsten Johannas, vielleicht kann er sie vor dem Ärgsten bewahren irgendwie. Boisguillaume sagt aus, daß Loiseleur ganz verstört gewesen sei, als er Johanna zum Tod verurteilt sah, er habe sie um Verzeihung gebeten und sei zu diesem Zweck sogar auf den Henkerkarren gesprungen. Warwick habe ihm befohlen, schnell aus Rouen zu verschwinden, wenn ihm sein Leben lieb sei. Gestorben sei er in Basel.

Die Glaubensgeheimnisse Johannas werden mit Hilfe eines Spitzels erkundet noch vor Prozeßbeginn, Johanna muß daher etliches zugeben und gestehen von dem, was sie erfahren hat hinsichtlich Paradies. Nach Ansicht des Gerichts handelt es sich dabei um Ketzerei, Hexenkunst und zauberische Machenschaft. Wieder einmal sind die Perlen vor die Schweine geraten. Selbst das noch möchten die Richter vergiften, worin Johanna ihnen voraus ist; der obrigkeitliche Terror bedient sich äußerst subtiler Mittel.

Die Zeugenvernehmungen des Rehabilitationsverfahrens schließen mit der Aussage des Jean Riquier, Priester und Kaplan in Rouen. Riquier war am Prozeß nicht beteiligt, er berichtet von einem Gespräch Johannas mit einem gewissen Magister Pierre, am Morgen der Hinrichtung.

Magister Pierre, fragte sie, wo werde ich heute abend sein?

Magister Pierre antwortete darauf: Hofft ihr denn nicht auf Gott?

Sie sagte: Doch! Und wenn es Gott gefällt, werde ich im Paradies sein.

Riquier fährt fort: Das hat mir Magister Pierre selbst erzählt. Als Johanna sah, wie man die Reisigbündel entzündete, begann sie mit lauter Stimme Jesus zu rufen, und immer wieder, bis zu ihrem Tode schrie sie: Jesus!

Zuerst müssen Hostien geholt werden.

Der Ministrant holt Hostien im Jahre 1945. Der Krieg ist zu Ende, die Weltmächte sind in Wien militärisch vertreten. Auch im 14. Bezirk (Pfarrkirche zum heiligen Laurentius) sind fremde Soldaten zu sehen. Ich habe einen Rucksack, darin ist ein leerer Pappkarton für die Hostien. Im 10. Bezirk sind Hostien erhältlich in einem Frauenkloster. Die geistlichen Schwestern in der Alxingergasse backen Hostien nach dem Krieg, der Karton wird gefüllt.

Hostien wiegen leicht. Sie werden aus Weizenmehl und Wasser hergestellt, ohne Hefe, und dann schnell gebacken. Die Zusammensetzung der Hostien entspricht jener der jüdischen Mazzen, diese werden zum Pesachfest gereicht. Das Pesachfest heißt bei den Christen Ostern, die Mazzen heißen bei den Christen Hostien. Vor dem Krieg haben in Wien viele Juden gewohnt, u. a. auch Dr. Freud. Nach dem Krieg gab es in Wien keine Juden mehr.

Ich trage die Hostien in die Pfarrkirche zum heiligen Laurentius. Auf den Parkbänken steht geschrieben: Nur für Arier.

Ohne Hostien (lateinisch hostia = Opfer) gibt es keine Wandlung.

Elias Canetti notiert: 1924 bezog ich die Universität von Wien. Die Abende verbrachte ich mit Schreiben. Ich war etwas über 20 Jahre alt, als mir eines Tages auf der Straße der erste Gedanke zu einem Werk über die Masse kam. Es war wie eine Erleuchtung. Ich beschloß, mein Leben der Erforschung der Masse zu widmen.

Canetti fährt fort: Die Nazis kamen 1938 nach Wien, und obwohl alle meine Freunde es mir dringend rieten, konnte ich mich doch nicht entschließen, sofort zu fliehen, trotz der Gefahr, in der ich mich als Intellektueller jüdischer Herkunft befand. Ich blieb bis nach der sogenannten Kristallnacht in Wien, also bis Ende November 1938. Und in diesem halben Jahr war ich überall, auf der Straße, in Lokalen, und unterhielt mich mit den Menschen, die ich traf. Und ich möchte behaupten, daß ich in diesem halben Jahr ganz konkreter Erfahrung mit dem Nationalsozialismus mehr über ihn gelernt habe als in all den früheren Jahren.

Der Speisekelch faßt etwa 300 Hostien, diese werden später an die Gläubigen ausgeteilt. (Die Hostie für den Priester ist etwas größer als die Hostien für die Gläubigen.) In der Sakristei wird der Speisekelch mit Hostien gefüllt. Der Ministrant schichtet die Hostien sorgfältig in den Speisekelch, Lage auf Lage.

So lerne ich den Umgang mit Hostien.

Es ist eine Auszeichnung und ein Vertrauensbeweis für den Ministranten, daß er den Speisekelch mit Hostien füllen darf. Denn es besteht die Vorschrift, daß die heiligen Gerätschaften nur vom Priester berührt werden dürfen. So entsteht eine Scheu im Ministranten bezüglich heiliger Gerätschaften inklusive Speisekelch, es darf in diesem Zusammenhang von Berührungsangst gesprochen werden, diese ist aus der Erforschung primitiver Völkerschaften hinlänglich bekannt.

Der Ministrant muß lernen, daß die Gottheit furchtbar ist. Alles was mit der Gottheit in Berührung kommt muß mit großer Scheu behandelt werden. Die Innenwand des Speisekelches ist vergoldet, sie kommt mit der Gottheit in Berührung.

Das deutsche Volk hat keinen Führer mehr. Der Führer hat 1945 in Berlin den Tod gefunden. Achtsam lege ich die Hostien in den goldenen Speisekelch.

Canetti sagt: Ich habe versucht nachzuweisen, daß das Kerngefühl der Macht einem Triumph des Lebenden über den tot vor ihm Daliegenden entspringt. Es ist einfach so, daß jeder Mensch, der einen anderen überlebt, ob er es sich nun eingesteht oder nicht (und er wird es meist nicht zugeben, weil es mit Recht als ein häßliches Gefühl gilt), eine Art Triumph empfindet, weil er noch am Leben ist. In manchen Menschen wird dieses Triumphgefühl zu einer Art Leidenschaft, die nach einer ständigen Wiederholung ruft. Die gefährlichsten Politiker, insbesondere die faschistischen Politiker unserer Zeit, sind Menschen, die einen massenhaften Tod geradezu wünschen und postulieren. Denn je mehr Tote, Feinde und oft auch Freunde sie überleben, desto stärker wird ihr Machtgefühl.

Alter böser UNF (N wie Neandertaler, F wie Faschismus) hat eine Hostie in seiner Hand, an dieser sind schwere Ringe. Auf dem Kopf trägt er eine dreifache Krone. Seit etwa 1510 ist er so zu sehen, an der Kanzel des Domes zu St. Stephan in Wien. Bitterer alter Mann mit schmalem Mund, sein Blick geht an der Hostie vorbei. Er glaubt nicht an die Erlösung. Er ist aus Stein.

Der Ministrant wird ihn später kennenlernen. Vorläufig legt er kleine weiße runde Hostien in den goldenen Speisekelch, ehrfürchtig und zärtlich.

Mazzen bzw. Hostien können als pflanzliche Kost bezeichnet

werden. Mit der Viehzucht oder der Jagd, mit dem Essen des Fleisches getöteter Tiere sind die ungesäuerten Brote nicht verwandt, sie entstammen dem Ackerbau und seinen Bräuchen im vorgeschichtlichen Kanaan (Palästina).

Es darf in diesem Zusammenhang an eine Frage des alten Seibold erinnert werden (im neunten Kapitel): Gilt auf dieser Erde nicht die Selbstbehauptung jedes einzelnen Wesens? Warum müssen auf unserer Erde Tiere von Tieren und Pflanzen leben und wir Menschen von Tieren und Pflanzen?

Auch Canetti beobachtet die menschlichen Ernährungsvorgänge mit tiefem Mißtrauen: Warum muß unaufhörlich Fleisch durch die Eingeweide eines anderen Fleisches gehen?

In seiner Abhandlung über Masse und Macht hat Canetti einige sehr eindringliche und peinliche Beobachtungen über das Essen mitgeteilt. Er schreibt: Die eigentliche Einverleibung der Beute beginnt im Mund. Dorthin führte ursprünglich der Weg all dessen, was genießbar war, von der Hand in den Mund. – Das auffälligste Instrument der Macht, das der Mensch und auch sehr viele Tiere an sich tragen, sind die Zähne. Die Reihe, in der sie angeordnet sind, ihre leuchtende Glätte, sind mit nichts anderem, was sonst zu einem Körper gehört und an ihm in Aktion gesehen wird, zu vergleichen. Man möchte sie als die erste Ordnung überhaupt bezeichnen, eine, die nach allgemeiner Anerkennung förmlich schreit; eine Ordnung, die als Drohung nach außen wirkt, nicht immer sichtbar, aber immer sichtbar, wenn der Mund sich öffnet, und das ist sehr oft. – Glätte und Ordnung, als manifeste Eigenschaften der Zähne, sind in das Wesen der Macht überhaupt eingegangen. – Die Zähne sind die bewaffneten Hüter des Mundes. In diesem Raum ist es wirklich eng, er ist das Urbild aller Gefängnisse. Was da hineingerät, ist verloren. – Es ist ein langer Weg, den die Beute durch den Körper geht. Auf diesem Wege wird sie langsam ausgesogen; was immer verwendbar an ihr ist, wird ihr entzogen. Was übrigbleibt, ist Abfall und Gestank.

Wenn es so weit ist, erhält der Ministrant als erster die Hostie vom Priester. Täglich legt der Priester eine kleine weiße Hostie auf meine Zunge. (Nur dem Priester ist es erlaubt, die Hostie mit den Händen zu berühren, wenn er sie an die Gläubigen verteilt beim Gottesdienst.) Der Ministrant bemüht sich, die Hostie nicht mit seinen Zähnen zu berühren. Er läßt sie auf der Zunge weich werden und schluckt sie dann hinunter.

Auf diese Weise lernt der Ministrant das Besondere dieser Art von

Nahrungsaufnahme. Er lernt daß es den Versuch gibt, eine Ausnahme von der Regel zu finden, derzufolge Fleisch durch unsere Eingeweide gehen muß. Der Nährwert der Hostie ist so gering, daß sie den Verdauungsapparat nur geringfügig in Anspruch nimmt. Die Hostie hat den Charakter der Beute, wie er vielen anderen Nahrungsmitteln eignet, so weit wie möglich verleugnet.

Aber selbst die Art, wie die Kommunion verabreicht wird, trennt den Gläubigen von den anderen, die sie mit ihm empfangen, statt sie an Ort und Stelle miteinander zu verbinden. Für sich empfängt der Kommunikant einen kostbaren Schatz. Für sich erwartet er ihn, für sich soll er ihn behüten. Wer die Reihen derer, die sich zur Kommunion anstellen, betrachtet hat, kann nicht umhin zu bemerken, wie sehr jeder einzelne mit sich allein beschäftigt ist. Wer vor und nach ihm kommt, geht ihn noch weniger etwas an als der Mitmensch, mit dem er es im gewöhnlichen Leben zu tun hat, und die Verbindung mit diesem ist schon lose genug. Die Kommunion verbindet den Empfänger mit der Kirche, die unsichtbar und von gewaltigen Ausmaßen ist; sie entrückt ihn den Anwesenden. Die Kommunikanten untereinander fühlen sich so wenig als ein Leib wie eine Gruppe von Menschen, die einen Schatz gefunden und soeben unter sich aufgeteilt hat.

Canetti – von ihm ist der letzte Absatz – bemerkt als unbeteiligter Beobachter die Vorsicht der Priester beim Austeilen der Hostien. Der Ministrant begleitet den Priester beim Austeilen der Hostien, er hält einen goldenen Teller unter das Kinn der Gläubigen vorsichtshalber, damit keine einzige Hostie durch ein Versehen zu Boden fallen kann. Nach Beendigung der Kommunion muß der Ministrant den Teller auf den Altar bringen, damit er vom Priester gereinigt werden kann. Nicht der geringste Splitter einer Hostie darf verlorengehen. Der Priester schließt den Speisekelch mit den restlichen Hostien in einen kleinen Kasten über der Mitte des Altares. In der Pfarrkirche zum heiligen Laurentius ist dieser Aufbewahrungsort nach Art eines Panzerschrankes konstruiert. Ich weiß, daß es mir verboten ist, den Schlüssel auch nur ins Schloß zu stecken. Die Regeln für den Umgang mit Hostien sind allgemein und sehr streng. Hinter ihnen steht ein profundes Mißtrauen von seiten der Priester. Diebe könnten kommen und den goldenen Kelch stehlen, sie könnten die Hostien achtlos ausschütten dabei, solche Vorkommnisse werden mit Schaudern erzählt. Gott muß vor den Menschen geschützt werden. Nur die Priester sind befugt, den Schlüssel zum Panzerschrank mit den Hostien im Schloß zu drehen. Die Gläubigen sind hierzu unbefugt. Die Befugnisse der Gläubigen in bezug auf die Hostien sind äußerst gering, sie beschränken sich auf das Darbieten der Zunge.

So lernt der Ministrant eine Menge über die menschlichen und die göttlichen Angelegenheiten und über die entscheidenden Befugnisse. Alle Macht konzentriert sich für ihn in der Hostie. Es entsteht in ihm der Wunsch, in den Kreis der Befugten aufgenommen zu werden. Das Verfügungsrecht über die Hostie bringt einen ungeheuren Zuwachs an Macht. Wer diese Macht ausüben will, muß äußerst strengen Prüfungen sich unterziehen. Unter ihnen ist die Forderung nach Keuschheit die wichtigste. Es ist undenkbar den Leib Christi und den Leib einer Frau zu berühren nacheinander. Solches auch nur zu denken ist schwere Sünde für den Ministranten. Die schwere Sünde wird auch Tod-Sünde genannt. Dem Leichtsinnigen droht im Umgang mit der Hostie der Tod.

Besonders glücklich bin ich an den hohen Feiertagen gewesen. Die Wände der Apsis wurden dann mit dämpfenden roten Vorhängen beschlagen, ebensolche Teppiche bedeckten den Boden bis hin zur Grenze gegenüber dem Volk (der sogenannten Kommunionbank). Die Pfarrkirche zum heiligen Laurentius ist dem gotischen Stil nachgebaut, in der Apsis steht der Altar, dorthin dürfen nur die Priester und die Ministranten. Im Kirchenschiff sind die Gläubigen. Das Kirchenschiff ist tiefer gelegen als die Apsis. Weitere Stufen führen zum Altar. Dieser wird auch Hoch-Altar genannt, im Unterschied zu anderen Altären in der Kirche, die weniger wichtig sind. Über dem Hochaltar befindet sich der Safe mit den Hostien. Der rot ausgeschlagene Raum der Apsis mit seinen weichen Teppichen vermittelt dem Ministranten an hohen Feiertagen ein Glücksgefühl besonderer Art. Die Gemessenheit und Langsamkeit der Bewegungen, die Präzision der Abläufe beim Hochamt, der Klang der Orgel gewaltig bereits beim Einzug in die Apsis an hohen Feiertagen, die machtvolle Musik vieler Stimmen und Instrumente: Kyrie Gloria Credo Sanctus Agnusdei. Die Ministranten sind in Rot und Weiß gekleidet, die Priester in Gold und Weiß. Viele Ministranten und mehrere Priester dienen der Hostie an hohen Feiertagen im hell erleuchteten rot ausgeschlagenen Raum. Dieser ist schmäler als der Kirchenraum, er vermittelt dem Ministranten das Gefühl einer Geborgenheit, ja Entrückung. Der Ministrant befindet sich im Jenseits, das Diesseits liegt hinter der Kommunionbank weniger hell beleuchtet und kälter im Ton. Während des Hochamtes findet das Diesseits der Gläubigen eine nur seltene und flüchtige Beachtung von seiten derer, die im

Jenseits der Apsis sich befinden. Hier ist der Raum für die Keuschen, hier werden sie belohnt. Frauen und Mädchen müssen unten im Diesseits bleiben, sie dürfen nicht zu den Priestern und Ministranten kommen. Die Austeilung der Hostien geschieht an einer Art niedrigem Gitter, dieses bildet die Grenze zwischen der Apsis und dem übrigen Kirchenraum. Dieses Gitter heißt Kommuniongitter oder auch Kommunionbank. Ich befinde mich jenseits der Kommunionbank als Ministrant, die Frauen und Mädchen befinden sich diesseits dieser Grenze. Demütig kommen die Frauen und Mädchen zur Kommunion, niemals werden sie die entscheidende Grenze überschreiten dürfen. Manchmal drückt ein Ministrant den goldenen Teller etwas stärker gegen den Hals der Mädchen beim Austeilen der Kommunion, sozusagen im Scherz und verbotener Weise. Aber die Mädchen wissen Bescheid und bleiben unbewegt und demütig. Nach dem Austeilen der Kommunion kehrt der Ministrant den Mädchen wiederum den Rücken zu.

Kommunion kommt von (lateinisch) communis, d. h. gemeinsam.

Die Stufen zum Altar führen weg von den anderen.

Und hinauf, zu einer überlegenen Position.

Dorthin habe ich gelangen wollen um endlich allein zu sein mit der Hostie, allein zu sein mit dem Zentrum der Macht in alle Ewigkeit. Starrer pharaonengleicher Unsterblichkeitswille, Absonderungswille dreht den Schlüssel im Schloß des Panzerschranks über dem Altar. Wie Geld werden die Hostien behandelt bis auf den heutigen Tag, der tote Jesus predigt unter strömenden Tränen zu den Seelen der Kinder scheinbar vergeblich, scheinbar vergeblich werden Hostien erhoben von den Priestern, scheinbar vergeblich werden jene Worte des toten Jesus wiederholt: Dieses ist mein Leib für euch.

Hierbei handelt es sich um die Wandlung.

Der Befugte (Priester, Pastor, Pope etc.) hat die Aufgabe, die Wandlung dadurch zu bewerkstelligen, daß er die soeben zitierten Worte wiederholt, zu einem vorher vereinbarten und bekanntgemachten Zeitpunkt, also meist im Rahmen einer Versammlung in einem Gotteshaus. Das Vorhandensein von Brot (Hostien) ist erforderlich. Sofort nach der Verwandlung des Brotes wird Wein in das Blut Christi verwandelt; auch dieser Vorgang geht auf Jesus zurück. Daß die Wandlung nur von befugten Personen bewerkstelligt werden darf, ist das Ergebnis einer Entwicklung im Lauf der ersten nachchristlichen Jahrhunderte. Diese Entwicklung ist widerrufbar.

Das Vorhandensein befugter Personen im Zusammenhang mit der

Wandlung gehört (zusammen mit Macht und Herrschaft und Panzerschrank und gotischem Stil und Orgeln und Stufen zum Hochaltar etc.) zum menschlichen Bereich. Die Wandlung gehört zum göttlichen Bereich.

Das Sterbenmüssen gehört (zusammen mit Lawinen, Überschwemmungen, Automobilismus, Tourismus, blühenden Blumen, Krebs, Weltall etc.) zum menschlichen Bereich. Die Anzweiflung des menschlichen Bereichs und seiner Ordnungen kann gelegentlich und vorübergehend dazu führen, daß der göttliche Bereich als vorhanden erkannt wird. Es ist sinnvoll, die Haltung zur Wandlung als Anzweiflung des menschlichen Bereichs und seiner Ordnungen zu beschreiben.

Der menschliche und der göttliche Bereich sind gemeinsam da.

Man soll die beiden Bereiche nicht vermischt denken.

Man soll sie nicht getrennt denken.

Man soll den einen Bereich nicht auf Kosten des anderen außer acht lassen.

Es ist sinnvoll und nützlich, folgende Sätze zu bilden:

Den Tod der anderen akzeptieren wir insgeheim. Den eigenen Tod vermögen wir nicht hinzunehmen. Beide Haltungen sind verwerflich. Sie zu ändern ist wünschenswert. Die Wandlung verändert die herkömmliche Haltung zum Tod.

Die Wandlung setzt den eigenen Tod als Tatsache voraus, wobei der eigene Leib den anderen zur Speise angeboten wird, damit sie leben. Die Schärfe dieses Vorgangs sollte nicht verschleiert werden. Er zielt geradewegs auf den Kern des Bösen in uns, nämlich den Selbstbehauptungswillen als Verschlingung der anderen, Verspeisung der anderen. Dieses Böse wird dadurch geheilt, daß es gestattet wird. (In einer erträglichen Form, durch das Essen der verwandelten Hostie.)

Das prinzipiell Menschenfresserische der menschlichen Beziehungen, das Überlebenwollen auf Kosten der anderen also, wird in der Wandlung zugleich manifest und erlöst. Wer sein Leben verliert, wird es gewinnen. Der Todesschrei Johannas illustriert diesen Sachverhalt.

Wandlung und Kommunion stellen einen zusammengehörenden Vorgang dar. Dieser wird gelegentlich durch die Abbildung eines bestimmten Vogels dargestellt, der seine Jungen füttert; es handelt sich hierbei um den Pelikan. Die besondere Art der Fütterung erweckte früher den Eindruck, der Pelikan nähre die Jungen mit seinem eigenen Blut.

Es ist erstaunlich, wie unverbraucht und ursprünglich dieser Vorgang noch heute zu wirken vermag, trotz der Mystifikationen, die sich um ihn gebildet haben. Wirklichkeitssinn und Möglichkeitsdenken scheinen in ihm versöhnt. Es ist, als ob das Menschenmöglichste mit ihm vorweggenommen wäre.

Soll am Ende der alte Seibold in die Kirche geschickt werden? Soll er fromm gemacht werden von mir auf seine alten Tage, in einer Art von Seelsorge, deren Gesten zusehends hilfloser werden?

Nein, denn der kirchliche Aufwand ist ihm ohnehin bekannt.

Wichtig wäre es hingegen, im alten Seibold die Fähigkeit zum Aufspüren gelungener Wandlungen zu befördern, einmal da und einmal dort, mit unverdrossener Aufmerksamkeit für die namenlose Freude des (seltenen) Augenblicks, wie angedeutet in Beethovens Musik im ›Fidelio‹, während die Ketten fallen. Und eben nicht nur in der Oper und eben nicht nur in der Kirche, womöglich. Wenn die Reisigbündel angezündet sind und Tod bzw. Teufel besiegt werden von der kleinen Johanna.(?)(!)

Wir Befugten sind Kleingläubige von Amts wegen; die Wunder werden von den Unbefugten gewirkt. Unser Widerstand gegen Veränderungen ist groß, wir sind skeptisch in bezug auf das Zustandekommen der Wandlung.

Hingegen liegt die Chance der Unbefugten in der Veränderung der Verhältnisse, sie liegt in der Wandlung; allerdings bemerken dies die Unbefugten nur zögernd (wenn überhaupt). In vielen Fällen gelingt es uns nämlich, die Unbefugten daran zu hindern, wirksam an die Wandlung zu glauben. Etwas in den Unbefugten kommt dabei unseren Bestrebungen entgegen, eine Unterwürfigkeit von entwicklungsgeschichtlich sehr hohem Alter.

Es spricht für die geschichtliche Kraft der Wandlung, daß sie in unseren Händen nicht erloschen ist. Mit sehr viel Glück findet sich der eine oder andere Befugte gelegentlich bei den Unbefugten wieder, die Wandlung hat sein Pochen auf Befugnisse zersetzt.

Je mehr Befugte von den Stufen ihrer jeweiligen Altäre herabsteigen, desto eher verliert der Tod seinen Stachel.

Beim Aufspüren gelungener Wandlungen sollte man sich hüten, dem naturwüchsigen Schema von Stirb-und-Werde zu verfallen; es wird nämlich hierdurch das Erkennen des göttlichen Bereichs erschwert. Das Studium der mikroskopischen und makroskopischen Naturverhältnisse (auch und besonders nach dem heutigen Stand der Forschung) bringt allenfalls die Anschauung einer Unabsichtlichkeit, ja Zufälligkeit und somit einen Fatalismus in die Scheune. Mit dem (biologischen) Begriff der Mutation kommt man der Wandlung nicht in die Nähe. Mithin also auch nicht durch Bezugnahme auf den quasi ewigen Wechsel der Jahreszeiten. (Winterstürme wichen dem Wonnemond etc.)

Die Wandlung greift nämlich in das naturwüchsige Geschehen ein, durchaus absichtsvoll und immer (scheinbar) vergeblich.

Hingegen neigen die Befugten (bzw. UNF) zum Fatalismus hinsichtlich Gesetzmäßigkeit der Naturverhältnisse inklusive der menschlichen Verhältnisse.

Wie man sieht muß der alte Seibold bis zuletzt zur Wachsamkeit gegenüber allerlei Betrügereien aufgefordert werden, also selbst während der Erörterung der Wandlung bzw. des ewigen Lebens.

Den ersten Ausflug von zwei Menschen auf den Mond habe ich in Aigues Mortes gesehen, via Fernsehen, im Juli 1969. Also eine Art reeller Himmelfahrt, zumindest nach Auffassung Wernher von Brauns, demzufolge uns diese Unternehmung dem Himmel näher gebracht hat. (Ein gewisser Giordano Bruno hat diese Art von Enthusiasmus bereits vor 400 Jahren vertreten; er wurde dafür im Jahre 1600 in Rom verbrannt.)

N. Mailer hat seine Gefühle im Raketen-Silo (Kap Kennedy) zu Papier gebracht, er spricht von der ersten Kathedrale des Zeitalters der Technik, er bemerkt: The world had changed.

Es ist lehrreich, diese Art von Wandel (change) mit der Wandlung (transubstantiation) zu vergleichen. Es zeigt sich nämlich, daß unsere Epoche sehr wohl ein Interesse für Veränderungen (changes) bekundet. Change hängt mit Technik Wissenschaft Wirtschaft zusammen, also mit Industrie (inklusive Bürokratie). Mit Produktion bzw. Massenproduktion, wobei sich UNF eifrig beteiligt, wie ersichtlich an jenen Raketen die unter Hitler nach London geschossen wurden in fortschrittlicher Weise, ersichtlich auch an moderneren Entwicklungen wie Anti-Raketen-Raketen mit Atomsprengköpfen.

Dennoch haben die Arbeiter im Raketen-Silo auf Kap Kennedy laut Aussage von Mailer glückliche Gesichter, die Tage vor dem Abschuß erinnern an die Woche vor Weihnachten.

Also doch ein gelungener Augenblick am Ende des Count-Down? (Verweile doch! du bist so schön!) Verwirklichung einer vorher unmöglich scheinenden Möglichkeit? Anlaß zum Hallelujah? Der Natur etwas Neues abgerungen, abgelistet, abgetrotzt? Sieg des Unternehmungsgeistes? Gewonnene Wette? Aufbruch zu den Sternen, vielleicht sogar zu belebten, in astronautischer Weise, mit gehorsamen Computern zur unentbehrlichen Hilfe? Beginn eines neuen Äons? Raum-Zeitalter geboren beim Start von Saturn V und Apollo 11 unter gelben Flammen und donnernden Explosionen?

Ich erinnere mich nicht mehr an das was ich getrunken habe in dem kleinen Lokal wo der Fernsehapparat stand, in Aigues Mortes damals im Urlaub 1969. Ich erinnere mich nicht mehr an meine Reaktionen auf die Bilder von zwei Menschen auf dem Mond im Fernsehen. Ich habe den Kommentar kaum verstanden. Ich war mit meinen Gedanken noch in Lourdes, da waren wir zwei Tage vorher gewesen. Dort hatte ich eine Messe gelesen zur Zeit des Fluges der drei Astronauten zum Mond.

Es erhebt sich das Problem, ob ich einen Zusammenhang finden kann zwischen meinem Blick auf die verwandelte Hostie in Lourdes und meinem Blick auf den Fernsehapparat in Aigues Mortes bei der Übertragung des Mondspazierganges von Armstrong und Aldrin. Es handelt sich in beiden Fällen um Augen-Blicke. Die Zeit steht still. (Präsident Nixon telefoniert vom Weißen Haus zum Mond, er sagt: For one priceless moment.)

Ich muß meine Augen prüfen.

Der Augenblick der Wandlung erfordert gute Augen.

Der Priester nimmt die Hostie zu Beginn der Wandlung, er spricht die Worte der Wandlung. Sodann zeigt er die Hostie den Anwesenden.

Zwischen Wandlung und Kommunion fallen meine Augen einige Male auf die verwandelte Hostie. Meine Augen neigen dazu, keinerlei Veränderung wahrzunehmen. Sie sind für die Wahrnehmung der Wandlung denkbar ungeeignet. Gleichwohl geschieht es dann und wann, daß für Augenblicke ich mir vorkomme, als ob ich mit den Augen in die Hostie eindringen, in sie einsinken würde, zusammen mit dem Gefühl mich in einer Wölbung zu befinden. Diese Empfindung habe ich wirklich. Ich möchte sie ungern unterdrücken. Ich vermag sie andere Menschen, auch gut befreundete, nicht zu lehren. Sie ist mir wichtiger als die Wahrnehmung zweier Menschen auf dem Mond auf dem Bildschirm eines Fernsehgerätes.

Für mich ist die Wandlung wirklicher als die Mondlandung. Die Mondlandung hat die Empfindsamkeit meiner Augen nicht verändert.

Die Abreise von Aigues Mortes erfolgt am späten Vormittag. Der Mond ist im Zunehmen begriffen.

Anmerkungen

Die Zahlen am Rand verweisen auf die jeweilige Seite im Text, auf die sich die Anmerkungen beziehen. Auf die Verwendung von Fußnoten-Zahlen und (weitestgehend) auf Anführungszeichen im Text wurde verzichtet, vornehmlich aus Gründen eines ruhigen Satzbildes. Dort, wo eine Wahl zwischen verschiedenen Ausgaben ein und derselben Arbeit getroffen werden konnte, wurde in der Regel die billigere zitiert. Der Versuch, die vorhandene Literatur (historischer, soziologischer, psychologischer, ethnologischer, archäologischer, philosophischer, theologischer etc. Art) in die Anmerkungen einzuarbeiten wurde erst gar nicht gemacht; immerhin mag die Bemerkung angebracht sein, daß sich der Verfasser auf jenes Material stützen konnte, das er im Lauf seiner akademischen Lehrtätigkeit seit dem Wintersemester 1963/64 studiert hat. Öfter angeführte Arbeiten werden das erstemal bibliographisch voll ausgewiesen und in der Folge abgekürzt zitiert.

9 Confiteor, Suscipiat: Gebetsanfänge in der römischen Messe. (Die römische Liturgie wurde im Lauf der sechziger Jahre nach und nach neu gestaltet; auch wurde der Gebrauch der jeweiligen Landessprache erlaubt; die diesbezüglichen Reformen sind zur Zeit noch im Gang.)

12 Wir haben gesehen: *Maurice Merleau-Ponty*, Die Abenteuer der Dialektik. Frankfurt am Main: Suhrkamp, 1968, Seite 66.

13 Quam dilecta tabernacula tua: Wie lieblich sind deine Wohnungen (o Herr der Heerscharen) – Psalm 83 (nach der Vulgata).

14 Was nützt alle Stärke: *Alfred Döblin*, Berlin Alexanderplatz. Frankfurt am Main: Ullstein-Bücher, 1958, Seite 369, 379.

15 Passer invenit sibi domum: Der Sperling findet für sich ein Haus. (Psalm 83, nach der Vulgata).

In domum domini ibimus: Lasset uns zum Hause des Herrn gehen. (Psalm 121, nach der Vulgata.)

16 Einsamer Philip Marlowe: Der Privatdetektiv dieses Namens ist der Held in den meisten Romanen von *Raymond Chandler* († 1959). Am reifsten erscheint mir ›The long Good-bye‹ (deutsch: Der lange Abschied, Ullstein-Bücher Nr. 715), worauf im Text auch angespielt wird – mit dem Hinweis auf die Fremde am Abend.

17 An den Flüssen Babylons: Psalm 137.

The river's tent is broken: Aus ›The Waste Land‹ (1922).

Actiones nostras: Wir bitten o Herr daß du unsere Handlungen in zuvorkommender Weise begünstigen mögest.

Die toten Meister: *Hans Pfitzner*, Palästrina. Musikalische Legende in drei Akten, 1. Akt, 3. Szene.

Ich bin ein alter, todesmüder Mann: 1. Akt, 5. Szene. *Max Scheler:* Vom Ewigen im Menschen. Bern: Francke, 1954, Seite 280.

18 Rom, bei Sankt Peter: Das Zitat ist der Anfang der ›Pastoralkonstitution über die Kirche in der Welt von heute‹, die vom 2. vatikanischen Konzil verabschiedet wurde. Der Text wurde nach dem Lexikon für Theologie und Kirche zitiert, Ergänzungsband III; Freiburg: Herder, 1968, Seite 281.

Herzliebster Jesu: *Johann Sebastian Bach*, Matthäus-Passion 1. Teil, Nr. 3 (Choral).

19 *Wilhelm Seibold* schreibt: In einem Brief an den Verfasser mit dem Datum des 24. August 1971.

Wie immer auch hinausgeschoben: *Ernst Bloch,* Das Prinzip Hoffnung. Frankfurt am Main: Suhrkamp, 1959, Seite 1381.

21 In Bochum: Bericht Nr. 69 und 70 vom Sozialinstitut des Bistums Essen, Religiosität und Kirchlichkeit der Katholiken Bochums. Essen 1970 und 1971, als Manuskript vervielfältigt.

22 Bochum ist nicht die Welt: Über eine Gallup-Umfrage aus dem Jahre 1948 in 11 Ländern zum Thema des Weiterlebens nach dem Tod berichtet *Hjalmar Sundén,* Die Religion und die Rollen. Berlin: Töpelmann, 1966, Seite 406–408. Die Ergebnisse einer weiteren Umfrage der Gallup-Kette aus dem Jahre 1968 in 10 europäischen Ländern zum selben Thema werden in der Zeitschrift ›Social Compass‹ 18 (1972), Seite 279–284 mitgeteilt.

Abschied von Höllen und Himmeln: Vgl. das Buch dieses Titels von *Friedrich Heer.* München: Bechtle, 1970.

Nach dieser Auffassung wäre vorauszusehen: *Sigmund Freud,* Die Zukunft einer Illusion. Frankfurt am Main: Fischer Bücherei, 1971, Seite 123.

Ich erinnere mich an eines meiner Kinder: *Freud* ebd., Seite 109.

26 Die Produktion spielt sich hier, in diesem irdischen Leben ab: *Elias Canetti,* Masse und Macht. Hamburg: Claassen, 1960, Seite 537.

Anders ausgedrückt: *John Kenneth Galbraith,* Gesellschaft im Überfluß. München: Droemer-Knaur, 1968, Seite 24.

Produziert wird immer zuviel: *Paul A. Baran – Paul M. Sweezey,* Monopolkapital. Frankfurt am Main: Suhrkamp, 1967, Seite 110.

27 Ironisch fällt die Antwort aus: *Robert Musil,* Der Mann ohne Eigenschaften. Hamburg: Rowohlt, 1965, Seite 302.

29 Auf der Bühne ist allerhand los: Full of sound and fury (erfüllt von Lärm und Wut); signifying nothing (bedeutungslos) – *William Shakespeare,* Macbeth, 5. Akt, 5. Szene.

Aber eine andere Tatsache ist es: *Max Horkheimer,* Anfänge der bürgerlichen Geschichtsphilosophie. Frankfurt am Main: Fischer Bücherei, 1971, Seite 68.

30 Out, out, brief candle (aus, aus, kurze Kerze): *Shakespeare,* Macbeth a.a.O.

Der Rest ist Schweigen: Hamlet, 5. Akt, 2. Szene.

Nach einem ziemlich furchtbaren Ausspruch: *G. W. F. Hegel,* Vorlesungen über die Philosophie der Weltgeschichte, herausgegeben von G. Lasson. Leipzig: 1920, Seite 12.

Es ist schade, daß man mich nicht hängen wird: ›Die Zeit‹ vom 12. November 1971.

31 Die moderne Orientierungsweise: *Talcott Parsons,* The Social System. London: Routledge & Kegan, 1964, Seite 372.

Originalton des Soziologen: Die Frage der persönlichen Entschädigung lebender Individuen erscheint unvollkommen gelöst. *Parsons* a.a.O., Seite 373.

Der Reiseführer bemerkt: Michelin, Italien. Deutsche Ausgabe 1965, Seite 163.

33 Das nur betrachtende Wissen: *Bloch,* Das Prinzip Hoffnung, Seite 227.

34 Deus in auditorium meum intende: O Gott komm mir zu Hilfe, Herr eile mir zu helfen – Einleitungsformel des römischen Stundengebetes.

35 Et lux perpetua luceat eis: Und das ewige Licht leuchte ihnen – Anrufung aus der römischen Totenmesse (Requiem).

Ein Plan, den doch niemand gehabt hat: *Karl Jaspers,* Der philosophische Glaube angesichts der Offenbarung. München: Piper, 1963, Seite 81.

Das weite Gebot: Sermo 358,2; vgl. Psalm 118,96. Näheres über den Streit Augustinus mit den Donatisten bei *F. van der Meer,* Augustinus der Seelsorger. Köln: Bachem. 1958, Seite 101–149.

36 Stabile Machtgestalt: *Jaspers* a.a.O., Seite 83–92; *Canetti* a.a.O., Seite 175–179.

38 *E. O. James,* Religionen der Vorzeit. Köln: DuMont, 1960, Seite 14–19.

39 *James* a.a.O., Seite 20–29.

41 Lasset die Toten ihre Toten begraben: Mattäusevangelium 8,22.
Folgendes war geschehen: *Arnold J. Toynbee,* Der Gang der Weltgeschichte Band I/1. München: Deutscher Taschenbuch Verlag, 1970, Seite 118–123.
43 Marmor und seltene Steine: Michelin, Italien, Seite 102.
44 Die vornehme Wendung: *Jacob Burckhardt,* Kunst und Kultur der Renaissance in Italien. Köln: Agrippina Verlag, 1953, Seite 99.
45 Das Tabu der Toten: *Sigmund Freud,* Totem und Tabu. Frankfurt am Main: Fischer Bücherei, 1956, Seite 72.
Die Toten töten: *Freud,* Totem und Tabu, Seite 69.
46 Der Augenblick des Überlebens: *Canetti* a.a.O., Seite 259.
Eines Tages: *Freud,* Totem und Tabu, Seite 158f, 169, 177, 179.
55 Und wie sehen Sie die Zukunft: ›Der Spiegel‹ 53/1971.
Die Zahl aller bekannten Gesellschaften: *Guy E. Swanson,* The Birth of the Gods. Ann Arbor: The University of Michigan Press, 1966, Seite 32.
58 Ein stahlhartes Gehäuse: *Max Weber,* Gesammelte Aufsätze zur Religionssoziologie Band 1. Tübingen: J. C. B. Mohr, 1963, Seite 203.
Vgl. *Merleau-Pinty* a.a.O., Seite 30.
Der Tote muß beschwichtigt werden: *Paul Parin – Fritz Morgenthaler – Goldy Parin-Mattèy,* Fürchte deinen Nächsten wie dich selbst. Frankfurt am Main: Suhrkamp, 1971, Seite 188f.
Ich hatte mein Haus: Ebd., Seite 186.
Derart jammern die Agni: Zum Folgenden vgl. *Parin et al.* a.a.O., Seite 66–69, 108–115, 178–190.
60 Die Psychoanalytiker schreiben: Ebd., Seite 185.
61 Noch einmal die Psychoanalytiker: Ebd., Seite 549.
63 Die Tasaday: ›Time‹ v. 18. Oktober 1971.
Aus einem Zeitungsbericht: ›Die Presse‹ v. 9./10. Oktober 1971.
65 Bei den Wilden fehlt die Hölle: Ich neige der Ansicht zu, daß gegenteilige Überlieferungen auf missionarische Einflüsse der Hochreligionen zurückgehen. – In diesem Zusammenhang möchte ich *Peter Weidkuhn* vom ethnologischen Seminar der Universität Basel meinen Dank aussprechen; er hat durch seine wertvollen Hinweise meine Überlegungen entscheidend gefördert. – Die ausgezeichnete Arbeit von *Swanson* wurde bereits zitiert (siehe Anmerkung zu Seite 55).
66 Es gehört zu den Pflichten des Seelsorgers: *Dominicus M. Prümmer,* Vademecum Theologiae Moralis. Freiburg: Herder, 1941, Seite 452. (Die entsprechenden Bestimmungen wurden 1973 von Rom teilweise revidiert.)
67 Da es nicht sicher feststeht: *Prümmer* a.a.O.
Das primitive Seelische: *Sigmund Freud,* Zeitgemäßes über Krieg und Tod. Gesammelte Werke Band 10, Seite 337.
68 Die Schoschone-Indianer: Zum Folgenden vgl. *Robin Fox,* Kinship and Marriage. Harmondsworth: Penguin Books, 1970, Seite 86–90.
71 Für die Illusion bleibt charakteristisch: *Freud,* Die Zukunft einer Illusion, Seite 111.
72 Freud fährt fort: Ebd., Seite 113.
74 Die bislang ältesten Funde: *Johannes Leipoldt,* Von Epidauros bis Lourdes. Hamburg-Bergstedt: Herbert Reich Verlag, 1957, Seite 9.
75 Als der Erhabene: *Kurt Schmid* (Hrsg.), Buddhas Reden. Hamburg: Rowohlt, 1961, Seite 232.
76 So habe ich es gehört: Buddhas Reden a.a.O., Seite 203–205 (gekürzt).
77 Meine normale Sprachtechnik: *Ludwig Wittgenstein,* Vorlesungen und Gespräche über Ästhetik, Psychologie und Religion. Göttingen: Vandenhoeck & Ruprecht, 1968, Seite 90.
Ein österreichischer General: *Wittgenstein* a.a.O., Seite 87.

78 Universalhistorische Betrachtungsweise: *Toynbee* a.a.O. I/1, Seite 116–131.
80 Innere Proletariate: *Toynbee* a.a.O. I/2, Seite 494–529.
81 Im Namen Allahs: *Rudi Paret,* Der Koran. Stuttgart: Kohlhammer, 1962, Seite 516.
Die Auferstehung: *Paret* a.a.O., Seite 491 (Sure 75).
Ein Novum: Siehe Anmerkung zu Seite 65.
82 Wir erhaschen in Syrien: *Toynbee* a.a.O., I/1, Seite 56. – Die räumliche und zeitliche Nähe der Erfindung des Alphabets und der Entstehung der jüdischen Religion ist überaus auffällig, auch wenn bislang kein Zusammenhang zwischen beiden wissenschaftlich gefunden werden konnte.
Morsche Knochen: Ezechiel 37,1–18 (gekürzt).
83 Umfangreichere Veranstaltungen: Daniel 7,9.10 (gekürzt). Schon ziemlich deutlich: Daniel 12,2.
Voll von Visionen des Weltuntergangs: Apokalypse 20,13–15.
84 Denken Sie an den betrübenden Kontrast: *Freud,* Die Zukunft einer Illusion, Seite 126f.
Viele werden nicht gefragt: *Bertolt Brecht,* Der Jasager und der Neinsager. Frankfurt am Main: Suhrkamp, 1967, Seite 19.
85 Die Vorstellung jedenfalls: *Weber,* Gesammelte Aufsätze zur Religionssoziologie Band 2, Seite 367.
86 Desto geringfügiger der Bruchteil: *Weber,* Gesammelte Aufsätze zur Religionssoziologie Band 1, Seite 568.
Alle Kultur erscheint: *Weber* ebd., Seite 570.
89 *Elias Canetti,* Die Befristeten. München: Hanser, 1964.
Eines dieser Bücher: *Herbert Nette,* Adieu les belles choses. Düsseldorf: Eugen Diederichs, 1971.
91 Ohne Du ist kein Sinn: *Evelina Krieger,* Abgrund und Gründe. Graz: Styria, 1966, Seite 180.
Die Briefe, aus denen hier zitiert wird, stammen aus der Zeit zwischen April 1964 und Oktober 1966.
92 Sie schreibt schwierigste Sätze: *Krieger* a.a.O., Seite 176.
93 OAB: *Bernard Berelson – Gary A. Steiner,* Human Behavior. New York: Harcourt, Brace & World, 1964, 14. Kapitel. (Die deutsche Ausgabe ist 1969 bei Beltz in Weinheim erschienen.)
In diesem Varieté: *Charles Morris,* Varieties of Human Value. Chicago: The University of Chicago Press, 1956, Seite 492–501.
94 Diese Dimensionen: *Robert Freed Bales,* Personality and Interpersonal Behavior. New York: Holt, Rinehart and Winston, 1970, Seite 497–501 (Übersetzung vom Verfasser.)
95 Ein Beispiel: *Bales* a.a.O., Seite 305–312; 503–510 (die betreffenden Items wurden vom Verfasser übersetzt).
96 Ein Gesellschaftsspiel für sechs Personen: Die hier verwendeten Typen heißen bei *Bales* (a.a.O.) U, P, F, N, B, D.
97 Mit kräftiger Ironie: *Musil,* Mann ohne Eigenschaften, Seite 459–465.
98 Meine Erfahrungen und Beobachtungen: *Walter Hinz,* Geborgenheit. Zürich: Arthur Brunner, 1971, Seite 45–48.
99 Hier ist es besser als auf Erden: *Hinz* a.a.O., Seite 32–36 (mit Literaturangaben).
101 Keiner nämlich glaubt: Nullus quippe credit aliquid, nisi prius cogitaverit esse credendum. *Aurelius Augustinus,* De praedestinatione sanctorum 2,5.
In Schwefel gebadet: In meiner Ausgabe des Clavis Coeli (›Himmelsschlüssel‹) des Kapuzinerpredigers *Martin von Cochem* († 1712) fehlt das Titelblatt; die Paginierung beginnt erst nach der ›Erklärung der grausamen Peinen des Fegefeuers‹ (54 Seiten), und zwar mit dem Gebetbuch (660 Seiten). Martin von Cochem ver-

faßte rund 30 Gebetbücher. Eine Gesamtbibliographie der Werke Martin von Cochems ist in Vorbereitung.
Die katholische Hölle: Vgl. *Herbert Haag*, Abschied vom Teufel. Einsiedeln: Benziger, 1969.

102 PSI: Auskünfte über aktuelle populärwissenschaftliche Bücher zur Parapsychologie erteilt jeder bessere Buchhändler.

104 In der heutigen Zeitung: ›Die Presse‹ v. 18. April 1972.
Die vollendete Negativität: *Theodor W. Adorno*, Minima Moralia. Frankfurt am Main: Suhrkamp, 1970, Seite 334.

105 Eine biblische Geschichte: Zweites Buch der Makkabäer 1,19–22.
In einem Ihrer letzten Briefe: Datiert vom 4. Januar 1972.
Ein Klügerer als ich: *Adorno* a.a.O., Seite 333f.

106 Heute noch: Lukasevangelium 23,43.
Die hier interessierenden Fragen: *Ludwig Ott*, Grundriß der katholischen Dogmatik. Freiburg: Herder, 1952, Seite 541–566.

107 Zum Beispiel: *Ott* a.a.O., Seite 549f.

108 Das Materialobjekt ist Gott: *Ott* a.a.O., Seite 1.

109 Der später berühmt gewordene Zettel: *Blaise Pascal*, Gedanken. Stuttgart: Reclam, 1956, Seite 15.
Ich finde es in Ordnung: Ebd., Seite 95.

110 Die Wette: *Pascal* a.a.O., Seite 130–133.

112 Un grand Peut-être (ein großes Vielleicht): *Nette* a.a.O., Seite 181.
Jetzo sank: *Jean Paul*, Ehestand, Tod und Hochzeit des Armenadvokaten F. St. Siebenkäs im Reichsmarktflecken Kuhschappel. Hamburg: Rowohlt, 1957, Seite 162.
Gewiß wird der Mensch: *Freud*, Die Zukunft einer Illusion, Seite 128.

113 In Freuds Werk: *Adorno*, Minima Moralia, Seite 72f.

114 Ein Blick in das alte Zeitungsfragment: ›Kronen-Zeitung‹ v. 26. Oktober 1971.
Helmut Marko: Es ist nachzutragen, daß Marko am 2. Juli 1972 in Clermont-Ferrand einen schweren Unfall hatte, bei dem sein linkes Auge verletzt wurde. Dr. jur. Helmut Marko im Dezember 1972 in einem Interview: Da waren die Schmerzen, und da waren die Gedanken. Ich habe nächtelang nicht schlafen können, hundert Varianten geprüft, verworfen, wieder aufgegriffen. Ja, und dann, dann habe ich gewußt, die einzig richtige ist die 101. Variante – das Aus (›Die Presse‹ v. 23. Oktober 1972).

115 Der Geist des toten Königs: Hamlet 1. Akt, 5. Szene.

116 Der Anteil der Verkehrstoten: Vgl. *F. A. Whitlock*, Death on the Road. London: Tavistock, 1971.
Sankt *Paulus:* Römerbrief 5,12.

117 Natürliches Gleichgewicht der Dinge: Vgl. *Edward Goldsmith – Robert Allen*, Planspiel zum Überleben. Stuttgart: Deutsche Verlags-Anstalt, 1972, besonders Seite 60–80.
Incipit lamentatio Jeremiae prophetae (es beginnt die Klage des Propheten Jeremias): Gemeint ist das biblische Buch der Klagelieder. In der römischen Liturgie werden die Klagelieder am Gründonnerstag, Karfreitag und Karsamstag gesungen. Die polyphone Fassung dieser Gesänge in Wien (St. Stephan) gilt als musikalische Kostbarkeit.

118 *Ralph Nader:* Bekannt wurde dieser Anwalt der Konsumenten durch das Buch ›Unsafe at any speed‹ (New York: Grossmann, 1965). Die durch *Nader* eingeleitete Bewegung wird heute *consumerism* genannt und ist in den USA zu einiger Bedeutung gelangt.
Diese Kurven: ›Time‹ v. 17. Januar 1972.

119 *Marko:* Siehe Anmerkung zu Seite 114.

120 Das normale Paranoid: *Parin–Morgenthaler–Parin* a.a.O., Seite 557–559.
122 Und sie kamen zu einem Gehöft: Markusevangelium 14,32–37.
123 Madame R.: *Simone de Beauvoir,* Das Alter. Reinbek bei Hamburg: Rowohlt, 1972, Seite 204f.
124 *Wilhelm Seibold* schreibt: In den Briefen vom 24. August 1971 und vom 4. Januar 1972, gerichtet an den Verfasser.
Und das ist der Grund: *Beauvoir* a.a.O., Seite 5f.
125 Hören wir auf, uns selbst zu belügen: *Beauvoir* a.a.O., Seite 8.
126 Für die USA: Vgl. *Harold L. Sheppard,* Toward an Industrial Gerontology. Cambridge (Mass.): Schenkmann, 1970.
127 Das Märchen aus der Sammlung der Brüder Grimm trägt den Titel ›Die Lebenszeit‹.
128 Weil zweifach ihre Schande: Die zitierte Stelle gehört zum dritten Teil des biblischen Jesaia-Buches, dem sog. Trito-Jesaia. Die Entstehungszeit des zitierten Textes kann ziemlich genau zwischen 538 und 515 v. Chr. angesetzt werden. Es ist wichtig, daß hier die Armen insgesamt als Erwählte apostrophiert werden, was religionsgeschichtlich ein Novum darstellt.
129 Mußte Bauer werden: *Seibold* in seinem Brief vom 4. Januar 1972 an den Verfasser.
130 Und während Petrus: Markusevangelium 14,66–72.
132 Wehe den Verschwiegenen: *Aurelius Augustinus,* Dreizehn Bücher Bekenntnisse 1,4,4.
Die Autoren unterscheiden: *Barney G. Glaser – Anselm L. Strauss,* Awareness of Dying. Chicago: Aldine, 1965, Seite 29, 47, 64, 79.
133 In den USA: Belege bei *Glaser–Strauss,* Seite 119.
Aus dem Interview eines Soziologen: *Glaser–Strauss,* Seite 68f. (Übersetzung vom Verfasser.)
134 Die Soziologen: *Glaser–Strauss,* Seite 22, 30f.
136 Und von der sechsten Stunde an: Markusevangelium 15,33–37.
137 Die Rate ist kaum höher: *Erwin Stengel,* Selbstmord und Selbstmordversuch. Frankfurt am Main: S. Fischer, 1969, Seite 109. (Die Zahl wurde für Großbritannien ermittelt und umfaßt alle Selbstmordhandlungen, also auch die vergeblich unternommenen.) – In den USA sind zwischen 1957 und 1972 rund 1200 Bücher über Selbstmord erschienen (›Time‹ v. 12. Juni 1972).
Sofort mit großer Schärfe: *Aurelius Augustinus,* Der Gottesstaat I, 17.
138 Ihr Wurm stirbt nicht: Jesaia 66,24.
Im Munde Jesu: Mattäusevangelium 5,30.
139 Zuletzt stand er da: *J. W. Goethe,* Werke. Ed. Mathiesen 1949, Band 4, Seite 299.
Einen Grund für diese Reaktion: *Canetti,* Masse und Macht, Seite 72.
140 In der Stadt Massalia: Mitgeteilt von *Jacob Burckhardt,* Griechische Kulturgeschichte Band 2, 1956, Seite 385.
Francisco reitet: *Reinhold Schneider,* Philipp der Zweite. Frankfurt am Main: Fischer Bücherei, 1953, Seite 5f.
141 Der alte Mann aber: *Sigmund Freud,* Das Motiv der Kästchenwahl. Gesammelte Werke Band 10, Seite 37. – Die Krankheit Freuds währte vom Jahr 1923 an und erforderte 33 Operationen an seinem Mund; vgl. *Max Schnur,* Freud: Living and Dying. New York: International Universities Press, 1972. – Zur Todestrieb-Lehre vgl. *Igor A. Caruso,* Die Trennung der Liebenden. Bern: Hans Huber, 1968.
Supponierten wir einen Todestrieb: *Sigmund Freud,* Das Ich und das Es. Gesammelte Werke Band 13, Seite 269.
Bereits bei Hiob: 3,1f. 13.16.
142 Die Weltablehnung hat ihre Richtungen: *Max Weber,* Gesammelte Aufsätze zur Religionssoziologie Band 1, Seite 536–573.
143 Als es nun schon Abend wurde: Markusevangelium 15, 42–46.

144 Heilet die Kranken: Mattäusevangelium 10,8.
148 Die verständlichen Kerne: *Merleau-Ponty* a.a.O., Seite 22.
Dieses hochkulturelle Mittelalter: Die ersten literarischen Spuren des (folgenlosen) Aufbegehrens sind in Ägypten zu finden, um 2000 v. Chr. – Die Inkubationszeit für die biblische Eschatologie (Jüngster Tag, allgemeines Gericht, Himmel und Hölle) setze ich zwischen 500 v. Chr. und 500 n. Chr. an. – Von 500 n. Chr. bis 1500 n. Chr. währt die Periode der allgemeinen Geltung der biblischen Eschatologie im christlichen Abendland.
150 Ich muß wirken solange es Tag ist: Johannesevangelium 9, 4.
Ein Adler hoch oben am Himmel: Apokalypse 8, 13.
Das Exekutiv-Komitee: *Dennis Meadows* et al., Die Grenzen des Wachstums. Stuttgart: Deutsche Verlags-Anstalt, 1972, Seite 168f.
151 Ist unsere Lage sehr bedrohlich: *Meadows* a.a.O., Seite 175.
Obwohl alle wichtigen Erscheinungen: Ebd., Seite 172.
152 Es folgt nunmehr ein Exzerpt: *Oskar Schatz* (Hrsg.), Hat die Religion Zukunft? Graz: Styria, 1971, Seite 120–134.
154 Wenn ihr nicht werdet wie die Kinder: Mattäusevangelium 18,3.
156 Eine allgemeine Theorie des Bösen: Die Neuerscheinungen der letzten fünf Jahre zum Problem der Aggression werden allein im Englischen auf ca. 5000 geschätzt.
157 *Theodor W. Adorno* et al., The Authoritarian Personality. New York: Harper & Row, 1950.
Milton Rokeach, The Open and Closed Mind. New York: Basic Books, 1960.
In der Periode der politischen Spaltung: *Max Horkheimer – Theodor W. Adorno,* Dialekt der Aufklärung. Frankfurt am Main: Fischer Taschenbuch, 1971, Seite IX.
Prof. *Bales:* Siehe Anmerkung zu Seite 94.
Die Fragen lauten: *Bales* a.a.O., Seite 165 (Übersetzung vom Verfasser).
158 Diskussion der Persönlichkeitsmerkmale von UNF: *Bales* a.a.O., Seite 221–228.
159 General Stumm: Siehe Anmerkung zu Seite 97.
160 Aus einem Reiseartikel: ›Die Presse‹ v. 1./2. Juli 1972.
Eines jener Gipfelwerke: *G. F. Händel,* Der Messias. Herausgegeben von Heinrich Kralik. Wien: Steyrermühl, o. J., Seite 3.
Diese wunderselige Wendung: Ebd., Seite 12f.
161 So sinkt mir der Mut: *Sigmund Freud,* Das Unbehagen in der Kultur. Frankfurt am Main: Fischer Bücherei, 1965, Seite 128.
Und diesen Streit der Giganten: Ebd., Seite 110; vgl. Seite 118.
162 Was fehlt mir noch: Markusevangelium 10, 17–21; Mattäusevangelium 19, 16–21 (Montage vom Verfasser).
Bei diesem Wort: Markusevangelium 10, 22.
163 Es ist doch bemerkenswert: *Max Horkheimer,* Die Sehnsucht nach dem ganz anderen. Hamburg: Furche, 1970, Seite 77.
Gefühle beim Besuch einer Kirche: *Peter Handke,* Der kurze Brief zum langen Abschied. Frankfurt am Main: Suhrkamp, 1972, Seite 165.
164 Eine Dissertation: *Hans Kessler,* Die theologische Bedeutung des Todes Jesu. Düsseldorf: Patmos, 1970.
Zusammenfassend läßt sich sagen: *Kessler* a.a.O., Seite 235.
Folgende unterschiedliche Versuche: *Kessler* a.a.O., Seite 241, 252, 294–296, 325–329.
165 Im Mittelalter taucht folgende Deutung auf: *Kessler* a.a.O., Seite 83–165.
Ein solches kulturelles Über-Ich: *Freud,* Das Unbehagen in der Kultur, Seite 125. – Vgl. *R. S. Lee,* Freud and Christianity. Harmondsworth: Penguin Books, 1967, besonders Seite 146–152, wo die Struktur der Über-Ich-Religion diskutiert wird. (Bereits in meinem Buch ›Jesus in schlechter Gesellschaft‹, Stuttgart: Deutsche Verlags-Anstalt, 1971, Seite 97, habe ich auf die Arbeit von *Lee* hingewiesen, ohne

irgend ein Echo von seiten meiner – theologischen – Rezensenten.)
167 Zweifeln heißt denken: *Ludwig Wittgenstein,* Über Gewißheit. Frankfurt am Main: Suhrkamp, 1970, Seite 125.
168 Als es nun Abend war: Johannesevangelium 20, 19–29.
Der junge Soldat Jean-Pierre: ›Kronen-Zeitung‹ v. 15. Juli 1972.
169 Innana, die Königin des Himmels: Vgl. *Samuel N. Kramer,* The Sumerians. Chicago: 1963, Seite 153–155.
170 Ausgehend von Spekulationen: *Freud,* Das Unbehagen in der Kultur, Seite 107f.
171 Die richtige Antwort: Nein.
172 Die Akten des Verurteilungsprozesses: Der Prozeß Jeanne d'Arc. München: Deutscher Taschenbuch Verlag, 1961. Die gebundene Ausgabe erschien 1956 bei Bachem in Köln. Ich zitiere im Folgenden aus der Taschenbuchausgabe.
177 Die Aussage des Jean Tiphaine: Der Prozeß, Seite 186f.
Das illustre Tribunal: a.a.O., Seite 17.
Cauchon – Johanna: a.a.O., Seite 18f.
178 Als ich 13 Jahre alt war: a.a.O., Seite 20.
War die Stimme die eines Engels: a.a.O., Seite 28.
Ich habe sie beide umarmt: a.a.O., Seite 68.
War da ein Licht: a.a.O., Seite 30.
179 Wohlan, Ihr geistlichen Herren: a.a.O., Seite 110.
Manchon präzisiert den Grund: a.a.O., Seite 207.
Der Zeuge Jean Massieu: a.a.O., Seite 113.
180 Seid guten Mutes: a.a.O., Seite 106.
Das Cochonische in uns: Vgl. *Werner Fuchs,* Todesbilder in der modernen Gesellschaft. Frankfurt am Main: Suhrkamp, 1969, Seite 101–113.
181 Ich glaube fest: Der Prozeß, Seite 59.
183 Als Boisguillaume und ich: a.a.O., Seite 203f.
184 Boisguillaume sagt aus: a.a.O., Seite 209.
Jean Riquier berichtet: a.a.O., Seite 223.
185 *Canetti* notiert: Gespräch mit Elias Canetti, in: ›Literatur und Kritik‹ Heft 65 (Juni 1972), Seite 274.
Canetti fährt fort: Ebd.
186 *Canetti* sagt: Ebd., Seite 277.
187 Auch *Canetti: W. G. Sebald,* Gedanken zu Elias Canetti, in: ›Literatur und Kritik‹ a.a.O., Seite 284.
Die eigentliche Einverleibung: *Canetti,* Masse und Macht, Seite 236–239.
188 Aber selbst die Art: *Canetti,* Masse und Macht, Seite 177.
193 *Wernher von Brauns* Auffassung wird von N. Mailer (siehe die nächste Anmerkung) berichtet, auf Seite 64.
The World had changed (die Welt hatte sich verändert): *Norman Mailer,* A Fire On the Moon. London: Weidenfeld & Nicolson, 1970, Seite 46. (Die deutsche Ausgabe erschien 1971 bei Droemer.)
Laut Aussage von Mailer: Ebd., Seite 47.
194 For one priceless moment (während eines unschätzbaren Augenblicks): *Mailer* a.a.O., Seite 105.

Die Niederschrift wurde im Oktober 1971 begonnen und im November 1972 abgeschlossen.